TEXT
IM
BH. SATZ
MODI
IM
HAUPTSATZ
MODI
INFINITIV
NcI
AcI
nd-Formen
PARTIZIP
Abl. abs.
participium
coniunctum
KASUS-
FORMEN
ALS SATZ-
GLIEDER
Nominativ
Akkusativ
Dativ
Richtung
Ausdehnung
Adverbiale
Verbinhalt
Prädikatsnomen
Personen/Sache
Objekte
Zweck
Besitz
Vorteil
Objekt
ATZ
IERTE
TEN
Adverbier
RT
VERBEN
Konjugationen
SCHRIFT

ROMA
LATEINISCHE GRAMMATIK

von JOSEF LINDAUER
und WILHELM PFAFFEL

C.C. BUCHNERS VERLAG - BAMBERG
J. LINDAUER VERLAG - MÜNCHEN
R. OLDENBOURG VERLAG - MÜNCHEN

Herausgegeben von Josef Lindauer und Klaus Westphalen

Abschnitte 41–78; 87–119: Josef Lindauer
Abschnitte 1–40; 79–86; 120–200: Wilhelm Pfaffel

3. Auflage 3 8 7 6 6 4 3 2012 11 10 09
Die letzte Zahl bedeutet das Jahr dieses Druckes.
Alle Drucke dieser Auflage sind, weil untereinander unverändert, nebeneinander benutzbar.

Dieses Werk folgt der reformierten Rechtschreibung und Zeichensetzung. Ausnahmen bilden Texte, bei denen künstlerische, philologische oder lizenzrechtliche Gründe einer Änderung entgegenstehen.

www.ccbuchner.de | www.oldenbourg-bsv.de

Einband, Layout, Satz und Illustrationen: Design Profile, Bamberg
Druck und Bindung: Pustet, Regensburg

C.C. Buchner ISBN 978-3-7661-**5640**-2
Lindauer ISBN 978-3-87488-**640**-6
Oldenbourg ISBN 978-3-637-**19465**-6

VORWORT

Liebe Schülerinnen und Schüler,

diese lateinische Grammatik will euch das Lateinische so näher bringen, dass ihr es gut verstehen und leichter erlernen könnt.

Diesem Ziel dienen folgende Hilfen:

1. Der Gesamtaufbau der lateinischen Grammatik wird euch als antike Stadt vorgestellt. Im Stadtplan dieser urbs grammatica könnt ihr euch rasch ein Bild über die Bauteile der Grammatik und ihren Zusammenhang machen.
2. Farben und Kopfleisten erleichtern die Orientierung innerhalb des Buches; der auf der jeweiligen Doppelseite behandelte Stoff ist weiß hervorgehoben, z. B.

PRÄDIKAT	OBJEKTE	ADVERBIALIEN	ATTRIBUTE

3. Viele sprachlichen Erscheinungen, die für das Lateinische charakteristisch sind, werden durch Bilder veranschaulicht; sie sollen euch lebendige Sprechsituationen zeigen.
4. Die wichtigsten Regeln (vor allem im Bereich der Satzlehre) könnt ihr anhand von Merksätzen lernen, die im Buch jeweils farblich unterlegt sind:

Semper aliquid haeret.	Immer bleibt irgendetwas hängen.

5. Abschließende, meist originalnahe Beispielsätze aus vielen Lebensbereichen belegen die Regeln und bereiten euch auf die Lektüre vor.
6. Wo schwierige sprachliche Erscheinungen behandelt werden, sind wir von der Grammatik des Deutschen ausgegangen; diese Teile markiert die kleine Figur des nachdenkenden Lesers.

7. Stellen, die vor allem für die Übersetzung vom Lateinischen ins Deutsche wichtig sind, werden durch das Zeichen der Schreibtäfelchen angezeigt.

8. Selten vorkommende Stoffe sind durch einen kleinen Pfeil (▷) und Kleindruck gekennzeichnet.
9. Ihr könnt auch selbst aussuchen, wie viel Zeit ihr für eine Wiederholung aufwenden wollt:
   - Die Merksätze führen den Stoff in gedrängter Form vor;
   - Übersichten am Ende der einzelnen Grammatikabschnitte erleichtern die Wiederholung und geben einen raschen Überblick;
   - wichtiger Basisstoff ist farbig unterlegt und von Textbeispielen sowie vom Spezialwissen getrennt;
   - einen „Schnelldurchgang" (z. B. vor Prüfungen) könnt ihr mit den Merksätzen, den Tabellen und den Übersichten machen.

Dass ihr euch mit dieser Grammatik in der lebendigen „alten" Sprache Latein gut zurechtfindet, wünschen euch die Verfasser

Josef Lindauer Dr. Wilhelm Pfaffel

INHALT

Zahlwörter

Das Verb

UNFLEKTIERTE WORTARTEN

DER SATZ UND SEINE GLIEDER

KASUSFORMEN DER NOMINA ALS SATZGLIEDER

Der Akkusativ

Der Dativ

Der Genitiv

Der Ablativ – ein Mischkasus

NOMINALFORMEN DES VERBS ALS SATZGLIEDER

Der Infinitiv

Die nd-Formen: Gerund und Gerundiv

Das Partizip

DER HAUPTSATZ (DER UNABHÄNGIGE SATZ)

Tempora im Hauptsatz

Modi im Hauptsatz

MODI IN AUSSAGESÄTZEN

MODI IN BEGEHRSÄTZEN

MODI IN FRAGESÄTZEN

DER ABHÄNGIGE SATZ

Tempora und Modi im abhängigen Satz

Die vier Nebensatzarten

SUBJEKT- UND OBJEKTSÄTZE

1 Die lateinische Sprache

Die lateinische Sprache ist mit den meisten europäischen Sprachen auf vielfältige Weise verwandt.

1 Wie das Altgriechische und die germanischen Sprachen stammt sie von der indoeuropäischen Grundsprache ab. Aus dieser Urverwandtschaft des Lateinischen mit anderen Sprachen erklären sich viele Ähnlichkeiten bei den sogenannten **Erbwörtern.**

griechisch	**lateinisch**	**deutsch**	**englisch**
patḗr	pater	Vater	father
mḗtēr	māter	Mutter	mother
hex	sex	sechs	six
néos	novus	neu	new
estí	est	ist	is

2 Andererseits ist das Lateinische selbst wieder zur „Mutter" mehrerer romanischer Sprachen geworden.

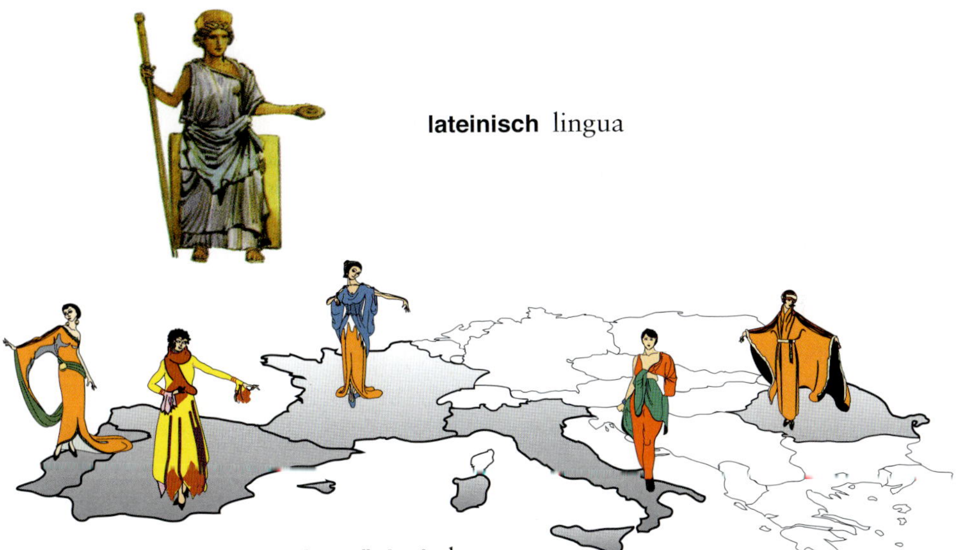

„Mutter Latein" und ihre Töchter

Im Laufe der Jahrhunderte sind aus dem Lateinischen immer wieder Wörter in die anderen europäischen Sprachen übernommen worden; das Englische hat fast 50 % seines Wortschatzes dem Lateinischen entlehnt. Man unterscheidet:

Lehnwörter, die im Laufe der Zeit an die neue, entlehnende Sprache weitgehend angeglichen wurden:

lateinisch	**– englisch**	**lateinisch**	**– deutsch**
quiētus	– quiet	tēgula	– Ziegel

Fremdwörter, die durch Aussprache und Schreibung ihre Herkunft verraten: Republik, Äquator, Nation, Meridian.

2 Die lateinische Schrift

Die Römer haben die meisten Zeichen ihres Alphabets von den Etruskern übernommen. Die Zeichen **Y** und **Z** entnahmen sie dem griechischen Alphabet. Bis ins Mittelalter umfasste das lateinische Alphabet 23 Zeichen.

A B C D E F G H I K L M N O P Q R S T V X Y Z

Erst im 15. Jh. wurden eigene Schriftzeichen für **J** und **U** eingeführt. Das Schriftzeichen **K** hat sich im Lateinischen fast nur in der Bezeichnung Kalendae (abgekürzt Kal. oder K.) für den ersten Tag des Monats erhalten. Mit Ausnahme von Eigennamen werden alle Wörter des Lateinischen mit Kleinbuchstaben (Minuskeln) geschrieben:

puella	das Mädchen	urbs	die Stadt
aber: Rōma	Rom	Italia	Italien

Die römischen Vornamen (praenōmina) wurden oft abgekürzt, z. B. A. (Aulus), C. (Gāius[1]), Cn. (Gnaeus), D. (Decimus), L. (Lūcius), M. (Mārcus), P. (Pūblius), Q. (Quīntus), T. (Titus) und Ti. (Tiberius).

3 Aussprache und Betonung

1 Das Latein, das die meisten Autoren verwenden, wurde zu deren Zeit anders ausgesprochen, als es heute oft üblich ist:

- **ae** wurde bis in die Kaiserzeit hinein als Doppellaut (Diphthong) **ai** gesprochen (nicht als **ä**).
- **t** und **c** wurden vor den hellen Vokalen **i** und **e** noch **te, ti, ke, ki** (nicht **ze, zi**) gesprochen. Man sprach Caesar und Cicerō als Kaisar und Kikerō aus, Horātius als Horātijus.
- **v** wurde mit gerundeten Lippen etwa wie englisch water artikuliert.
- Die Vokale konnten lang (z. B. **ā**) oder kurz (z. B. **ă**) gesprochen werden. Das war entscheidend für die Betonung der Wörter.

2 Für die **Betonung** gilt:

- Zweisilbige Wörter werden immer auf der ersten (d. h. vorletzten) Silbe betont: céntum, vírum, béne.

[1] Das Zeichen C bezeichnete ursprünglich auch den Laut g. Der Großbuchstabe G wurde erst im 3. Jh. v. Chr. durch Zusatz eines Strichs aus dem C gebildet.

- Die Betonung mehrsilbiger Wörter hängt von der Sprechdauer (Quantität) der vorletzten Silbe ab:
  Wenn die vorletzte Silbe **lang** ist, wird diese Silbe betont:
  senā́tus, ambulā́mus, Cicerṓnis.
- Wenn die vorletzte Silbe **kurz** ist, wird die drittletzte Silbe betont; weiter kann der Ton nicht vorrücken:
  agrícola, ímperat, étenim, impérium, cṓnsulis.
- Ein angehängtes -que 'und' zieht den Akzent auf die vorhergehende Silbe: árma virúm-que, imperát-que.
- Eine Silbe gilt auch dann als lang, wenn auf einen kurzen Vokal zwei oder mehr Konsonanten folgen (Positionslänge):
  carpe, inde, iussus.

4 Lautliche Veränderungen

Viele lateinische Wörter oder Wortformen haben sich durch lautliche Vorgänge im Laufe der Zeit verändert. So sind viele scheinbar „unregelmäßige" Wortformen entstanden. Für ihr Verständnis helfen folgende Grundregeln:

VOKALE

1 Vokalschwächung

Die Vokale unbetonter Silben verloren durch eine Verschiebung der Betonung an Klangkraft; sie wurden – vor allem im Wortinneren – „geschwächt":

pér-faciō	wurde zu	per-fíciō	per-fac-tum	>	per-fec-tum
ē-legō	>	ē-ligō	ex-claudō	>	ex-clūdō

2 Vokalschwund

Kurze Vokale konnten schwinden:

validē	>	valdē	quī-ne	>	quīn

KONSONANTEN

3 Angleichung (Assimilation)

Zwei Konsonanten wurden oft aneinander angeglichen :

ad-ferō	>	afferō	pot-sum	>	possum
eum-dem	>	eundem	cēd-sī	>	cessī

4 Rhotazismus (Wandel des **s** zu **r**)

Zwischen Vokalen wurde stimmhaftes **s** zu **r**; so stehen einander z.B. im Singular und Plural gegenüber :

iūs	und	iūra	plūs	und	plūrēs

5 Schwund von Konsonanten

Konsonantengruppen wurden meist vereinfacht :

part-s	>	pars	sex-centī	>	sescentī

WORTARTEN UND WORTBILDUNG

5 Die Wortarten

1 Das Lateinische kennt neun Wortarten. Ein Geschlechtswort (Artikel) fehlt. Fünf dieser Wortarten werden am Wortende abgewandelt (flektiert). Wir unterscheiden:

Flektierte Wortarten:

Substantiv	(Nennwort)	Nomen
Adjektiv	(Eigenschaftswort)	Nomen
Pronomen	(Fürwort)	Nomen
Numerale	(Zahlwort)	
Verb	(Zeitwort)	

Unflektierte Wortarten:

Adverb	(Umstandswort)	Partikel
Präposition	(Verhältniswort)	Partikel
Konjunktion bzw. **Subjunktion**	(Bindewort)	Partikel
Interjektion	(Ausruf)	

Ein lateinischer Satz kann eine Vielzahl von Wortarten enthalten:

Pronomen	**Numerale**	**Adjektiv**	**Konjunktion**	**Interjektion**	**Adjektiv**	**Substantiv**	**Adverb**	**Präposition**	**Substantiv**	**Verb**
Illī	septem	sapientēs	et,	hercle,	doctī	virī	diū	dē	mundō	disputāvērunt.

Jene sieben weisen und, beim Herkules! gelehrten Männer haben lange über das Weltall diskutiert.

2 Bedeutung der Wortarten

- Das **Substantiv** bezeichnet gewöhnlich eine Person, einen Gegenstand oder einen abstrakten Begriff :

vir	der Mann
templum	der Tempel
pietās	die Frömmigkeit

- Das **Adjektiv** charakterisiert die vom Substantiv bezeichneten Personen, Gegenstände oder Begriffe; es gibt ihre Eigenschaft, Lage oder Herkunft an:

vir **sapiēns**	der weise Mann
templum **Capitōlīnum**	der kapitolinische Tempel, der Tempel auf dem Kapitol
philosophī **Graecī**	die griechischen Philosophen, die Philosophen aus Griechenland

- Das **Pronomen** steht für (prō) ein Substantiv oder Adjektiv (nōmen) und kann seine Stelle einnehmen:

Claudius Līviam amat.	Claudius liebt Livia.
Aliquis eam amat.	Irgendwer (Claudius) liebt sie (Livia).

- Das **Numerale** nennt Anzahl, Reihenfolge oder Häufigkeit:

trēs virī	drei Männer
tertius gradus	die dritte Stufe
ter	dreimal

- Das **Verb** bezeichnet eine Handlung, einen Vorgang oder Zustand:

Gāia flōrēs **carpit,** Claudius **currit,** Titus **dormit.**	Gaia pflückt Blumen, Claudius läuft, Titus schläft.

- Das **Adverb** charakterisiert eine Handlung, einen Vorgang oder Zustand so, wie dies ein Adjektiv beim Substantiv tut:

Claudius **lentē** currit.	Claudius läuft langsam.

- Die **Präposition** steht vor einem Nomen und gibt zumeist die Beziehung zwischen Personen oder Dingen an:

Hannibal **ante** portās.	Hannibal (ist) vor den Toren.

- Die **Konjunktion** stellt die Verbindung zwischen Wörtern, Wortgruppen oder ganzen Sätzen her:

Claudius **et** Iūlius currunt;	Claudius und Iulius laufen;
Titus **autem** dormit.	Titus aber schläft.

- Die **Subjunktion** verbindet Haupt- und Gliedsatz:

Titus dormit, **quia** fessus est.	Titus schläft, weil er müde ist.

- Die **Interjektion** gibt eine Gefühlsäußerung oder einen Ausruf wieder:

heus!	hallo!

6 Wortbildung

1 Grundlagen

- Ein flektierbares Wort wie z. B. *(des) Lesers* hat meist drei Bestandteile:

Wurzel	Die Wurzel trägt den Bedeutungskern des Wortes: *les-*.
Suffix	Das Suffix[1] bildet aus der Wurzel ein Wort: *Les-er.*
Endung	Die Endung (der Ausgang) gibt die flektierte Form des Wortes: *Les-er-s.*

- Bei der Bildung neuer Wörter unterscheidet man:

Wurzel	Ableitung mit Suffix	Zusammensetzung	Zusammenrückung
dūc-	duc-tus	trā-dūc!	aquae-ductus
'führen'	'Führung'	'über-führe!'	'Wasser-leitung'

2 Wortableitung

- Mit einem Suffix wird ein neues Wort abgeleitet:

ōrā-re		'reden, beten, bitten'
	und Suffix -tor	(Bezeichnung des Ausführenden bzw. Täters)
ōrā-**tor**		'der Redner'

Wurzel und Suffix bilden den **Wortstamm**. Das Suffix hat gewöhnlich eine allgemeine Bedeutung.

7 Ableitung von Substantiven

Bei der Ableitung kann sich der Wortstamm geringfügig ändern. Es bezeichnen die Suffixe:

-tor (Fem. **-trīx**) einen Täter:

leg-ere	lesen	lēc-tor	Leser
vi-n-c-ere	siegen	vic-tor/vic-trīx	Sieger/Siegerin

-iō und **-tiō** (**-siō**) eine Handlung oder Handlungsweise:

opīn-ārī	meinen	opīn-iō	Meinung
ag-ere	tun, handeln	āc-tiō	Handlung
vid-ēre	sehen	vīsiō	Sehen, Erscheinung

-tūra und **-tus** (-ūs) eine Handlung oder ihr Ergebnis:

col-ere	bebauen	cul-tūra	Anbau
adven-ī-re	ankommen	adven-tus	Ankunft

-mentum, **-culum** und **-bulum** ein Mittel oder etwas Gemachtes:

ōrnā-re	schmücken	ōrnā-mentum	Schmuck
veh-ere	fahren	vehi-culum	Fahrzeug
vocā-re	rufen, nennen	vocā-bulum	Wort

[1] suf-fixum das Angefügte

-ia und **-itia** eine Eigenschaft oder einen Zustand:

miser	unglücklich	miser-ia	Unglück
amīcus	Freund	amīc-itia	Freundschaft

-tās, -tūs (-tūtis) und **-tūdō** eine Eigenschaft oder einen Zustand:

līber	frei	līber-tās	Freiheit
iuven-is	jung	iuven-tūs	Jugend
fort-is	stark, tapfer	forti-tūdō	Stärke, Tapferkeit

-ulus, a, um (-olus, a, um), **-culus, a, um** und **-ellus, a, um** eine Verkleinerung oder Verniedlichung:

puer	Knabe	puer-ulus	Knäblein
fīlia	Tochter	fīli-ola	Töchterlein
mūs	Maus	mūs-culus	Mäuschen
liber	Buch	libellus	Büchlein

8 Ableitung von Adjektiven

Es bezeichnen:

-ōsus eine Fülle:

glōria	Ruhm	glōri-ōsus	ruhmvoll
studium	Eifer	studi-ōsus	eifrig

-eus einen Stoff:

aurum	Gold	aur-eus	golden

-nus, -ius und **-(t)icus** eine Zugehörigkeit bzw. Herkunft:

Rōma	Rom	Rōmā-nus	römisch
Aegyptus	Ägypten	Aegypt-ius	ägyptisch
rūs	Land	rūs-ticus	ländlich

-ārius eine Zugehörigkeit; diese Adjektive werden oft substantiviert:

legiō	Legion	legiōn-ārius	Legionär
sōl	Sonne	sōl-ārium	Sonnenuhr

-idus eine Eigenschaft:

cupere	begehren	cup-idus	begierig

-tus eine Ausstattung mit etwas:

fortūna	Glück	fortūnā-tus	beglückt, begütert

-ālis (-āris), **-īlis** eine Eigenschaft:

nātūra	Natur	nātūr-ālis	natürlich
senex	Greis	senīlis	greisenhaft

-ilis (-bilis) eine Möglichkeit:

facere	machen	fac-ilis	machbar, leicht
crēdere	glauben	crēdi-bilis	glaubhaft

9 Ableitung von Verben

Es bezeichnen:

-sc-(ere) den Beginn eines Geschehens (sog. verba incohativa[1]):

valē-re	gesund sein	con-valē-sc-ere	gesund werden
quiē-tus	ruhig	quiē-sc-ere	zur Ruhe kommen

-(i)tāre und **-sāre** die Wiederholung oder Verstärkung einer Handlung (sog. verba iterativa[2] oder verba intensiva):

dīcere	sagen	dic-tāre	diktieren
rogāre	bitten	rog-itāre	immer wieder bitten
agere	treiben	ag-itāre	heftig bewegen
vertere	wenden	ver-sāre	hin und her wenden

10 Zusammensetzung und Zusammenrückung

Bei der Zusammensetzung (Komposition) bilden zwei Wörter ein neues Ganzes. Das vordere Wort bestimmt den Bedeutungsgehalt des zweiten Wortes näher.
Für die meisten Binnensilben, die durch die Zusammensetzung neu geschaffen wurden, gelten die (↗ 4) genannten Lautregeln.

1 Zusammensetzung von Nomina

Erste Wortbestandteile sind:

- Nomen:

ager	+	colere	→	agri-cola	(Acker-)Bauer
pars	+	capere	→	parti-ceps	teilhaftig
magnus	+	animus	→	magn-animus	hochherzig

- Negation (**ne-** und **in-**):

ne-fās	Unrecht	ne-uter	keiner von beiden
īn-fēlīx	unglücklich	im-pius	gottlos

- Präposition:

dē-mēns	wahnsinnig	com-modus	angemessen

in steigernder Bedeutung per und prae:

per-magnus	sehr groß	prae-potēns	übermächtig

- Präfix (Vorsilbe, die isoliert nicht vorkommt):

dis-cors	zwieträchtig	re-quiēs	Erholung, Ruhe

[1] incohāre anfangen [2] Adv. iterum zum zweiten Male, wiederum

2 Zusammensetzung von Verben

- Präposition mit Verb (↗ 54.1-2):

ab-esse	weg sein	abs-trahere	wegziehen
ā-vertere	wegwenden	au-ferre	wegtragen
com-putāre	zusammenrechnen	con-trahere	zusammenziehen
co-hibēre	festhalten	cor-ripere	ergreifen
ex-īre	herausgehen	ē-venīre	herauskommen
in-īre	hineingehen	im-pōnere	hineinlegen
ob-stāre	entgegenstehen	op-pōnere	gegenüberstellen
prō-cēdere	vorgehen	prōd-īre	hervorgehen
pro-fugere	entfliehen	prōd-esse	nützlich sein
sub-icere	unterwerfen	sus-tinēre	emporhalten
su-spicārī	verdächtigen	suc-cēdere	nachrücken
trāns-portāre	hinüberbringen	trā-dūcere	hinüberführen

- Präfix mit Verb:

dis-cernere	absondern	dif-fundere	ausgießen
dī-rumpere	zerreißen	dīr-imere	trennen
re-volvere	zurückrollen	red-īre	zurückkehren
sē-cēdere	weggehen	sē-cernere	absondern

3 Zusammenrückung

Die Zusammenrückung ist oft nur in der Orthografie erkennbar; der erste Wortbestandteil ist meist eine bestimmte Flexionsform eines Nomens:

agrī-cultūra	Ackerbau	senātūs-cōnsultum	Senatsbeschluss
manū-mittere	freilassen	ūnus-quisque	ein jeder

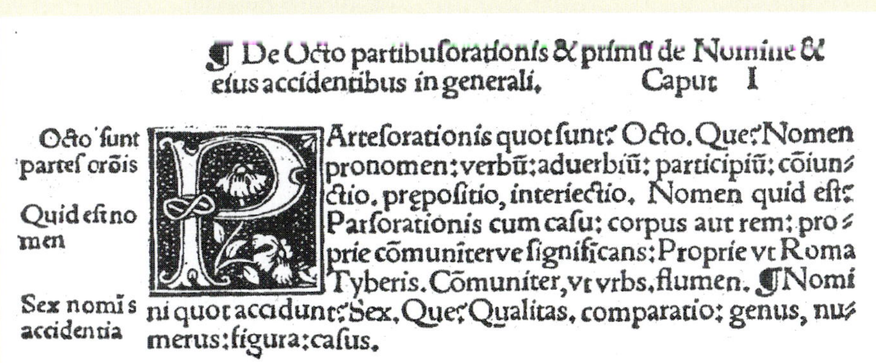
De Octo partibus orationis & primū de Nomine & eius accidentibus in generali. Caput I

Octo sunt partes orōis

Quid est nomen

Sex nomīs accidentia

Partes orationis quot sunt? Octo. Que? Nomen pronomen: verbū: aduerbiū: participiū: cōiunctio. preposítio, interiectio. Nomen quid est? Pars orationis cum casu: corpus aut rem: proprie cōmuniterve significans: Proprie vt Roma Tyberis. Cōmuniter, vt vrbs. flumen. Nomini quot accidunt? Sex. Que? Qualitas, comparatio: genus, numerus: figura: casus.

Die Wortarten in einer Grammatik aus dem Jahre 1515

11 Nomen

Ein Nomen kann ein Substantiv, Adjektiv, Pronomen oder Zahlwort sein. Ein Nomen ist bestimmt durch:

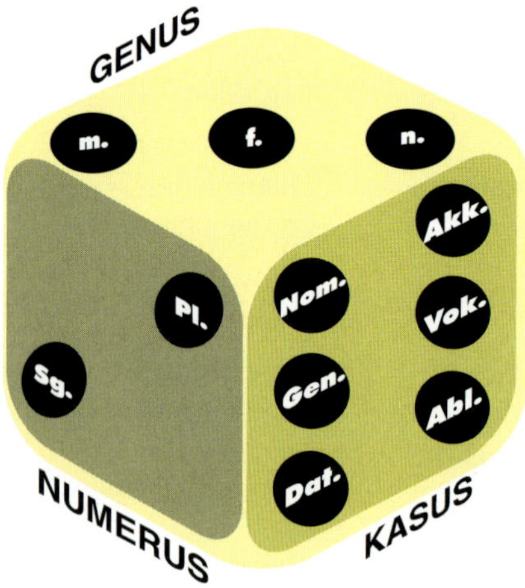

GENUS (Geschlecht)

m. (Maskulinum)
f. (Femininum)
n. (Neutrum)

NUMERUS (Zahl)

Sg. (Singular)
Pl. (Plural)

KASUS (Fall)

Nom. (Nominativ)	**Akk.** (Akkusativ)
Gen. (Genitiv)	**Vok.** (Vokativ)
Dat. (Dativ)	**Abl.** (Ablativ)

12 Genus

1 Das Lateinische kennt wie das Deutsche drei Genera:

Maskulinum (m.) männliches Geschlecht	**Femininum** (f.) weibliches Geschlecht	**Neutrum** (n.)[1] sächliches Geschlecht

2 Man unterscheidet **natürliches** und **grammatisches Geschlecht**. Nach dem natürlichen Geschlecht sind:

- **Maskulina** alle Bezeichnungen für Männer, Flüsse und Winde[2]:

pius Aenēās	der fromme Aeneas
Isara rapidus	die reißende Isar
saevus Boreās	der wilde Nordwind

- **Feminina** alle Bezeichnungen für Frauen und Bäume:

serva Graeca	die griechische Sklavin
pīnus alta	die hohe Pinie

Grammatisches Genus

Das Genus der meisten Substantive wird durch die Flexionsklasse festgelegt, zu der es gehört; das Geschlecht der Adjektive wird durch das Genus des Substantivs bestimmt, auf das sie sich beziehen.

---

[1] ne–utrum bedeutet eigentlich 'keines von beiden'. [2] In Flüssen und Winden wurden männliche, in Bäumen weibliche Gottheiten gesehen.

13 Numerus

1 Wie das Deutsche kennt das Lateinische zwei Numeri:

Singular (Einzahl)		**Plural** (Mehrzahl)	
liber	das Buch	librī	die Bücher

2 Manche Nomina kommen nur im Plural vor; ein solches Nomen bezeichnet man als Plurale tantum[1]:

dīvitiae, -ārum	Reichtum	īnsidiae, -ārum	Hinterhalt
Pompēī, -iōrum	Pompeji	līberī, -ōrum	Kinder
arma, -ōrum	Waffen	castra, -ōrum	das Militärlager

Einige Wörter erscheinen nur im Singular (Singulare tantum[1]), z. B.

scientia, -ae	Wissen, Kenntnis	humus, -ī	Erde, Boden

3 Manche Wörter haben im Singular eine andere Bedeutung als im Plural:

littera, -ae	Buchstabe	litterae, -ārum	Brief
aedis, -is	der Tempel	aedēs, -ium	Haus

▷ Bei Bezeichnungen von Menschengruppen kann der Singular gelegentlich auch die Mehrzahl bedeuten (kollektiver Singular):
eques, -itis (m. Sg.) — der Reiter; die Reiterei

Umgekehrt kann in dichterischen Texten der Plural den Singular vertreten (poetischer Plural):
aequora, -um (n. Pl.) — die Meeresfläche, das Meer

14 Kasus

1 Das Lateinische kennt sechs Kasus (Fälle[2]):

Bezeichnung	Frage	Bedeutung
1. **Nominativ** (Nom.)	Wer? oder Was?	Benennung
2. **Genitiv** (Gen.)	Wessen?	Bereich und Zugehörigkeit
3. **Dativ** (Dat.)	Wem?	Zuwendung
4. **Akkusativ** (Akk.)	Wen? oder Was?	Richtung und Einwirkung
5. **Vokativ** (Vok.)		Anrede
6. **Ablativ** (Abl.)	Womit? Wodurch?	Mittel und Begleitung
	Woher? Wovon?	Trennung und Ausgangspunkt
	Wo? Wann?	Lage in Ort und Zeit

2 Die einzelnen Kasus eines Nomens unterscheiden sich meist durch ihre Endung; bei gleichlautenden Endungen wird der Kasus erst im Rahmen des Satzes deutlich.
Die Funktion der Kasusformen als Satzglieder ist in 88–119 behandelt.

[1] tantum 'nur' [2] Der Kasus eines Nomens wurde von alten Grammatikern mit dem Fall eines Würfels verglichen.

15 Aufbau und Deklination des Nomens

1 Die Form eines Nomens setzt sich meist aus folgenden Bestandteilen zusammen (↗ 6):

Wurzel	+ Suffix	+ Endung	
doc-	-tōr-	-ēs	die Lehrer (Nom. Pl.)

Die Wurzel trägt den Bedeutungskern eines Wortes; zusammen mit dem Suffix bildet sie den **Wortstamm**, z.B. doctōr-. An den Wortstamm wird die **Endung** gefügt. Bei vielen Nomina sind Stammauslaut und Endung miteinander verschmolzen, sodass sie eine untrennbare Einheit bilden, nämlich den Ausgang:

terr-ae die Länder (Nom. Pl.) Stamm: terra-

2 Die Flexion des Nomens nennt man Deklination[1]. Je nach dem Laut, auf den der Wortstamm endet, lassen sich im Lateinischen sechs verschiedene Klassen von Nomina unterscheiden, die sogenannten **Deklinationsklassen.**
Zu welcher Deklinationsklasse ein Nomen gehört, erkennt man am Wortstamm und Ausgang des Nominativs Singular:

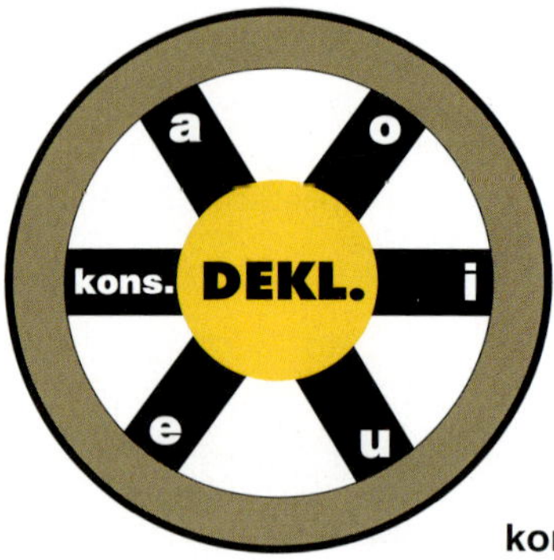

ā-Deklination	terr-	a		das Land
o-Deklination	serv-	o	-s[2]	der Sklave
i-Deklination	turr-	i	-s	der Turm
u-Deklination	pass-	u	-s	der Schritt
ē-Deklination	di-	ē	-s	der Tag
konsonantische Deklination[3]	urb-		s	die Stadt

3 Folgende drei Regeln gelten in der Deklination der lateinischen Nomina allgemein:

- Der Vokativ ist dem Nominativ gleich.
  Nur bei den Maskulina der o-Deklination hat er im Singular eine eigene Endung -e:
  domin-e o Herr! aber: dominus der Herr (Nom. Sg.)
- Die Neutra haben im Nominativ und Akkusativ (Sg. und Pl.) die gleiche Endung.
- Die Endungen im Dativ Pl. und Ablativ Pl. sind gleich.

[1] dēclināre 'abbiegen, beugen'. Der Begriff stammt aus dem Weinbau: Vom Stamm werden neue Schösslinge in den Boden nach unten abgebogen, um sie zum Einwurzeln zu bringen. [2] servos ist die alte Form für servus.
[3] Als Stammauslaut steht ein Konsonant.

Substantive

16 Substantive der ā-Deklination

Beispiel: terra, -ae das Land, die Erde

	Singular		Plural	
Nom.	terr a	das Land	terr ae	die Länder
Gen.	terr ae	des Landes	terr ārum	der Länder
Dat.	terr ae	dem Lande	terr īs	den Ländern
Akk.	terr am	das Land	terr ās	die Länder
Abl.	in terr ā	im Land	in terr īs	in den Ländern

Nach dem grammatischen Genus sind die Substantive der ā-Deklination Feminina.

▷ 1 Altertümliche Ausgänge haben sich erhalten in pater familiās 'der Hausvater' und im Dat. und Abl. Pl. deābus 'den Göttinnen'.

2 Die „griechische" ā-Deklination hat manchmal die Nom.-Endung -ās, z. B. Aenēās, Vok. Aenēā.

17 Substantive der o-Deklination

Die Substantive der o-Deklination sind Maskulina oder Neutra. Beispiele:

	servus der Sklave	puer der Junge	ager der Acker	templum der Tempel
	m.	m.	m.	n.
N. Sg.	serv us	puer	ager	templ um
Gen.	serv ī	puer ī	agr ī	templ ī
Dat.	serv ō	puer ō	agr ō	templ ō
Akk.	serv um	puer um	agr um	templ um
Vok.	serv e	puer	ager	templ um
Abl.	serv ō	puer ō	agr ō	templ ō
N. Pl.	serv ī	puer ī	agr ī	templ a
Gen.	serv ōrum	puer ōrum	agr ōrum	templ ōrum
Dat.	serv īs	puer īs	agr īs	templ īs
Akk.	serv ōs	puer ōs	agr ōs	templ a
Abl.	serv īs	puer īs	agr īs	templ īs

▷ 1 Substantive auf -ius (vor allem Eigennamen) bilden den Gen. Sg. oft auf -ī statt -iī:
Dīvī Claudī fīlius 'Sohn des vergöttlichten Claudius'.
Ihr Vokativ endet auf -ī : ō Mārce Tullī 'o Marcus Tullius!'

2 deus 'Gott' hat im Plural oft Nom./Vok. dī, Gen. deum, Dat. und Abl. dīs, locus 'Ort' Pl. loca.

3 In einzelnen Formen hat sich der alte Ausgang des Gen. Pl. -um erhalten: templa deum 'die Tempel der Götter', triumvirum (= triumvirōrum), decem mīlia sēstertium '10000 Sesterzen'.

4 Femininum ist **humus**, -ī 'Erde, Boden'; Neutra sind **vulgus**, -ī 'das Volk' und **vīrus**, -ī 'das Gift'.

5 In der Gruppe puer gehört e zum Stamm, in der von ager steht es nur im Nom. Sg.

18 Substantive der u-Deklination

Die Substantive der u-Deklination sind überwiegend Maskulina, z. B. **passus** der Schritt. Feminina sind: **manus** die Hand, **domus** das Haus, **tribus** der Stadtbezirk, die Tribus, **porticus** die Säulenhalle.
Nur im Plural steht: Īdūs, Gen. Īduum (die Monatsmitte): Īdūs Mārtiae die Iden des März (der 15. März).
Die Neutra der u-Deklination haben im Nom., Akk. und Vok. Sg. den Ausgang -ū.
Im Dat. und Abl. Pl. haben manche Substantiva den Ausgang -ubus, z. B. tribubus.
domus bildet einige Kasus nach der o-Deklination. Beispiele:

	pass us der Schritt	man us die Hand	corn ū das Horn	dom us das Haus
	m.	f.	n.	f.
N. Sg.	pass us	man us	corn ū	dom us
Gen.	pass ūs	man ūs	corn ūs	dom ūs
Dat.	pass uī	man uī	corn uī	dom uī
Akk.	pass um	man um	corn ū	dom um
Abl.	pass ū	man ū	corn ū	dom ō
N. Pl.	pass ūs	man ūs	corn ua	dom ūs
Gen.	pass uum	man uum	corn uum	dom uum (-ōrum)
Dat.	pass ibus	man ibus	corn ibus	dom ibus
Akk.	pass ūs	man ūs	corn ua	dom ūs (domōs)
Abl.	pass ibus	man ibus	corn ibus	dom ibus

19 Substantive der ē-Deklination

Die Substantive der ē-Deklination sind Feminina.
Maskulina sind **diēs**, diēī der Tag und **merīdiēs**, merīdiēī der Mittag, Süden. Beispiele:

	rēs die Sache		diēs der Tag	
	Sg.	Pl.	Sg.	Pl.
Nom.	rē s	rē s	diē s	diē s
Gen.	re ī	rē rum	diē ī	diē rum
Dat.	re ī	rē bus	diē ī	diē bus
Akk.	re m	rē s	die m	diē s
Abl.	rē	rē bus	diē	diē bus

diēs als Femininum bedeutet 'die Frist, der Termin': certā diē 'an einem bestimmten Termin'.

20 Substantive der i-Deklination und der Mischdeklination

1 i-Deklination

Bei den reinen i-Stämmen erscheint der Stammauslaut -i- in allen Kasus außer beim Nom. und Akk. Sg. des Neutrums. Zu ihnen gehören nur wenige Substantive, Beispiele:

Feminina		Neutra	
febris, -is	das Fieber	pār, paris	das Paar
sitis, -is	der Durst	mare[1], -is	das Meer
turris, -is	der Turm	animal, -ālis	das Lebewesen

2 Mischdeklination

Die meisten Substantive auf -is haben den Abl. Sg. auf -e, Beispiel:

in nāve — auf dem Schiff — (nāvis, -is f.)

Man spricht hier von Mischdeklination, weil sich Endungen der i-Deklination mit anderen der konsonantischen Deklination (↗ 21) vermischt haben.

Manche Substantive der Mischdeklination sind im Nom. Sg. einsilbig geworden, Beispiel:

pars (aus part-s), Gen. partis f. — der Teil

Die meisten Substantive der Mischdeklination sind Feminina.

	turris Turm	animal Lebewesen	nāvis Schiff	nūbēs Wolke	pars Teil
	i-Deklination		Mischdeklination		
N. Sg.	turr is f.	animal n.	nāv is f.	nūb ēs f.	pars f.
Gen.	turr is	animāl is	nāv is	nūb is	part is
Dat.	turr ī	animāl ī	nāv ī	nūb ī	part ī
Akk.	turr im	animal	nāv em	nūb em	part em
Abl.	turr ī	animāl ī	nāv e	nūb e	part e
N. Pl.	turr ēs (-īs)	animāl ia	nāv ēs	nūb ēs	part ēs
Gen.	turr ium	animāl ium	nāv ium	nūb ium	part ium
Dat.	turr ibus	animāl ibus	nāv ibus	nūb ibus	part ibus
Akk.	turr ēs (-īs)	animāl ia	nāv ēs	nūb ēs	part ēs
Abl.	turr ibus	animāl ibus	nāv ibus	nūb ibus	part ibus

1 vīs f. 'die Gewalt, Kraft, Menge' bildet im Singular nur Nom. vīs, Akk. vim, Abl. vī. Der Plural vīrēs, -ium 'die Kräfte' bildet alle Kasus.

2 Maskulina sind:

collis	Hügel	dēns	Zahn
fīnis	Ende, Grenze	fōns	Quelle
ignis	Feuer	mōns	Berg
mēnsis	Monat	pōns	Brücke
orbis	Kreis		

[1] aus mari

▷3 -ium im Gen. Pl. haben auch:	optimātēs, -ium m. penātēs, -ium m.	die Optimaten, Adligen die Penaten, Hausgötter
4 -um im Gen. Pl. haben:	canis, -is m. (canum) iuvenis, -is m. (iuvenum) sēdēs,-is f. (sēdum)	der Hund der junge Mann der Wohnsitz
5 Einzelformen sind:	forte sponte (meā, tuā sponte usw.)	durch Zufall, zufällig aus eigenem Antrieb, freiwillig

Kennzeichnende Ausgänge:

reine i-Stämme				Mischdeklination			
Akk. Sg.	-im	Neutr. Pl.	-ia	Akk. Sg.	-em	Neutr. Pl.	-ia
Abl. Sg.	-ī	Gen. Pl.	-ium	Abl. Sg.	-e	Gen. Pl.	-ium

21 Substantive der konsonantischen Deklination

Konsonantische Substantive sind mit allen Genera vertreten. Je nach dem Konsonanten, auf den der Wortstamm auslautet, unterscheidet man:

	Maskulina		**Feminina**		**Neutra**	
l-Stämme:	cōnsul, -is	Konsul	–		–	
r-Stämme:	pater, patris	Vater	arbor, -oris	Baum	–	
	ōrātor, -ōris	Redner	–		–	
s-Stämme[1]:	mōs, mōris	Sitte,	–		corpus, -oris	Körper
		Brauch	–		genus, -eris	Geschlecht
n-Stämme:	homō, -inis	Mensch	ōrātiō, -ōnis	Rede	–	
			imāgō, -inis	Bild	nōmen, -inis	Name
d/t-Stämme:	pēs, pedis	Fuß	cīvitās, -ātis	Bürgerschaft	–	
			virtūs, -ūtis	Tüchtigkeit	–	
c/g-Stämme:	rēx, rēgis	König	lēx, lēgis	Gesetz	–	
p/b-Stämme:	–		plēbs, plēbis	Plebs	–	

	l-Stämme		r-Stämme		s-Stämme	
N. Sg.	cōnsul m.	pater m.	ōrātor m.	mōs m.	corpus n.	genus n.
Gen.	cōnsul is	patr is	ōrātōr is	mōr is	córpor is	géner is
Dat.	cōnsul ī	patr ī	ōrātōr ī	mōr ī	corpor ī	gener ī
Akk.	cōnsul em	patr em	ōrātōr em	mōr em	corpus	genus
Abl.	cōnsul e	patr e	ōrātōr e	mōr e	corpor e	gener e
N. Pl.	cōnsul ēs	patr ēs	ōrātōr ēs	mōr ēs	corpor a	gener a
Gen.	cōnsul um	patr um	ōrātōr um	mōr um	córpor um	gener um
Dat.	cōnsul ibus	patr ibus	ōrātōr ibus	mōr ibus	corpor ibus	gener ibus
Akk.	cōnsul ēs	patr ēs	ōrātōr ēs	mōr ēs	corpor a	gener a
Abl.	cōnsul ibus	patr ibus	ōrātōr ibus	mōr ibus	corpor ibus	gener ibus

[1] Das -r im Stammauslaut ist aus -s- zwischen Vokalen entstanden (↗ 4.4).

	n-Stämme			
N. Sg.	ōrātiō f.	homō m.	imāgō f.	nōmen n.
Gen.	ōrātiōn is	hómin is	imāgin is	nōmin is
Dat.	ōrātiōn ī	homin ī	imāgin ī	nōmin ī
Akk.	ōrātiōn em	homin em	imāgin em	nōmen
Abl.	ōrātiōn e	homin e	imāgin e	nōmin e
N. Pl.	ōrātiōn ēs	homin ēs	imāgin ēs	nōmin a
Gen.	ōrātiōn um	homin um	imāgin um	nōmin um
Dat.	ōrātiōn ibus	homin ibus	imāgin ibus	nōmin ibus
Akk.	ōrātiōn ēs	homin ēs	imāgin ēs	nōmin a
Abl.	ōrātiōn ibus	homin ibus	imāgin ibus	nōmin ibus

	d-Stämme	t-Stämme		c/g-Stämme	p/b-Stämme
N. Sg.	pēs m.	cīvitās f.	virtūs f.	lēx f.	plēbs f.
Gen.	ped is	cīvitāt is	virtūt is	lēg is	plēb is
Dat.	ped ī	cīvitāt ī	virtūt ī	lēg ī	plēb ī
Akk.	ped em	cīvitāt em	virtūt em	lēg em	plēb em
Abl.	ped e	cīvitāt e	virtūt e	lēg e	plēb e
N. Pl.	ped ēs	cīvitāt ēs	virtūt ēs	lēg ēs	plēb ēs
Gen.	ped um	cīvitāt um	virtūt um	lēg um	plēb um
Dat.	ped ibus	cīvitāt ibus	virtūt ibus	lēg ibus	plēb ibus
Akk.	ped ēs	cīvitāt ēs	virtūt ēs	lēg ēs	plēb ēs
Abl.	ped ibus	cīvitāt ibus	virtūt ibus	lēg ibus	plēb ibus

Kennzeichnende Endungen der konsonantischen Deklination sind:

Abl. Sg. -e	Neutr. Pl. -a	Gen. Pl. -**um**

Sondergruppe der **Neutra**:

aes, aeris	Erz	iūs, iūris	Recht
vēr, vēris	Frühling	cor, cordis	Herz
os, ossis	Knochen	lac, lactis	Milch
caput, capitis	Haupt, Hauptsache, Hauptstadt	vās, vāsis	Gefäß
		Pl. vāsa, ōrum	Geschirr

▷ 1 Durch lautliche Entwicklungen weicht der Nom. Sg. vom **Wortstamm** ab bei:

cinis, cin**er**-is	m.	die Asche	iter, itin**er**-is	n.	die Reise, der Marsch
pulvis, pulv**er**-is	m.	der Staub	sanguis, sangu**in**-is	m.	das Blut
lapis, lapidis	m.	der Stein	pecus, -udis	f.	das Vieh, Schaf
comes, comitis	m.	der Begleiter	mīles, mīlitis	m.	der Soldat
coniunx, cóniugis	m. f.	der Ehepartner	senex, senis	m.	der Greis
nox, noctis	f.	die Nacht	nix, nivis	f.	der Schnee

2 Besondere Formen bilden im Sg.: / im Pl.:

Nom.	Iuppiter[1]	bōs m. f. das Rind	bovēs
Gen.	Iovis	bovis	bo(v)um
Dat.	Iovī	bovī	bōbus
Akk.	Iovem	bovem	bovēs
Abl.	Iove	bove	bōbus

3 Besonderheiten bei den **Genera** zeigen z. B.

sermō, sermōnis m.	Gespräch, Sprache	sermō Latīnus	die lateinische Sprache
ōrdō, ōrdinis m.	Reihe, Ordnung	ōrdō prīmus	die erste Reihe
tellūs, tellūris f.	Erdreich, Land	tellūs bona	das gute Erdreich
aequor, aequoris n.	Meeresfläche, Meer	aequor vāstum	das weite Meer
ōs, ōris n.	Mund, Gesicht	ōs hūmānum	das menschliche Gesicht
rūs, rūris n.	Land, Dorf	rūs amoenum	das liebliche Land

4 Aus dem Griechischen entlehnte Substantive haben oft griechische Endungen bewahrt:
áer, áëris m. die Luft Akk. áëra

Adjektive

Adjektive[2] können Formen in allen Kasus, Numeri und Genera haben. Ihre Deklination entspricht jener der Substantive. Die u- und ē-Deklination enthält keine Adjektive.

22 Adjektive der o/ā-Deklination

Die Adjektive der o/ā-Deklination haben für Maskulinum, Femininum und Neutrum drei verschiedene Endungen; sie sind „drei-endig“:

Maskulinum:	hortus amplus	der geräumige Garten	Beispiele:
Femininum:	vīlla ampla	das geräumige Landhaus	bonus gut
Neutrum:	templum amplum	der geräumige Tempel	niger schwarz

m.	f.	n.	m.	f.	n.
bon us[3, 4]	bon a	bon um	niger	nigr a	nigr um
bon ī	bon ae	bon ī	nigr ī	nigr ae	nigr ī
bon ō	bon ae	bon ō	nigr ō	nigr ae	nigr ō
bon um	bon am	bon um	nigr um	nigr am	nigr um
bon ō	bon ā	bon ō	nigr ō	nigr ā	nigr ō
bon ī	bon ae	bon a	nigr ī	nigr ae	nigr a
bon ōrum	bon ārum	bon ōrum	nigr ōrum	nigr ārum	nigr ōrum
bon īs	bon īs	bon īs	nigr īs	nigr īs	nigr īs
bon ōs	bon ās	bon a	nigr ōs	nigr ās	nigr a
bon īs	bon īs	bon īs	nigr īs	nigr īs	nigr īs

Einige Adjektive behalten -er- in allen Kasusformen, z. B.
līber, lībera, līberum frei miser, misera, miserum unglücklich

[1] aus dieu-pater 'Himmel-Vater' [2] ad-iectum hinzugefügt (zu einem Substantiv) [3] Hier und in einigen anderen Tabellen ist aus Platzgründen auf die Kasusangabe verzichtet. [4] Vokativ bon-e

23 Adjektive der i-Deklination

Bei den i-stämmigen Adjektiven lassen sich drei-endige, zwei-endige und ein-endige unterscheiden. Die dreiendigen Adjektive bilden im Nom. Sg. für jedes Geschlecht eine eigene Endung. Die zweiendigen haben im Maskulinum und Femininum die gleichen Endungen; bei den einendigen lauten im Nom. Sg. alle Genera gleich:

drei-endig	nūntius	celer	der schnelle Bote
	nāvis	celeris	das schnelle Schiff
	vehiculum	celere	das schnelle Fahrzeug
zwei-endig	somnus	brevis	der kurze Schlaf
	vīta	brevis	das kurze Leben
	colloquium	breve	das kurze Gespräch
ein-endig	reditus	fēlīx	die glückliche Rückkehr
	victōria	fēlīx	der glückliche Sieg
	ōmen	fēlīx	das glückliche Vorzeichen

Als i-Stämme haben diese Adjektive folgende Endungen. Beispiele:

celer schnell — brevis kurz — fēlīx glücklich

m.	f.	n.	m.	f.	n.	m.	f.	n.
celer	celeris	celere	brevis	brevis	breve	fēlīx	fēlīx	fēlīx
	celeris			brevis			fēlīcis	
	celerī			brevī			fēlīcī	
celerem	celerem	celere	brevem	brevem	breve	fēlīcem	fēlīcem	fēlīx
	celerī			brevī			fēlīcī	
celerēs	celerēs	celeria	brevēs	brevēs	brevia	fēlīcēs	fēlīcēs	fēlīcia
	celerium			brevium			fēlīcium	
	celeribus			brevibus			fēlīcibus	
celerēs	celerēs	celeria	brevēs	brevēs	brevia	fēlīcēs	fēlīcēs	fēlīcia
	celeribus			brevibus			fēlīcibus	

24 Adjektive der konsonantischen Deklination

Die wenigen Adjektive der konsonantischen Deklination sind einendig; hierzu gehören:

dīves,	Gen. dīvitis	reich	pauper,	Gen. pauperis	arm
vetus,	Gen. veteris	alt	inops,	Gen. inopis	hilflos, arm
prīnceps,	Gen. prīncipis	der Erste	particeps,	Gen. participis	teilhaftig

Sie werden wie Konsonantenstämme (↗ 21) flektiert, haben also folgende kennzeichnende Endungen:

Abl. Sg. veter-e	Neutr. Pl. veter-a	Gen. Pl. veter-um

25 Deklination des Partizips Präsens

Das Partizip ist ein „Mischwesen“ aus Verb und Nomen (↗ 132): Gebildet wird es vom Stamm des Verbs, doch sind seine Endungen die eines Nomens (↗ 20.2).
Die Partizipien des Präsens werden wie i-stämmige einendige Adjektive (Typ: fēlīx) dekliniert. Ausnahme: Der Abl. Sg. endet auf **-e.**

Kennzeichnend für das Partizip Präsens ist das Suffix **-nt-**, z. B.

laudā-ns, lauda-nt-is lobend (von laudāre loben)

	Sg. m. f.	n.	Pl. m. f.	n.
Nom.	laudā ns	laudā ns	lauda nt ēs	lauda nt ia
Gen.	lauda nt is	lauda nt is	lauda nt ium	lauda nt ium
Dat.	lauda nt ī	lauda nt ī	lauda nt ibus	lauda nt ibus
Akk.	lauda nt em	laudā ns	lauda nt ēs	lauda nt ia
Abl.	lauda nt e	lauda nt e	lauda nt ibus	lauda nt ibus

Zu den weiteren Arten des Partizips (Part. Perf. Pass. und Fut. Akt.) ↗ 51

▷ Manche Partizipien werden als Adjektive gebraucht und bilden dann den Abl. Sg. auf -ī, wie z. B. cōnstāns, cōnstantis standhaft, beständig (von cōnstāre feststehen):
cōnstantī mōtū mit beständiger Bewegung.

26 Komparation der Adjektive

humilis

Positiv

arbor alta
ein hoher Baum

Komparativ

arbor altior
ein höherer Baum

Superlativ

arbor altissima
der höchste Baum

1 Wesen der Komparation

Ein Adjektiv gibt gewöhnlich eine Eigenschaft an. Wenn Eigenschaften miteinander verglichen werden, so ergeben sich Vergleichsstufen; diese werden mit jeweils verschiedenen Formen des Adjektivs bezeichnet.

Man spricht von **Komparation** (Vergleichung) des Adjektivs. Folgende drei Vergleichsstufen werden unterschieden:

Positiv	(Grundstufe)	altus, a, um	hoch
Komparativ	(Höherstufe)	altior, ius	höher
Superlativ	(Höchststufe)	altissimus, a, um	der höchste

2 Formen der Komparation

Das Lateinische bildet die Komparationsformen in der Regel mit Suffixen, die an den Wortstamm gefügt werden:

Komparativ	-ior	im Maskulinum und Femininum
	-ius	im Nom. und Akk. Sg. des Neutrums

cursus, via longior	der längere Weg	iter longius	die längere Reise

Positiv	Wortstamm	**Komparativ**		Bedeutung
longus	long-	long-ior **m. f.**	long-ius **n.**	länger
brevis	brev-	brev-ior	brev-ius	kürzer
fēlīx	fēlīc-	fēlīc-ior	fēlīc-ius	glücklicher
ingēns	ingent-	ingent-ior	ingent-ius	gewaltiger
miser	miser-	miser-ior	miser-ius	unglücklicher
pulcher	pulchr-	pulchr-ior	pulchr-ius	schöner
celer	celer-	celer-ior	celer-ius	schneller
ăcer	ăcr-	ăcr-ior	ăcr-ius	schärfer

Komparative werden wie die Konsonantenstämme auf -r dekliniert:

	Sg. m.	f.	n.	Pl. m.	f.	n.
Nom.	longior	longior	long**ius**	longiōrēs	longiōrēs	longiōra
Gen.		longiōris			longiōrum	
Dat.		longiōrī			longiōribus	
Akk.	longiōrem	longiōrem	long**ius**	longiōrēs	longiōrēs	longiōra
Abl.		longiōre			longiōribus	

Der **Superlativ** wird mit folgenden Suffixen der ā/o-Deklination gebildet:

-issimus, a, um	bei den meisten Adjektiven,
-rimus, a, um	bei den Adjektiven auf **-er**,
-limus, a, um	bei den Adjektiven facilis/difficilis, humilis, (dis-)similis.

Positiv	Wortstamm	Superlativ		Bedeutung
longus	long-	long-	issimus, a, um	der längste
brevis	brev-	brev-	issimus, a, um	der kürzeste
fēlīx	fēlīc-	fēlīc-	issimus, a, um	der glücklichste
ingēns	ingent-	ingent-	issimus, a, um	der gewaltigste
miser	miser-	miser-	rimus, a, um	der unglücklichste
pulcher	(pulcher Nom.)	pulcher-	rimus, a, um	der schönste
facilis	facil-	facil-	limus, a, um	der leichteste

Komparation mit Stammwechsel oder Stammveränderung:

Positiv		Komparativ		Superlativ	
bonus	gut	melior, -ius	besser	optimus	der beste
malus	schlecht	pēior, -ius	schlechter	pessimus	der schlechteste
magnus	groß	māior, -ius	größer	māximus	der größte
parvus	klein	minor, minus	kleiner	minimus	der kleinste
multum	viel	plūs	mehr	plūrimum	am meisten
multī	viele	plūrēs, -ium	mehr[1]	plūrimī	die meisten

▷ Komparativ und Superlativ werden öfters auch durch **magis** und **māximē** umschrieben:

tempus magis idōneum	ein passenderer Zeitpunkt
māximē necessāriī frūctūs	die (aller)notwendigsten Früchte

27 Komparationsformen zu Präpositionen

Komparationsformen werden auch zu einigen Präpositionen gebildet:

intrā	innerhalb	interior	der innere	intimus	der innerste
extrā	außerhalb	exterior	der äußere	extrēmus	der äußerste
īnfrā	unterhalb	īnferior	der untere	īnfimus	der unterste
suprā	oberhalb	superior	der obere, frühere	suprēmus	der höchste, letzte
super	oben, über			summus	der höchste, oberste
citrā	diesseits	citerior	der diesseitige		
ultrā	jenseits	ulterior	der jenseitige	ultimus	der letzte
prō	vor, für	prior	der vordere, frühere	prīmus	der erste
post	hinter, nach	posterior	der spätere	postrēmus	der letzte
prope	nahe	propior	der nähere	proximus	der nächste

Einige Positive kommen nur in festen Bedeutungen und Wendungen vor:

īnferī	die Unterirdischen, die Unterwelt
superī	die Überirdischen, die Oberwelt
posterī	die Nachkommen
exterae gentēs	auswärtige Völker

[1] dagegen complūrēs 'mehrere, einige': complūrēs urbēs 'mehrere, einige Städte'

28 Bedeutung von Komparativ und Superlativ

1 Komparativ

Der Vergleich wird durch ein Vergleichswort angegeben:

- mit quam 'als':

Nullī māior domus erat quam Nerōnī.	Niemand hatte ein größeres Haus als Nero.

- mit dem Ablativ des Vergleichsworts (↗ 109):

Quis fortior erat Hercule?	Wer war stärker als Herkules?

Der Komparativ hat ohne Vergleichsgröße eine verstärkende oder abschwächende Bedeutung; er wird mit „zu, ziemlich“ oder „etwas“ übersetzt:

ōrātiō longior	eine zu lange, ziemlich, etwas lange Rede

2 Superlativ

Der Superlativ bezeichnet den höchsten Grad, der nicht übertroffen werden kann:

altissimus Italiae mōns	der höchste Berg Italiens
omnium sapientissimus	der Weiseste von allen, der Allerweiseste

Er kann aber auch einen sehr hohen Grad bezeichnen (**Elativ**[1], Hervorhebungsstufe):

altissimus mōns	ein sehr hoher Berg
grātissimae litterae	ein äußerst willkommener Brief

▷ Adjektive für Ort und Zeit können im Superlativ einen **Teil** des bezeichneten Gegenstandes bedeuten:[3]

summus mōns	der Gipfel des Berges	prīmum vēr	der Frühlingsanfang

3 Verstärkung von Komparativ und Superlativ

Komparativ und Superlativ können durch Zusätze verstärkt sein:

multō altior mōns	ein viel höherer Berg
longē fortissimus	der bei Weitem (weitaus) Stärkste
vel sapientissimus	sogar der Weiseste
quam celerrimus	möglichst schnell, so schnell wie möglich

Pronomina

Das Pronomen[2] kann Folgendes leisten:

• Es steht für ein Nomen:	Ein Kind spielt. **Es** spielt.
• Es kann ein Nomen näher bestimmen:	Ein Kind spielt. **Dieses** Kind spielt.
• Es kann verallgemeinern:	Ein Kind spielt. **Jedes** Kind spielt.

Die meisten Pronomina werden substantivisch und adjektivisch gebraucht:

substantivisch	Wer hat das geschrieben?
adjektivisch	Welcher Dichter hat das geschrieben?

[1] ēlātus herausgehoben [2] prō nōmine anstelle eines Namens (Substantivs) [3] ähnlich: per mediam urbem 'mitten durch die Stadt'

29 Arten der Pronomina

Man unterscheidet

(1) Personalpronomina	ich, du, er, sie, es; sich
(2) Possessivpronomina	mein, dein, sein
(3) Demonstrativpronomina	dieser, jener
(4) Interrogativpronomina	wer? was?
(5) Relativpronomina	(derjenige,) welcher
(6) Verallgemeinernde Pronomina	wer auch immer; jeder, der
(7) Indefinitpronomina	irgendeiner; etwas
(8) Pronomina für Zweiheiten	der eine – der andere; beide
(9) Pronominaladjektive	einzig, ganz
(10) Korrelativa	so groß – wie

30 Personalpronomina (persönliche Fürwörter)

Ego tē nōn videō.	Ich sehe dich nicht.
Multī sē tantum amant.	Viele lieben nur sich.

Bei den Personalpronomina unterscheidet man drei Personen im Singular und Plural:

1. Person (sprechende Person, Sprecher):	ich	wir
2. Person (angesprochene Person, Hörer):	du	ihr
3. Person (besprochene Person oder Sache):	er, sie, es	sie

1. Person		2. Person		3. Person (reflexiv)		3. Person (nicht-reflexiv)		
ego	ich	tū	du	—	—	[is	ea	id]
meī	meiner	tuī	deiner	suī	seiner		eius	
mihi	mir	tibi	dir	sibi	ihrer		eī	
mē	mich	tē	dich	sē	sich	eum	eam	id
ā mē	von mir	ā tē	von dir	ā sē	von sich	ab eō	ab eā	eō
mēcum	mit mir	tēcum	mit dir	sēcum	mit sich			
nōs	wir	vōs	ihr	—	—	[eī	eae	ea]
nostrī, -um	unser	vestrī, um	euer	suī	ihrer	eōrum	eārum	eōrum
nōbīs	uns	vōbīs	euch	sibi	sich		eīs	
nōs	uns	vōs	euch	sē	sich	eōs	eās	ea
ā nōbīs	von uns	ā vōbīs	von euch	ā sē	von sich		eīs	
nōbīscum	mit uns	vōbīscum	mit euch	sēcum	mit sich			

Der Nominativ des Personalpronomens hebt (besonders Gegensätze) hervor:

Tū mē amās, **ego** tē amō. (Plautus) — Du magst mich, ich mag dich.

Die Formen **suī, sibi, sē** (Sg. und Pl.) beziehen sich auf den Handelnden zurück; sie sind **reflexiv**:

Multī sibi tantum dīvitiās parant. — Viele schaffen Reichtum nur für sich.

Zur Bezeichnung einer 3. Person dienen die Formen von **is, ea, id** (↗32.2):

Gāius venit. Eum videō; servus cum eō est.	Gaius kommt. Ich sehe ihn; ein Sklave ist bei ihm.

▷ Wenn der Genitiv ein Teilverhältnis ausdrückt (↗101.2), werden die Formen **nostrum** und **vestrum** verwendet:

Quis nostrum, iūdicēs, Verrem ignōrat?	Wer von uns, Richter, kennt Verres nicht?
Nēmō vestrum loquitur.	Keiner von euch redet.

Verstärkte Personalpronomina sind ego-met, nōs-met, vōs-met, sē-met; tū-te, tē-te; sē-sē:

Egomet tē vīdī.	Ich (persönlich) habe dich gesehen.

31 Possessivpronomina (besitzanzeigende Fürwörter)

Amīcus noster carmina sua recitat.	Unser Freund trägt seine (eigenen) Gedichte vor.
Versūs eius bene sonant.	Seine (dessen) Verse klingen gut.

Das Possessivpronomen[1] gibt einen Besitzer oder eine Zugehörigkeit an. Das Possessivpronomen der 1., 2. und reflexiven 3. Person steht in Kongruenz (↗81.2) mit dem zugehörigen Nomen.

1. Person	2. Person	3. Person (reflexiv)	3. Person (nicht-reflexiv)
meus, mea, meum mein, meine (Vokativ: mī)	tuus, tua, tuum dein, deine	suus, sua, suum sein, seine; ihr, ihre	eius dessen, deren; sein, ihr
noster, tra, trum unser	vester, tra, trum euer	suus, sua, suum ihr, ihre	eōrum, eārum, eōrum deren; ihr

Servī nostrī fīdī sunt.	Unsere Sklaven sind treu.
Nōmina eōrum tibi dīcam.	Deren (ihre) Namen will ich dir sagen.

Possessivpronomina stehen meist n a c h ihrem Beziehungswort. Nur bei Hervorhebung stehen sie davor:

Meīs oculīs facinus vīdī.	Mit meinen (eigenen) Augen habe ich die Tat gesehen.

Wenn sich das Possessivpronomen der 3. Person auf das Subjekt bezieht, dann steht die rückbezügliche (reflexive) Form **suus, a, um**, sonst der nicht-reflexive Ersatz:

Titus canem **suum** timet.	Titus fürchtet seinen (eigenen) Hund.
Etiam Gāius canem **eius** timet.	Auch Gaius fürchtet dessen (seinen) Hund (den des Titus).

▷ Im Lateinischen steht zumeist dann kein Possessivpronomen, wenn die Zugehörigkeit klar ist:

Parentēs amāmus.	Wir lieben u n s e r e Eltern.

[1] possidēre besitzen

32 Demonstrativpronomina (hinweisende Fürwörter)

Das Demonstrativpronomen weist auf jemand oder auf etwas hin.[1]

1 **hic, haec, hoc** — dieser (hier), diese, dieses
iste, ista, istud — dieser (da), diese, dieses
ille, illa, illud — jener (dort), jene, jenes

Hic vir senātor est.	Dieser Mann (hier) ist Senator.
Ista toga senātōria est.	Diese Toga ist eine Senatorentoga.
Illud aedificium cūria est.	Jenes Gebäude (dort) ist die Kurie.

m.	f.	n.	m.	f.	n.	m.	f.	n.
hic	haec	hoc	iste	ista	istud	ille	illa	illud
	huius			istīus			illīus	
	huic			istī			illī	
hunc[2]	hanc	hoc	istum	istam	istud	illum	illam	illud
hōc	hāc	hōc	istō	istā	istō	illō	illā	illō
hī	hae	haec	istī	istae	ista	illī	illae	illa
hōrum	hārum	hōrum	istōrum	istārum	istōrum	illōrum	illārum	illōrum
	hīs			istīs			illīs	
hōs	hās	haec	istōs	istās	ista	illōs	illās	illa
	hīs			istīs			illīs	

- **hic, haec, hoc** hängt in den meisten Formen des Singulars die Hinweispartikel -c(e) an (vgl. ec-ce sieh da!), im Plural nur im Nom. und Akk. des Neutrums haec.

hic, haec, hoc weist auf etwas Naheliegendes hin:

haec urbs	diese (unsere) Stadt (d. h. Rom)
hāc nocte	in dieser (vergangenen bzw. kommenden) Nacht

- **iste** weist auf ein Gegenüber hin:

iste adulēscēns	dieser junge Mann da (der mir gegenüber steht)

iste kann je nach der Situation auch den Ton des Verächtlichen haben:

Vir scelestus iste est. — Der da ist ein Verbrecher.

- **ille** weist auf etwas räumlich und zeitlich Fernliegendes hin:

Illō tempore Rōma nōndum fuit. — In jener Zeit gab es Rom noch nicht.

ille bezeichnet bisweilen auch etwas Bekanntes oder Berühmtes:

ille Platō	jener bekannte Plato
illud Platōnis	jenes berühmte Wort Platons

---

[1] dē-mōnstrāre beweisen, hinweisen [2] aus *hum-ce bzw. *ham-ce

2 is, ea, id der; derjenige; er — **īdem** derselbe, der gleiche

Tūne es Titus? Ego is sum.
Bist du Titus? Der bin ich.

Titus et senātor īdem est.
Titus und der Senator sind (ist) derselbe.

N. Sg.	is	ea	id	īdem	éadem	idem
Gen.		eius			eiúsdem	
Dat.		eī			eīdem	
Akk.	eum	eam	id	eúndem	eándem	idem
Abl.	eō	eā	eō	eōdem	eādem	eōdem
N. Pl.	eī (iī)	eae	ea	eīdem (iīdem)	eaedem	éadem
Gen.	eōrum	eārum	eōrum	eōrundem	eārundem	eōrundem
Dat.		eīs (iīs)			eīsdem (iīsdem)	
Akk.	eōs	eās	ea	eōsdem	eāsdem	éadem
Abl.		eīs (iīs)			eīsdem (iīsdem)	

- **is, ea, id** weist auf etwas schon Erwähntes oder Vorliegendes hin:

Dionysius, servus meus, aufūgit; is est in provinciā tuā. (Cicero in einem Brief) — Dionysius, mein Sklave, ist entflohen; der (er) ist in deiner Provinz.

- is, ea, id ersetzt das nichtreflexive **Personal**pronomen der 3. Person (↗30):

Familiāris meus Rōmam abiit; multās eī litterās dō, cottidiē eum dēsīderō. — Mein Freund ist nach Rom fortgegangen; ich schreibe ihm viele Briefe, täglich vermisse ich ihn.

- is, ea, id ersetzt das nichtreflexive **Possessiv**pronomen der 3. Person (↗31):

Crassum dīlēxī plūrimum; eius lībertus ad studia aptus erat. (Cicero) — Den Crassus habe ich am meisten geschätzt; sein (dessen) Freigelassener war für die Studien geeignet.

- **īdem**[1], **éadem, idem** bezeichnet eine Gleichartigkeit (Identität):

Nōs premit eadem fortūna. — Uns drückt das gleiche Schicksal.
Idem velle atque idem nōlle, ea dēmum firma amīcitia est. (Catilina) — Dasselbe wollen und dasselbe nicht wollen, das erst ist feste Freundschaft.

[1] īdem aus is-dem

3 ipse, ipsa, ipsum selbst, persönlich

Senātor ipse ārat.
Der Senator pflügt persönlich.

Die Flexion von **ipse** entspricht der von **ille**; Ausnahme: Nom. und Akk. Sg. des Neutrums lauten **ipsum**.

- Das Pronomen **ipse, ipsa, ipsum** identifiziert eine Person oder Sache; es kann auch angeben, dass jemand etwas persönlich tut.

Est difficillimum sē ipsum vincere. (Seneca) — Am schwierigsten ist es, sich selbst zu besiegen.

- ipse, ipsa, ipsum kann im Deutschen zur Verdeutlichung oft durch Adverbien wie „schon“, „gerade“ oder mit „an sich“ wiedergegeben werden:

Ipsō adventū tuō delector. — Gerade über deine Ankunft freue ich mich.

Ipsa sē virtūs satis ostendit. (Sallust) — Tüchtigkeit zeigt sich an sich schon zur Genüge.

33 Interrogativpronomina (fragende Fürwörter)

quis? quid?	wer? was?	(substantivisch)
quī? quae? quod?	welcher? welche? welches?	(adjektivisch)
uter? utra? utrum?	welcher? welche? welches?	(von zweien)

Quis vīnum mihi dat?	Wer gibt mir Wein?
Quod vās vīnum continet?	Welches Gefäß enthält Wein?
Utrum vīs?	Was (von beiden) willst du?

	substantivisch			adjektivisch			substantivisch/adjektivisch		
N. Sg.	quis		quid	quī	quae	quod	uter	utra	utrum
Gen.		cuius			cuius			utr**īus**	
Dat.		cui			cui			utrī	
Akk.	quem		quid	quem	quam	quod	utrum	utram	utrum
Abl.		ā quō		quō	quā	quō	utrō	utrā	utrō

Der Plural lautet gleich dem des Relativpronomens (↗34.1).

Quod vās cupis?

Utrum vās cupis?

Wenn nur zwei Personen oder Dinge zur Auswahl sind, steht **uter? utra? utrum?**

Uter cōnsul? — Welcher Konsul?

▷ quis? quid? und quī? quae? quod? können durch -nam und tandem verstärkt werden:
Quānam in urbe nātus es? — In welcher Stadt bist du denn geboren?
Quid tandem vīs? — Was willst du eigentlich?

34 Relativpronomina (bezügliche Fürwörter)

1 quī, quae, quod der, die, das; welcher, welche, welches; wer, was

Is, quem quaeris, adest. — Der, den (welchen) du suchst, ist da.
Quae nocent, docent. — Was schadet, (das) macht klug.

	Sg. m.	f.	n.	Pl. m.	f.	n.
Nom.	quī	quae	quod	quī	quae	quae
Gen.		cuius		quōrum	quārum	quōrum
Dat.		cui			quibus[1]	
Akk.	quem	quam	quod	quōs	quās	quae
Abl.	quō	quā	quō		quibus[1]	

quī, quae, quod bezieht sich oft auf das Demonstrativpronomen is, ea, id:

Eum quaerō, cui tū pecūniam meam dedistī. — Ich suche den(jenigen), dem du mein Geld gegeben hast.

2 Relativer Satzanschluss

quī, quae, quod vertritt am Anfang eines Hauptsatzes das Demonstrativpronomen und verknüpft ganze Sätze (sog. „relative“ Satzverbindung):

Litterās tuās herī accēpī. — Deinen Brief habe ich gestern erhalten.
Quās diū exspectāveram. — Auf ihn hatte ich lange gewartet.

[1] daneben auch quīs

35 Verallgemeinernde Relativpronomina

quisquis, quidquid (subst.)	wer auch immer, was auch immer; jeder, der; alles, was
quīcumque, quaecumque, quodcumque (adjekt.)	wer auch immer, was auch immer

Quidquid agis, prūdenter agās!	Alles, was du tust, sollst du mit Bedacht tun!

Quisquis, quidquid (oder quicquid) und quīcumque, quaecumque, quodcumque verallgemeinern:

Quisquis amat, valeat! (Wandkritzelei)	Jeder, der liebt, lebe hoch!
Quidquid id est, timeō Danaōs. (Der Trojaner Laokoon vor dem hölzernen Pferd)	Was auch immer das ist, ich fürchte die Danaer (Griechen).
Quae sānārī poterunt, quācumque ratiōne sānābō. (Cicero)	Was geheilt werden kann, will ich auf jede erdenkliche Weise heilen.

36 Indefinitpronomina (unbestimmte Fürwörter)

Indefinitpronomina bezeichnen Personen oder Gegenstände, über die der Sprecher nichts Genaueres sagen kann oder will. Sie werden substantivisch und adjektivisch gebraucht.

1	**aliquis, aliquid**	irgendjemand; irgendetwas	(substantivisch)
	aliquī, aliqua, aliquod	irgendein	(adjektivisch)

Semper aliquid haeret.	Irgendetwas bleibt immer hängen.
Aliqua spēs hominī semper est.	Irgendeine Hoffnung hat der Mensch immer.

	substantivisch		adjektivisch		
N. Sg.	aliquis m. f.	aliquid n.	aliquī	aliqua	aliquod
Gen.	alicuius	(alicuius reī)		alicuius	
Dat.	alicui	(alicui reī)		alicui	
Akk.	aliquem	aliquid	aliquem	aliquam	aliquod
Abl.	aliquō	(aliquā rē)	aliquō	aliquā	aliquō
N. Pl.			aliquī	aliquae	aliqua
Gen.			aliquōrum	aliquārum	aliquōrum
Dat.				aliquibus	
Akk.			aliquōs	aliquās	aliqua
Abl.				aliquibus	

aliquis, aliquid sowie aliquī, aliqua, aliquod stellen etwas als unbestimmt dar:

Herī in aliquem vīcum incidī.	Gestern bin ich in irgendein Dorf geraten.
Plūra hominēs iūdicant aliquā mōtiōne mentis quam vēritāte. (Cicero)	Die Menschen beurteilen mehr Dinge aus irgendeiner Emotion heraus als nach der Realität.

Nach sī, nisi, nē, num, quō, quantō und cum stehen meist die Formen von quis und quid bzw. von quī quae quod (ohne ali-):

Sī quid novī erit, scrībam.	Wenn es etwas Neues gibt, schreibe ich.

2 quisquam, quidquam / quicquam[1] **ūllus, a, um** – irgendjemand, irgendein (in Sätzen mit verneinendem Sinn)

Sī quisquam, Sōcratēs sapiēns fuit.	Wenn irgendjemand, (dann) war Sokrates weise.
Sine ūllō dubiō sapiēns fuit.	Ohne (irgend)einen Zweifel war er weise.

	substantivisch				adjektivisch			
N. Sg.	quisquam	m. f.	quidquam	n.	ūllus	ūlla	ūllum	
Gen.		cuiusquam				ūllīus		
Dat.		cuiquam				ūllī		
Akk.	quemquam		quidquam		ūllum	ūllam	ūllum	
Abl.	quōquam		quōquam		ūllō	ūllā	ūllō	
N. Pl.					ūllī	ūllae	ūlla	usw.

quisquam, quidquam und ūllus, a, um stehen in negativen oder hypothetischen Sätzen:

Id quisquam audīre potest?	Kann das jemand hören?
Intrāvī neque quicquam audīvī.	Ich trat ein und hörte nichts.
Augustō deī plūra quam ūllī praestitērunt.	Dem Augustus haben die Götter mehr als irgendeinem (anderen) geschenkt.

3 quīdam, quiddam – ein gewisser, jemand (bestimmter); etwas
quīdam, quaedam, quoddam – ein gewisser; Pl. einige, manche

Hērostratus quīdam templum Diānae incendit.	Ein gewisser Herostratus hat den Tempel der Artemis angezündet.

	substantivisch				adjektivisch		
N. Sg.	quīdam	m. f.	quiddam	n.	quīdam	quaedam	quoddam
Gen.	cuiusdam		cuiusdam			cuiusdam	
Dat.	cuidam		cuidam			cuidam	
Akk.	quendam		quiddam		quendam	quandam	quoddam
Abl.	quōdam		quōdam		quōdam	quādam	quōdam

[1] Neben quisquam quidquam auch quispiam quidpiam

Pl. m.	f.	n.
quīdam	quaedam	quaedam
quōrundam	quāru**nd**am	quōru**nd**am
	quibusdam	
quōsdam	quāsdam	quaedam
	quibusdam	

quīdam

quīdam bezeichnet jemanden, über den der Sprecher nichts Näheres weiß oder sagen will:

Ībam forte viā sacrā, sicut meus est mōs: — Ich ging gerade auf der Via Sacra, wie es meine Art ist:

Accurrit quīdam nōtus mihi nōmine tantum. (Horaz über einen aufdringlichen Schwätzer) — Läuft einer her, der mir nur dem Namen nach bekannt ist.

Quiddam dīvīnum omnibus hominibus inest. — Etwas Göttliches ist in allen Menschen.

▷ quīdam kann auch etwas verstärken oder abschwächen:

incrēdibile quoddam studium — ein geradezu (ganz) unglaublicher Eifer
singulāris quaedam industria — ein ganz einzigartiger Fleiß
commūne quoddam vinculum — eine Art gemeinsames Band

4 quisque, quidque — jeder (jeder Einzelne)

quisque, quaeque, quodque — jeder, jede, jedes
ūnusquisque, ūnaquaeque, ūnumquodque — ein jeder

Suum cuique! — Jedem das Seine!
Optimus quisque (Sg.) interiit. — Gerade die Besten (Pl.) kamen um.

	substantivisch				adjektivisch		
Nom.	quisque	m. f.	quidque	n.	quisque	quaeque	quodque
Gen.		cuiusque				cuiusque	
Dat.		cuique				cuique	
Akk.	quemque		quidque		quemque	quamque	quodque
Abl.	quōque		quōque		quōque	quāque	quōque

- quisque (ohne Plural) zeigt an, dass aus einer Menge jedes Element für sich genommen wird.
- quisque steht unmittelbar nach Pronomina, Superlativen oder Ordnungszahlen:

Sibi quisque proximus. — Jeder ist sich (selbst) der Nächste.

Māxima quaeque domus servīs est plēna superbīs. (Juvenal) — Gerade die größten Häuser sind voll von hochmütigen Sklaven.

Quotus quisque hoc crēdit! — Wie wenige glauben das!

5 **quīvīs, quidvīs** quīlibet, quidlibet — jeder Beliebige; alles, was (du willst)

Cōgitā quidlibet.	Denk (dir) etwas Beliebiges!

	substantivisch		adjektivisch		
N. Sg.	quīvīs m. f.	quidvīs n.	quīvīs	quaevīs	quodvīs
Gen.	cuiusvīs	cuiusvīs		cuiusvīs	
	usw.			usw.	
N. Sg.	quīlibet	quidlibet	quīlibet	quaelibet	quodlibet
Gen.	cuiuslibet	cuiuslibet		cuiuslibet	
	usw.			usw.	

6 **nēmō; nihil** (nīl) — niemand, keiner; nichts
nūllus, a, um — keiner, keine, kein

Nēmō doctus nāscitur.	Niemand wird als Gelehrter geboren.

	substantivisch		adjektivisch		
N. Sg.	nēmō[1] m. f.	nihil n.	nūllus	nūlla	nūllum
Gen.	nūll**īus**	(nūllīus reī)		nūll**īus**	
Dat.	nēminī	(nūllī reī)		nūllī	
Akk.	nēminem	nihil	nūllum	nūllam	nūllum
Abl.	nūllō	(nūllā rē)	nūllō	nūllā	nūllō

Tibi nūlla lēx fuit, nūlla religiō, nūllus iūdiciī metus? (Cicero gegen Verres) — Gab es für dich kein Gesetz, kein Gewissen, keine Furcht vor Verurteilung?

Die Negation **nōn** verändert die Bedeutung dieser Pronomina je nach ihrer Stellung:

nēmō nōn	jeder	nōn nēmō	mancher
nūllus nōn	jeder	nōnnūllī	manche
nihil nōn	alles	nōn nihil	manches

Nēmō nōn moritur. — Jeder stirbt (einmal).
Nōn nēmō adulēscēns moritur. — Mancher stirbt (schon) in jungen Jahren.

37 Pronomina für Zweiheiten

uter? utra? utrum?	wer (von zweien)? welches (von zweien)?
utérque, utráque, utrúmque	jeder (von beiden); beide
néuter, néutra, néutrum	keiner (von beiden)
alter, altera, alterum	der eine (von beiden)
alter – alter	der eine – der andere

[1] nēmō entstand aus ne-homō 'kein Mensch'

Utrum vīs: vīnum an aquam?	Was willst du: Wein oder Wasser?
Utrumque.	Beides.

Die Pronomina für Zweiheiten bilden wie die Pronominaladjektive (↗38) den Gen. Sg. auf -**īus**, den Dat. Sg. auf -**ī**:

Uterque cōnsul ōrātiōnem habuit.	Jeder Konsul hielt eine Rede:
Alter ōrātiōnem mediocrem,	Der eine hielt eine mittelmäßige,
alter magnificam habuit.	der andere eine großartige.
Sed neutra plēbī placuit.	Aber keine von beiden gefiel dem Volk.
Neutrī plēbs crēdidit.	Keinem von beiden glaubte das Volk.

38 Pronominaladjektive

Pronominaladjektive bilden den Genitiv und Dativ wie die meisten Pronomina:

Gen. Sg. auf -**īus**		Dat. Sg. auf -**ī**	
ūnus, a, um	einer; einzig	sōlus, a, um	allein, einzig
tōtus, a, um	ganz, gesamt	alius, a, **ud**	ein anderer

N. Sg.	sōlus	sōla	sōlum	alius	alia	ali**ud**
Gen.		sōlīus			al**terīus**	
Dat.		sōlī			aliī	
Akk.	sōlum	sōlam	sōlum	alium	aliam	ali**ud**
Abl.	sōlō	sōlā	sōlō	aliō	aliā	aliō
N. Pl.	sōlī	sōlae	sōla	aliī	aliae	alia
	usw.			usw.		

Tibi sōlī crēdō.	Dir allein glaube ich.
Alius aliud amat.	Jeder liebt etwas anderes. (Der eine liebt dies, der andere das.)

39 Korrelativa

Quot capita, tot sēnsūs.	Wie viele Köpfe, so viele Meinungen.

Manche Adjektive sind von Pronominalstämmen abgeleitet. Sie stehen in einer Wechselbeziehung (Korrelation) mit jeweils einem anderen. Flektiert werden sie (außer tot – quot) wie Adjektive:

tantus, a, um – quantus, a, um	so groß – wie
tālis, e – quālis, e	so beschaffen – wie; ein solcher – wie; ein derartiger – wie
tot – quot (Adv.)	so viele – wie

Nōn sum tantō ingeniō, quantō Themistoclēs fuit. (Cicero)	Ich habe kein so großes Talent, wie Themistokles (es) hatte.
Quālis dominus, tālis servus.	Wie der Herr, so (ist) sein Sklave.
Quot servī, tot hostēs.	Wie viele Sklaven (einer hat), so viele Feinde.

40 Übersicht: die lateinischen Pronomina

1 Personalpronomen	ego meī, tu tuī (is eius)			ich, meiner; du, deiner; er, seiner
2 Possessivpronomina	meus	tuus	eius (suus)	mein, dein, sein (ihr)
	noster	vester	eōrum (suus)	unser, euer, deren, ihr
3 Demonstrativ-pronomina	hic	haec	hoc	dieser
	iste	ista	istud	dieser (der da)
	ille	illa	illud	jener
	is	ea	id	der, derjenige, er
	īdem	eadem	idem	derselbe, der gleiche
	ipse	ipsa	ipsum	selbst, persönlich
4 Interrogativpronomen				
subst.	quis?	quid?		wer? was?
adj.	quī?	quae?	quod?	welcher? welche? welches?
5 Relativpronomen	quī	quae	quod	der, welcher; wer
6 Verallgem. Pron.				
subst.	quisquis	quidquid		jeder, der
subst.	quīcumque	quidcumque		jeder, der; alles, was
7 Indefinitpronomina				
subst.	aliquis	aliquid		irgendjemand, irgendein
subst.	quisquam	quidquam		irgendjemand, irgendein
adj.	ūllus	ūlla	ūllum	(in Sätzen mit verneintem Sinn)
subst.	quīdam	quiddam		ein gewisser; etwas
adj.	quīdam	quaedam	quoddam	
subst.	quisque	quidque		jeder (Einzelne)
adj.	quisque	quaeque	quodque	
subst.	quīvīs	quidvīs		jeder Beliebige
subst.	quīlibet	quidlibet		jeder Beliebige
subst.	nēmō	nihil (nīl)		niemand; nichts; kein(er)
adj.	nūllus	nūlla	nūllum	kein(e)
8 Pronomina für Zweiheiten	uter?			wer (von zweien)?
	uterque			jeder (von beiden), beide
	néuter			keiner (von beiden)
	alter			der eine (von beiden)
9 Pronominaladjektive	ūnus	sōlus	tōtus	ein, einzig; allein; ganz, gesamt
	alius	alia	aliud	ein anderer
10 Korrelativa	tantus – quantus			so groß – wie
	tālis – quālis			so beschaffen – wie
	tot – quot			so viel – wie

Zahlwörter

41 Das Numerale: Arten und Bedeutungen

Die Zahlwörter (numeralia) bilden vier Gruppen:

1 Die **Grundzahlen** (cardinalia) geben Mengen an (Frage: wie viele?):

Caesar cum quīnque legiōnibus īre contendit.	Caesar marschierte mit fünf Legionen los.

2 Die **Ordnungszahlen** (ordinalia) bezeichnen in einer geordneten Reihenfolge eine bestimmte Stelle (Frage: der wievielte?):

Caesar decimae legiōnī māximē cōnfīdēbat.	Caesar vertraute der zehnten Legion am meisten.

3 Die **Verteilungszahlen** (distributiva) stehen bei einer gruppenweisen Verteilung von Mengen (Frage: wie viele jeweils?):

Caesar singulīs legiōnibus singulōs lēgātōs praefēcit.	Caesar gab den einzelnen Legionen je einen Befehlshaber.

4 Die **Multiplikationszahlen** (sog. Zahladverbien) geben Häufigkeiten an (Fragen: wie oft? wievielmal?):

Ter pūgnāvit Caesar cum cīvibus.	Dreimal kämpfte Caesar gegen seine Mitbürger.

Zahlzeichen	Grundzahlen	Ordnungszahlen	Verteilungszahlen
1 = I	ūnus, a, um	prīmus, a, um	singulī, ae, a
2 = II	duo, duae, duo	secundus (alter)	bīnī
3 = III	trēs, tria	tertius	ternī (auch trīnī)
4 = IV	quattuor	quārtus	quaternī
5 = V	quīnque	quīntus	quīnī
6 = VI	sex	sextus	sēnī
7 = VII	septem	septimus	septēnī
8 = VIII	octō	octāvus	octōnī
9 = IX	novem	nōnus	nōvēnī
10 = X	**decem**	**decimus**	**dēnī**
11 = XI	ūndecim	ūndecimus	ūndēnī
12 = XII	duōdecim	duodecimus	duodēnī
13 = XIII	trēdecim	tertius decimus	ternī dēnī
14 = XIV	quattuordecim	quārtus decimus	usw.
15 = XV	quīndecim	quīntus decimus	
16 = XVI	sēdecim	sextus decimus	
17 = XVII	septendecim	septimus decimus	
18 = XVIII	duodēvīgintī	duodēvīcēsimus	
19 = XIX	ūndēvīgintī	ūndēvīcēsimus	

GRUNDZAHLEN	ORDNUNG	VERTEILUNG	MULTIPLIKATION
20 = XX	vīgintī	vīcēsimus	vīcēnī
30 = XXX	trīgintā	trīcēsimus	trīcēnī
40 = XL	quadrāgintā	quadrāgēsimus	quadrāgēnī
50 = L	quīnquāgintā	quīnquāgēsimus	usw.
60 = LX	sexāgintā	sexāgēsimus	
70 = LXX	septuāgintā	septuāgēsimus	
80 = LXXX	octōgintā	octōgēsimus	
90 = XC	nōnāgintā	nōnāgēsimus	
100 = C	**centum**	**centēsimus**	**centēnī**
200 = CC	ducentī, ae, a	ducentēsimus	ducēnī
300 = CCC	trecentī	trecentēsimus	usw.
400 = CCCC	quadringentī	quadringentēsimus	
500 = D	quīngentī	quīngentēsimus	
600 = DC	sescentī	sescentēsimus	
700 = DCC	septingentī	septingentēsimus	
800 = DCCC	octingentī	octingentēsimus	
900 = CM	nōngentī	nōngentēsimus	
1000 = M	**mīlle**	**mīllēsimus**	singula mīlia
2000 = MM	duo mīlia	bis mīllēsimus	bīna mīlia
10000 = $\overline{X}$	decem mīlia	deciēs mīllēsimus	

Die **Multiplikationszahlen** werden ab 5 aus den (verkürzten) Grundzahlen mit dem Suffix **-iē(n)s** gebildet:

semel	einmal	dann: quīnquiē(n)s	fünfmal
bis	zweimal	deciēs	zehnmal
ter	dreimal	centiēs	hundertmal
quater	viermal	mīliēs	tausendmal

Einige Zahladverbien werden aus dem Neutr. Sg. der ersten Ordnungszahlen gebildet:

prīmum	zum ersten Mal	tertium	zum dritten Mal

42 Flexion von Zahlwörtern und mehrstellige Zahlen

1 Die meisten Grundzahlen haben keine Flexion; dekliniert werden nur:

- die Einer **ūnus, duo** (ebenso: ambō beide), **trēs**
- die Hunderter von **ducentī, ae, a** bis **nōngentī, ae, a**
- der Plural **mīlia** (Tausende) (↗ 42.4)

ūnus	ūna	ūnum	duo	duae	duo	trēs	trēs	tria
	ūnīus		duōrum	duārum	duōrum		trium	
	ūnī		duōbus	duābus	duōbus		tribus	
ūnum	ūnam	ūnum	duo(s)	duās	duo	trēs	trēs	tria
ūnō	ūnā	ūnō	duōbus	duābus	duōbus		tribus	

2 Die Ordnungszahlen und die Verteilungszahlen werden wie Adjektive auf -us, a, um behandelt.

▷ Zahladjektiva sind auch:

simplex, icis	einfach	triplex, icis	dreifach
duplex, icis	doppelt	multiplex, icis	vielfach

3 Mehrstellige Zahlen:
Bei zweistelligen Zahlen geht die Zehnerzahl voraus oder wird mit **et** angeschlossen:

vīgintī ūnus, a, um	oder	ūnus, a, um et vīgintī	21
vīcēsimus prīmus	oder	ūnus et vīcēsimus	der 21.

Zahlen mit den Einern 8 oder 9 werden meist durch Subtraktion vom nächsten Zehner gebildet, z. B. ūn**dē**trīgintā 29, duo**dē**trīgintā 28.

4 mīlle ist unveränderlich. Der Plural mīlia wird dekliniert (Gen. mīlium, Dat./Abl. mīlibus) und mit dem Genitiv verbunden:

mīlle equitēs	1000 Reiter	duo mīlia equitum	2000 Reiter
mīlle passūs	1000 Doppelschritte, 1 Meile	duo mīlia passuum	2 Meilen

▷ Einmaleins: bis bīna sunt quattuor 2 x 2 = 4; ter terna sunt novem 3 x 3 = 9
Brüche: tertia pars 1/3; quārta pars 1/4; trēs partēs 3/4

Das Verb

43 Bedeutung und Konjugation des Verbs

1 Das Verb bestimmt den Aufbau eines Satzes, weil es als **Prädikat** aussagt, was geschieht. Dabei kann das Verb im Allgemeinen bezeichnen:

- eine Tätigkeit oder Handlung, z. B. sprechen, schreiben, arbeiten, gehen
- einen Vorgang, z. B. wachsen, leben, träumen, fürchten
- einen Zustand, z. B. liegen, ruhen, da sein, bleiben

2 Das Verb bedarf oft einer Ergänzung, z. B. „einen Brief schreiben, einen Freund besuchen." Es ist dann **transitiv**[1] gebraucht, d. h. auf ein Objekt im Akkusativ ausgerichtet.

3 Über die lexikalische Bedeutung hinaus vermittelt das Verb noch weitere Informationen, da es durch **Suffixe** und **Endungen** zu zahlreichen **Formen** abgewandelt werden kann. Die Abwandlung oder Beugung des Verbs nennt man **konjugieren** bzw. **Konjugation**.

44 Die finiten Verbformen

Durch die Konjugation des Verbs werden angegeben:

1. die **Person**, nämlich:

die 1. Person oder sprechende Person
die 2. Person oder angesprochene Person
die 3. Person (oder Sache), über die man spricht

[1] trānsīre hinübergehen

2. die **Zahl** (der Numerus) der handelnden oder betroffenen Personen, nämlich

1. Person Singular: ich lese	1. Person Plural: wir lesen
2. Person Singular: du liest	2. Person Plural: ihr lest
3. Person Singular: er, sie, es liest	3. Person Plural: sie lesen

3. der **Wirklichkeitsgrad** (der Modus) des Geschehens; dabei steht

ein tatsächliches Geschehen im Indikativ:[1]	er liest
ein mögliches Geschehen im Konjunktiv:[2]	er lese (möge lesen), würde lesen
eine Aufforderung im Imperativ (Befehlsform):	lies! er soll lesen!

4. die **Zeit** (das Tempus) eines Geschehens, nämlich

Gegenwart (Präsens):		er liest
Vergangenheit (Präteritum):	Imperfekt[3]:	er las
	Perfekt[4]:	er hat gelesen
	Plusquamperfekt:	er hatte gelesen
Zukunft (Futur):	Futur I:	er wird lesen
	Futur II:	„er wird gelesen haben"

5. die **Art des Vollzugs** (das Genus verbi, die **Diathese**[5]) eines Geschehens, nämlich

das Aktiv[6] (sog. Tatform):	er liest, las, wird lesen, würde lesen
das Passiv[6] (sog. Leideform):	(das Buch) wird gelesen, wurde gelesen, würde gelesen

Eine Wortform, die in dieser fünffachen Weise durch Person, Numerus, Modus, Tempus und Diathese bestimmt ist, nennt man **Personalform** oder **finite Verbform** (verbum finitum[7]).
Im Deutschen benötigt man zur Bildung finiter Verbformen oft mehrere Wörter, während im Lateinischen eine einzige Form meist schon alle Angaben enthält.

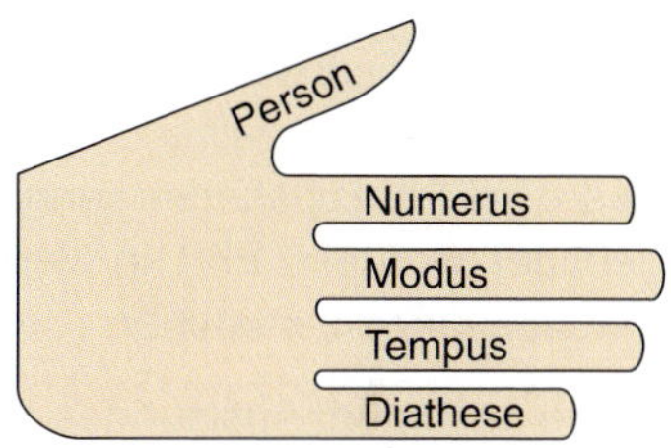

45 Die infiniten Verbformen

Viele Verbformen geben keine Person und keinen Modus an, sondern allein eine Handlung. Eine solche Verbform wird wie ein Nomen verwendet und deshalb **Nominalform** oder **infinite Verbform** (verbum infinitum[7]) genannt.
Folgende Nominalformen werden unterschieden:

1. der **Infinitiv** (Nennform)

im Präsens Aktiv und Passiv:	(zu) lesen – gelesen zu werden
im Perfekt Aktiv und Passiv:	gelesen zu haben – gelesen worden zu sein
im Futur Aktiv und Passiv (fehlt im Deutschen)	

[1] Der Indikativ zeigt ein wirkliches Geschehen an (indicāre anzeigen). [2] „Konjunktiv" besagt ursprünglich nur, dass dieser Modus mit bestimmten Subjunktionen (↗ 77.2) verbunden ist (coniungere). [3] (tempus) imperfectum nicht abgeschlossen [4] perfectum abgeschlossen [5] Das griechische Wort diáthesis (Zustand) ist eine treffendere Bezeichnung für genus verbi. [6] agere handeln, patī (eine Einwirkung) erleiden, von etwas betroffen werden [7] fīnītus begrenzt, bestimmt; in-fīnītus unbestimmt (hinsichtlich Person und Modus)

2. der **deklinierte Infinitiv**: des Lesens, zum Lesen,
   (das lat. Gerundium) durch Lesen
3. das **Gerundiv(um)**, eine Art Verbaladjektiv (fehlt im Deutschen)
4. das **Partizip** (Mittelwort)
   im Präsens Aktiv: lesend; ein Lesender
   im Perfekt Passiv (PPP): gelesen
5. das **Supin(um)** auf -um und -ū, eine Art Verbalsubstantiv (fehlt im Deutschen)[1].

Die Bedeutung und die Funktion der Nominalformen im Satz werden im Rahmen der Satzglieder behandelt (↗ 120–140).

46 Stämme und Konjugationsklassen des lateinischen Verbs

1 Den lateinischen Verbformen liegen drei Stämme zugrunde:

Präsensstamm,
Perfektstamm und
Partizipstamm des Perfekts Passiv (auch Supinstamm genannt).

Aus dem Präsensstamm und dem Perfektstamm werden durch angefügte **Suffixe** und **Endungen** die einzelnen Personal- und Nominalformen gebildet.
Aus dem Partizipstamm kann nur die Nominalform des Partizips Perfekt Passiv (PPP) gebildet werden. Erst in Verbindung mit dem Hilfsverb esse (sein) können daraus Personalformen entstehen.

2 Je nach dem Auslaut des Präsensstammes (Langvokal, Kurzvokal, Konsonant) unterscheidet man folgende **Konjugationsklassen**:

Infinitiv	Präsensstamm	Stammauslaut	Konjugationsklassen	
laudā-re	laudā-	-ā[2]	-ā-Konjugation	langvokalische Konjugationen
monē-re	monē-	-ē[2]	-ē-Konjugation	
audī-re	audī-	-ī[2]	-ī-Konjugation	
cape-re	capi-	-i	-i-Konjugation	(zur kons. Konjug. gezählt)
leg-e-re	leg-	Konsonant	konsonantische Konjugation (auch 3. Konjugation genannt)	

Die Stämme mit Auslaut -**u** (z. B. metu-e-re) zählt man zur konsonantischen Konjugation.

[1] Vom Adjektiv supīnus 'zurückgebogen'. [2] Die langen Stammauslaute werden vor den Endungen -ō, -m, -t, -nt und vor -nd sowie vor Vokal gekürzt.

47 Der Präsensstamm und seine Formen

1 Die **Präsensstämme** der lang- und kurzvokalischen Konjugationen sind aus Verbalstämmen

- durch Anfügung eines Vokals gebildet, z. B.
  Verbalstamm sed- : Präsensstamm sedē-
- oder von Nominalstämmen abgeleitet, z. B.
  Nominalstamm laus, laud-is: Präsensstamm laudā-.
- Viele Präsensstämme sind dem Verbalstamm gleich, z. B. scrīb-.

▷ Bei einigen Verben der konsonantischen Konjugation ist der Präsensstamm erweitert durch
- Einfügung eines **n** oder **m**: vi-n-c-ere (aber PPP vic-tus)
- Anfügung eines **n** oder **t**: sper-n-ere (aber PPP sprē-tus)
- Anfügung von **sc**: crē-sc-ere (aber Ind. Perf. crēvī)

2 Zur Kennzeichnung der Personen treten folgende **Personalendungen** an die Präsensstämme bzw. an die Tempus- und Moduszeichen:

Pers. Num.	Modus	Aktiv	Passiv	Imperativ I	Imperativ II	Imp. Deponens I	Imp. Deponens II
1. Pers. Sg.	Indikativ	-ō, -m	-or, -r				
2. Pers. Sg.	und	-s	-ris	–	-tō	**-re**	-tor
3. Pers. Sg.	Konjunktiv	-t	-tur	–	-tō		-tor
1. Pers. Pl.	Indikativ	-mus	-mur				
2. Pers. Pl.	und	-tis	-minī	-te	-tōte	-minī	
3. Pers. Pl.	Konjunktiv	-nt	-ntur		-ntō		-ntor

Wenn die Endung mit einem Konsonanten beginnt, tritt in der konsonantischen Konjugation ein Bindevokal (**e**, **i**, **u**) zwischen Präsensstamm und Endung: scrīb-i-mus, scrīb-u-nt.

3 Zur Kennzeichnung der Tempora und Modi treten verschiedene Tempus- und Moduszeichen an den Präsensstamm:

Tempus	Konjugation	Indikativ	Konjunktiv
Präsens	ā	–	-ē-
	ē, ī und konsonantisch	–	-ā-
Imperfekt	ā und ē	-bā-	-rē-
	ī und konsonantisch	-ē-bā-	
Futur I	ā und ē	-b- (-bi-, -bu-, -be-)	–
	ī und konsonantisch	-ē- (-a- bei 1. Pers. Sg.)	–

Die langen Tempus- und Moduszeichen werden in Endsilben (außer vor s) gekürzt, z. B. laudā-ba-t, laudā-re-t, laude-t, mone-a-nt; aber: laudā-bā-mus.

4 Die Endungen der **Nominalformen** sind aus den folgenden Tabellen und aus dem Überblick (↗52) ersichtlich.

48 Präsensstamm: Formen im Aktiv

Personalformen

Stämme		laudā-	monē-	audī-	capi-	reg-
Ind. Präsens	Sg. 1.	laudō	mone-ō	audi-ō	capi-ō	reg-ō
	2.	laudā-s	monē-s	audī-s	capi-s	reg-i-s
	3.	lauda-t	mone-t	audi-t	capi-t	reg-i-t
	Pl. 1.	laudā-**mus**	monē-**mus**	audī-**mus**	capi-**mus**	reg-i-**mus**
	2.	laudā-**tis**	monē-**tis**	audī-**tis**	capi-**tis**	reg-i-**tis**
	3.	lauda-**nt**	mone-**nt**	audi-**u-nt**	capi-**u-nt**	reg-**u-nt**
Konj. Präsens	Sg. 1.	laude-**m**	mone-**a-m**	audi-**a-m**	capi-**am**	reg-**a-m**
	2.	laudē-s	mone-**ā**-s	audi-**ā**-s	capi-**ā**-s	reg-**ā**-s
	3.	laude-t	mone-**a**-t	audi-**a**-t	capi-**a**-t	reg-**a**-t
	Pl. 1.	laudē-**mus**	mone-**ā-mus**	audi-**ā-mus**	capi-**ā-mus**	reg-**ā-mus**
	2.	laudē-**tis**	mone-**ā-tis**	audi-**ā-tis**	capi-**ā-tis**	reg-**ā-tis**
	3.	laude-**nt**	mone-**a-nt**	audi-**a-nt**	capi-**a-nt**	reg-**a-nt**
Ind. Imperfekt	Sg. 1.	laudā-**ba-m**	monē-**ba-m**	audi-**ēba-m**	capi-**ēba-m**	reg-**ēba-m**
	2.	laudā-**bā-s**	monē-**bā-s**	audi-**ēbā-s**	capi-**ēbā-s**	reg-**ēbā-s**
	3.	laudā-**ba-t**	monē-**ba-t**	audi-**ēba-t**	capi-**ēba-t**	reg-**ēba-t**
	Pl. 1.	laudā-**bā-mus**	monē-**bā-mus**	audi-**ēbā-mus**	capi-**ēbā-mus**	reg-**ēbā-mus**
	2.	laudā-**bā-tis**	monē-**bā-tis**	audi-**ēbā-tis**	capi-**ēbā-tis**	reg-**ēbā-tis**
	3.	laudā-**ba-nt**	monē-**ba-nt**	audi-**ēba-nt**	capi-**ēba-nt**	reg-**ēba-nt**
Konj. Imperfekt	Sg. 1.	laudā-**re-m**	monē-**re-m**	audī-**re-m**	cape-**re-m**	reg-**e-re-m**
	2.	laudā-**rē-s**	monē-**rē-s**	audī-**rē-s**	cape-**rē-s**	reg-**e-rē-s**
	3.	laudā-**re-t**	monē-**re-t**	audī-**re-t**	cape-**re-t**	reg-**e-re-t**
	Pl. 1.	laudā-**rē-mus**	monē-**rē-mus**	audī-**rē-mus**	cape-**rē-mus**	reg-**e-rē-mus**
	2.	laudā-**rē-tis**	monē-**rē-tis**	audī-**rē-tis**	cape-**rē-tis**	reg-**e-rē-tis**
	3.	laudā-**re-nt**	monē-**re-nt**	audī-**re-nt**	cape-**re-nt**	reg-**e-re-nt**
Futur	Sg. 1.	laudā-**b-ō**	monē-**b-ō**	audi-**a-m**	capi-**a-m**	reg-**a-m**
	2.	laudā-**bi**-s	monē-**bi**-s	audi-**ē**-s	capi-**ē**-s	reg-**ē**-s
	3.	laudā-**bi**-t	monē-**bi**-t	audi-**e**-t	capi-**e**-t	reg-**e**-t
	Pl. 1.	laudā-**bi-mus**	monē-**bi-mus**	audi-**ē-mus**	capi-**ē-mus**	reg-**ē-mus**
	2.	laudā-**bi-tis**	monē-**bi-tis**	audi-**ē-tis**	capi-**ē-tis**	reg-**ē-tis**
	3.	laudā-**bu-nt**	monē-**bu-nt**	audi-**e-nt**	capi-**e-nt**	reg-**e-nt**
Imp. I		laudā	monē	audī	cape	reg-e
		laudā-te	monē-te	audī-te	capi-te	reg-i-te
Imp. II		laudā-tō	monē-tō	audī-tō	capi-tō	reg-i-tō
		laudā-tō	monē-tō	audī-tō	capi-tō	reg-i-tō
		laudā-tōte	monē-tōte	audī-tōte	capi-tōte	reg-i-tōte
		lauda-**ntō**	mone-**ntō**	audi-**u-ntō**	capi-**u-ntō**	reg-**u-ntō**

Nominalformen

	laudā-	monē-	audī-	capi-	reg-
Infinitiv	laudā-re	monē-re	audī-re	cape-re	reg-e-re
Partizip	laudā-ns, -antis	monē-ns, -entis	audi-ē-ns, -entis	capi-ē-ns, -entis	reg-ē-ns, -entis

49 Präsensstamm: Formen im Passiv

Personalformen

	Stämme	laudā-	monē-	audī-	capi-	reg-
Ind. Präsens	Sg. 1.	laud-**or**	mone-**or**	audi-**or**	capi-**or**	reg-**or**
	2.	laudā-**ris**	monē-**ris**	audī-**ris**	cápe-**ris**	rég-e-**ris**
	3.	laudā-**tur**	monē-**tur**	audī-**tur**	capi-**tur**	reg-i-**tur**
	Pl. 1.	laudā-**mur**	monē-**mur**	audī-**mur**	capi-**mur**	reg-i-**mur**
	2.	laudā-**minī**	monē-**minī**	audī-**minī**	capi-**minī**	reg-i-**minī**
	3.	lauda-**ntur**	mone-**ntur**	audi-u-**ntur**	capi-u-**ntur**	reg-u-**ntur**
Konj. Präsens	Sg. 1.	laude-**r**	mone-a-**r**	audi-a-**r**	capi-a-**r**	reg-a-**r**
	2.	laudē-**ris**	mone-ā-**ris**	audi-ā-**ris**	capi-ā-**ris**	reg-ā-**ris**
	3.	laudē-**tur**	mone-ā-**tur**	audi-ā-**tur**	capi-ā-**tur**	reg-ā-**tur**
	Pl. 1.	laudē-**mur**	mone-ā-**mur**	audi-ā-**mur**	capi-ā-**mur**	reg-ā-**mur**
	2.	laudē-**minī**	mone-ā-**minī**	audi-ā-**minī**	capi-ā-**minī**	reg-ā-**minī**
	3.	laude-**ntur**	mone-a-**ntur**	audi-a-**ntur**	capi-a-**ntur**	reg-a-**ntur**
Ind. Imperfekt	Sg. 1.	laudā-**ba-r**	monē-**ba-r**	audi-**ēba-r**	capi-**ēba-r**	reg-**ēba-r**
	2.	laudā-**bā-ris**	monē-**bā-ris**	audi-**ēbā-ris**	capi-**ēbā-ris**	reg-**ēbā-ris**
	3.	laudā-**bā-tur**	monē-**bā-tur**	audi-**ēbā-tur**	capi-**ēbā-tur**	reg-**ēbā-tur**
	Pl. 1.	laudā-**bā-mur**	monē-**bā-mur**	audi-**ēbā-mur**	capi-**ēbā-mur**	reg-**ēbā-mur**
	2.	laudā-**bā-minī**	monē-**bā-minī**	audi-**ēbā-minī**	capi-**ēbā-minī**	reg-**ēbā-minī**
	3.	laudā-**ba-ntur**	monē-**ba-ntur**	audi-**ēba-ntur**	capi-**ēba-ntur**	reg-**ēba-ntur**
Konj. Imperfekt	Sg. 1.	laudā-**re-r**	monē-**re-r**	audī-**re-r**	cape-**re-r**	reg-e-**re-r**
	2.	laudā-**rē-ris**	monē-**rē-ris**	audī-**rē-ris**	cape-**rē-ris**	reg-e-**rē-ris**
	3.	laudā-**rē-tur**	monē-**rē-tur**	audī-**rē-tur**	cape-**rē-tur**	reg-e-**rē-tur**
	Pl. 1.	laudā-**rē-mur**	monē-**rē-mur**	audī-**rē-mur**	cape-**rē-mur**	reg-e-**rē-mur**
	2.	laudā-**rē-minī**	monē-**rē-minī**	audī-**rē-minī**	cape-**rē-minī**	reg-e-**rē-minī**
	3.	laudā-**re-ntur**	monē-**re-ntur**	audī-**re-ntur**	cape-**re-ntur**	reg-e-**re-ntur**
Futur	Sg. 1.	laudā-**b-or**	monē-**b-or**	audi-**a-r**	capi-**a-r**	reg-**a-r**
	2.	laudā-**be-ris**	monē-**be-ris**	audi-**ē-ris**	capi-**ē-ris**	reg-**ē-ris**
	3.	laudā-**bi-tur**	monē-**bi-tur**	audi-**ē-tur**	capi-**ē-tur**	reg-**ē-tur**
	Pl. 1.	laudā-**bi-mur**	monē-**bi-mur**	audi-**ē-mur**	capi-**ē-mur**	reg-**ē-mur**
	2.	laudā-**bi-minī**	monē-**bi-minī**	audi-**ē-minī**	capi-**ē-minī**	reg-**ē-minī**
	3.	laudā-**bu-ntur**	monē-**bu-ntur**	audi-**e-ntur**	capi-**e-ntur**	reg-**e-ntur**

Statt der Endung -**ris** findet sich (besonders im Futur) auch -**re**.

Nominalformen

Infinitiv[1]	laudā-**rī**	monē-**rī**	audī-**rī**	cap-**ī**	reg-**ī**
Gerundiv[2]	lauda-**ndus**	mone-**ndus**	audi-e-**ndus**[3]	capi-e-**ndus**[3]	reg-e-**ndus**

[1] Statt -rī bzw. -ī finden sich (in der Dichtung) auch -rier bzw. -ier: laudārier, regier.

[2] Gerundiv und Gerund (deklinierter Infinitiv) fasst man als nd-Formen zusammen.

[3] Statt -endus altertümlich auch -undus: audiundus, capiundus (vgl. secundus).

50 Der Perfektstamm im Aktiv und seine Formen

Der Perfektstamm des Aktivs kann aus dem Präsens- oder Verbalstamm gebildet sein durch Tempuszeichen (-v-, -u- oder -s-), durch **R**eduplikation (Verdoppelung) des Wortanfangs oder durch **D**ehnung des Stammvokals. Beispiele: 3. Pers. Perfekt Aktiv der ē-Konjugation:

dēlē-v-it	**v**	mon-u-it	**u**	mān-s-it	**s**	pe-pend-it	**R**	vīd-it	**D**

Zur Kennzeichnung der Personen treten im Indikativ Perfekt folgende (teilweise durch -is- / -er- erweiterte) Personalendungen, Tempus- und Moduszeichen an den Perfektstamm:

Personalendungen im Indikativ Perfekt		Tempus- und Moduszeichen (in der 1. Person)			
Singular:	Plural:	Ind. Plqpf.:	**-era-m**	Konj. Perf.:	**-er-im**
-ī, -istī, -it	**-imus, -istis, -ērunt**	Fut. II:	**-er-ō**	Konj. Plqpf.:	**-is-sem**

Ind. Perfekt	laudāv-ī	monu-ī	audīv-ī	cēp-ī	rēx-ī
	laudāv-istī	monu-istī	audīv-istī	cēp-istī	rēx-istī
	laudāv-it	monu-it	audīv-it	cēp-it	rēx-it
	laudāv-imus	monu-imus	audīv-imus	cēp-imus	rēx-imus
	laudāv-istis	monu-istis	audīv-istis	cēp-istis	rēx-istis
	laudāv-ērunt	monu-ērunt	audīv-ērunt	cēp-ērunt	rēx-ērunt
Konj. Perfekt	laudāv-erim	monu-erim	audīv-erim	cēp-erim	rēx-erim
	laudāv-eris	monu-eris	audīv-eris	cēp-eris	rēx-eris
	laudāv-erit	monu-erit	audīv-erit	cēp-erit	rēx-erit
	laudāv-erimus	monu-erimus	audīv-erimus	cēp-erimus	rēx-erimus
	laudāv-eritis	monu-eritis	audīv-eritis	cēp-eritis	rēx-eritis
	laudāv-erint	monu-erint	audīv-erint	cēp-erint	rēx-erint
Ind. Plqpf.	laudāv-eram	monu-eram	audīv-eram	cēp-eram	rēx-eram
	laudāv-erās	monu-erās	audīv-erās	cēp-erās	rēx-erās
	laudāv-erat	monu-erat	audīv-erat	cēp-erat	rēx-erat
	laudāv-erāmus	monu-erāmus	audīv-erāmus	cēp-erāmus	rēx-erāmus
	laudāv-erātis	monu-erātis	audīv-erātis	cēp-erātis	rēx-erātis
	laudāv-erant	monu-erant	audīv-erant	cēp-erant	rēx-erant
Konj. Plqpf.	laudāv-issem	monu-issem	audīv-issem	cēp-issem	rēx-issem
	laudāv-issēs	monu-issēs	audīv-issēs	cēp-issēs	rēx-issēs
	laudāv-isset	monu-isset	audīv-isset	cēp-isset	rēx-isset
	laudāv-issēmus	monu-issēmus	audīv-issēmus	cēp-issēmus	rēx-issēmus
	laudāv-issētis	monu-issētis	audīv-issētis	cēp-issētis	rēx-issētis
	laudāv-issent	monu-issent	audīv-issent	cēp-issent	rēx-issent
Futur II	laudāv-erō	monu-erō	audīv-erō	cēp-erō	rēx-erō
	laudāv-eris	monu-eris	audīv-eris	cēp-eris	rēx-eris
	laudāv-erit	monu-erit	audīv-erit	cēp-erit	rēx-erit
	laudāv-erimus	monu-erimus	audīv-erimus	cēp-erimus	rēx-erimus
	laudāv-eritis	monu-eritis	audīv-eritis	cēp-eritis	rēx-eritis
	laudāv-erint	monu-erint	audīv-erint	cēp-erint	rēx-erint
Inf. Perf.	laudāv-isse	monu-isse	audīv-isse	cēp-isse	rēx-isse

▷ 1 Bei Komposita von reduplizierenden Verben entfällt die Reduplikationssilbe:
ce-cid-ī ich bin gefallen, aber: in-cid-ī ich bin hineingefallen.

2 Bei den Formen der v-Perfekte werden vi/ve vor s/r manchmal ausgestoßen, z. B.

laudāvisse > laudāsse,	laudāvistī > laudāstī,	laudāvērunt > laudārunt,
nōvisse > nōsse,	nōvistī > nōstī,	nōvērunt > nōrunt.

51 Der Partizipstamm im Perfekt Passiv

1 Der **passive** Partizipstamm (auch Supinstamm genannt) wird aus dem Präsensstamm oder aus dem Verbalstamm durch Anfügung des Suffixes **tu**- (Fem. **ta**-) gebildet, z. B.

laudā-tu- moni-tu- audī-tu- cap-tu- rēc-tu-

2 Durch Lautveränderungen (↗4) an der Fugenstelle hat das Suffix bei vielen Verben die Form **su**- angenommen: d-t und t-t werden zu s(s):

rīdē-re → rīsu-		sent-īre → sēnsu-
claud-ere → clausu-		mitt-ere → missu-

3 Die Formen des Partizips Perfekt Passiv (PPP) werden gewöhnlich im Neutr. Sg. zitiert:
laudō – laudāvī – laudātum

4 **Personalformen** werden aus dem PPP und den Formen des Hilfsverbs esse gebildet.

Indikativ Perfekt Passiv	laudātus, a, um / mónitus, audītus, / captus, rēctus	sum / es / est	**Konjunktiv Perfekt Passiv**	laudātus, a, um / mónitus, audītus, / captus, rēctus	sim / sīs / sit
	laudātī, ae, a / mónitī, audītī, / captī, rēctī	sumus / estis / sunt		laudātī, ae, a / mónitī, audītī, / captī, rēctī	sīmus / sītis / sint
Indikativ Plqpf. Passiv	laudātus, a, um / mónitus, audītus, / captus, rēctus	eram / erās / erat	**Konjunktiv Plqpf. Passiv**	laudātus, a, um / mónitus, audītus, / captus, rēctus	essem / essēs / esset
	laudātī, ae, a / mónitī, audītī, / captī, rēctī	erāmus / erātis / erant		laudātī, ae, a / mónitī, audītī, / captī, rēctī	essēmus / essētis / essent
Indikativ Futur II Passiv	laudātus, a, um / mónitus, audītus, / captus, rēctus	erō / eris / erit			
	laudātī, ae, a / mónitī, audītī, / captī, rēctī	erimus / eritis / erunt			

5 Folgende **Nominalformen** können vom Partizipstamm gebildet werden:

Partizip Perfekt Passiv (PPP) Partizip Futur Aktiv	laudātus, a, um laudātūrus, a, um	gelobt (worden) einer, der loben wird
Infinitiv Perfekt Passiv Infinitiv Futur Aktiv	laudātum, am, um esse laudātūrum, am, um esse	gelobt worden zu sein (künftig) zu loben
Supin I und II Infinitiv Futur Passiv	laudātum und laudātū (↗ 140) laudātum īrī (↗ 64.4 ▷)	zum Loben (künftig) gelobt werden

Das PPP mehrerer Verben kann auch als Adjektiv gebraucht und durch **in-** verneint werden:

in-victus	unbesiegt, unbesiegbar	im-prō-vīsus	unvorhergesehen
īn-fectus	ungetan, unverrichtet	im-pūnītus	ungestraft, straflos

Das Partizip Futur umschreibt in Verbindung mit **esse** eine sogleich beginnende Handlung:

Laudātūrus sum. Ich bin dabei zu loben, bin im Begriff zu loben, werde loben, will loben.

Der Infinitiv Futur Aktiv lässt sich deutsch meist nur im Präsens wiedergeben:

Spērō tē mox ventūrum esse. Ich hoffe, dass du bald kommst.

Der Infinitiv Futur Passiv ist eigentlich ein Supin (↗ 140) mit īrī:

Mox cēnātum īrī spērō. Ich hoffe, dass bald gegessen wird (eigtl. zum Essen gegangen wird).

52 Übersicht über die Nominalformen des Verbs

		ā-Konjugation	ē-Konjugation	ī-Konjugation	i-Konjugation	kons. Konjug.
Inf. Aktiv	Präs.	laudā-re	monē-re	audī-re	cape-re	reg-ere
	Perf.	laudāv-isse	monu-isse	audīv-isse	cēp-isse	rēx-isse
	Futur	laudā-tūrum, am, um esse	moni-tūrum, am, um esse	audī-tūrum, am, um esse	cap-tūrum, am, um esse	rēc-tūrum, am, um esse
Inf. Passiv	Präs.	laudā-rī	monē-rī	audī-rī	capī	reg-ī
	Perf.	laudā-tum, am, um esse	moni-tum, am, um esse	audī-tum, am, um esse	cap-tum, am, um esse	rēc-tum, am, um esse
	Futur	laudā-tum īrī	moni-tum īrī	audī-tum īrī	cap-tum īrī	rēc-tum īrī
Gerund		lauda-ndī usw.	mone-ndī	audi-e-ndī	capi-e-ndī	reg-e-ndī
Gerundiv		lauda-ndus, a, um	mone-ndus, a, um	audi-e-ndus, a, um	capi-e-ndus, a, um	reg-e-ndus, a, um
Part. Präs.		laudā-ns, -antis	monē-ns,-entis	audi-ē-ns,-entis	capi-ē-ns,-entis	reg-ē-ns,-entis
Part. Fut.		laudā-tūrus, a, um	moni-tūrus, a, um	audī-tūrus, a, um	cap-tūrus, a, um	rēc-tūrus, a, um
PPP		laudā-tus, a, um	moni-tus, a, um	audī-tus, a, um	cap-tus, a, um	rēc-tus, a, um
Supin		laudātum, -ū	monitum, -ū	audītum, -ū	captum, -ū	rēctum, -ū

53 Deponentien

1 Viele Verben haben passive Formen, aber **aktive** Bedeutung. Die Bedeutung des Passivs haben diese Verben gleichsam abgelegt; man nennt sie im Lateinischen deshalb **Deponentien**[1] (verba deponentia), z. B.

hortārī ermahnen, **verērī** fürchten, **largīrī** schenken, **patī** leiden, **sequī** folgen.

Deponentien drücken oft eine Handlung aus, die eine enge Beziehung zum handelnden Subjekt aufweist (reflexive Verben), z. B.
laetārī sich freuen, miserērī sich erbarmen, nītī sich stützen, anstrengen.

2 Personalformen der Deponentien im Präsensstamm

	ā-Konjugation	ē-Konjugation	ī-Konjugation	i-Konjugation	kons. Konjug.
Ind. Präs.	hort-or hortā-ris hortā-tur hortā-mur hortā-minī horta-ntur	vere-or verē-ris verē-tur verē-mur verē-minī vere-ntur	largi-or largī-ris largī-tur largī-mur largī-minī largi-u-ntur	pati-or páte-ris pati-tur pati-mur pati-minī pati-u-ntur	sequ-or séqu-**e**-ris sequ-i-tur sequ-i-mur sequ-i-minī sequ-u-ntur
Konj. Präs.	horte-r hortē-ris usw.	vere-**a**-r vere-**ā**-ris	largi-**a**-r largi-**ā**-ris	pati-**a**-r pati-**ā**-ris	sequ-**a**-r sequ-**ā**-ris
Ind. Impf.	hortā-ba-r hortā-bā-ris usw.	verē-ba-r verē-bā-ris	largi-ē ba-r largi-ē bā-ris	pati-ē ba-r pati-ē bā-ris	sequ-ē ba-r sequ-ē bā-ris
Konj. Impf.	hortā-re-r hortā-rē-ris usw.	verē-re-r verē-rē-ris	largī-re-r largī-rē-ris	pate-re-r pate-rē-ris	sequ-e-re-r sequ-e-rē-ris
Futur	hortā-b-or hortā-b-eris usw.	verē-b-or verē-be-ris	largi-**a**-r largi-**ē**-ris	pati-**a**-r pati-**ē**-ris	sequ-**a**-r sequ-**ē**-ris
Imp. I	hortā-**re** (**!**) hortā-minī	verē-re verē-minī	largī-re largī-minī	páte-re pati-minī	séqu-e-re sequ-i-minī

Der Imperativ II ist selten: horta-tor, horta-ntor

3 Personalformen im Partizipstamm (Perfektstamm)

Perfekt Indikativ	hortātus, a, um	sum	hortātī, ae, a	sumus
Konjunktiv	veritus, a, um	sim	veritī, ae, a	sīmus
Plqpf. Indikativ	largītus, a, um	eram	largītī, ae, a	erāmus
Konjunktiv	passus, a, um	essem	passī, ae, a	essēmus
Futur II	secūtus, a, um	erō	secūtī, ae, a	erimus

[1] dēpōnere ablegen

4 Nominalformen der Deponentien

Part. Präs.	hortā-ns	verē-ns	largi-ēns	pati-ēns	sequ-ēns
Part. Perf.[1]	hortā-tus[1]	veri-tus	largī-tus	passus	secū-tus
Part. Fut.	hortā-tūrus[1]	veri-tūrus	largī-tūrus	passūrus	secū-tūrus
Inf. Präs.	hortā-rī	verē-rī	largī-rī	pat-ī	sequ-ī
Inf. Perf.	hortā-tum[1] esse	veri-tum esse	largī-tum esse	passum esse	secū-tum esse
Inf. Fut.	hortā-tūrum[1] esse	veri-tūrum esse	largī-tūrum esse	passūrum esse	secū-tūrum esse
Gerund	horta-ndī	vere-ndī	largi-e-ndī	pati-e-ndī	sequ-e-ndī
Gerundiv	horta-ndus[1]	vere-ndus	largi-e-ndus	pati-e-ndus	sequ-e-ndus
Supin	hortā-tum; -ū (nur bei wenigen Verben gebräuchlich)				

▷ Im Partizip Perfekt haben einige Deponentien auch eine passive Bedeutung, z. B.

comitātus	begleitet	ratus	bestätigt, gültig
expertus	erprobt	solitus	gewohnt

5 Ein paar Deponentien (↗ 56; 61.4) haben im Präsensstamm aktive Endungen; man nennt sie deshalb **Semideponentien** (Halbdeponentien), z. B.

audeō	ich wage	ausus sum	ich habe gewagt
cōnfīdō	ich vertraue	cōnfīsus sum	ich habe vertraut

54 Komposita

1 Zur Entfaltung weiterer Bedeutungen kann ein einfaches Verb (verbum simplex) oft mit Präpositionen zusammengesetzt werden und ein **Kompositum** (verbum compositum) bilden (↗ 10.2):

circum-dare	um-geben	per-spicere	durch-schauen
dē-silīre	herab-springen	prae-stāre	voran-stehen

2 Bei der Bildung von Komposita erleiden manche Präpositionen eine **Assimilation** an den Anlaut des einfachen Verbs (↗ 4.3), z. B.

ad-venīre	an-kommen	com-pōnere	zusammen-stellen
ac-cipere	an-nehmen	cōn-ficere	voll-enden
af-ficere	be-handeln	col-locāre	auf-stellen
a-spicere	an-sehen	cor-rigere	ver-bessern

3 Die Stammsilbe von Komposita erleidet oft eine Lautabschwächung (↗ 4.1), z. B.

habeō:	adhibeō	aestimō:	exīstimō
cadō:	occidō	caedō:	concīdō
legō:	colligō	claudō:	inclūdō
arceō:	exerceō		

[1] Angegeben ist jeweils nur das Maskulinum.

STAMMFORMEN WICHTIGER VERBEN

Die Verben sind mit ihren Stammformen im Präsens-, Perfekt- und Partizipstamm in der Regel alphabetisch aufgeführt. Wenn das PPP fehlt, ist das Partizip Futur angegeben. Seltene Partizipstämme sind nicht genannt; ein Strich (–) gibt an, dass die entsprechenden Formen fehlen. Klammern kennzeichnen eine Form als Neben- oder Ersatzform. Verben, die nur selten vorkommen, und Komposita, die leicht abgeleitet werden können, sind nicht aufgenommen.

Folgende Abkürzungen kennzeichnen die verschiedenen Perfekttypen:

v	**u**	**s**	**R**	**D**
v-Perfekt	u-Perfekt	s-Perfekt	Reduplikationsperfekt	Dehnungsperfekt

55 Verben der ā-Konjugation

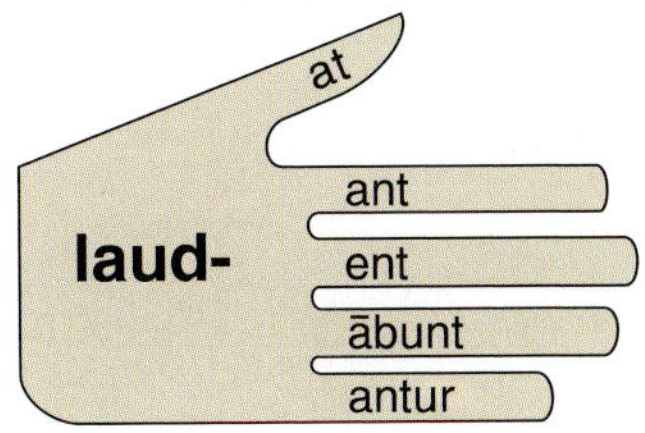

Die Stammformen fast aller Verben der ā-Konjugation werden wie laudāre gebildet:

laudāre	laudō	laudāvī	laudātum	loben	**v**
domāre	domō	domuī	domitum	zähmen, bändigen	**u**
cubāre	cubō	cubuī	cubitum	liegen	
in-crepāre	íncrepō	increpuī	increpitum	erschallen, schelten	
vetāre	vetō	vetuī	vetitum	verbieten	
secāre	secō	secuī	sectum	schneiden	
sonāre	sonō	sonuī	–	tönen, erklingen	
dare	dō	dedī	datum	geben	**R**
circúm-dare[1]	circúmdō	circúmdedī	circúmdatum	umgeben	
stāre	stō	stetī	stātūrus	stehen	
constare	constō	cōnstitī	cōnstātūrus	bestehen (aus), kosten	
īnstāre	īnstō	īnstitī		bevorstehen, bedrängen	
obstāre	obstō	obstitī		im Wege stehen, hindern	
restāre	restō	restitī		übrigbleiben	
praestāre	praestō	praestitī	praestātūrus	1. voranstehen, übertreffen (z. B. cēterīs) 2. leisten, erweisen (officium)	
iuvāre	iuvō	iūvī	iūtum	unterstützen, erfreuen	**D**
adiuvāre	ádiuvō	adiūvī	adiūtum	unterstützen, helfen (z. B. tē)	
lavāre	lavō	lāvī	(lautus rein)	waschen	

[1] Die anderen Komposita von dare gehören zur konsonantischen Konjugation (↗ 58.9).

Deponentien der ā-Konjugation

hortārī	hortor	hortātus sum	ermahnen, ermuntern

Ebenso werden die Stammformen aller Deponentien der ā-Konjugation gebildet.

56 Verben der ē-Konjugation

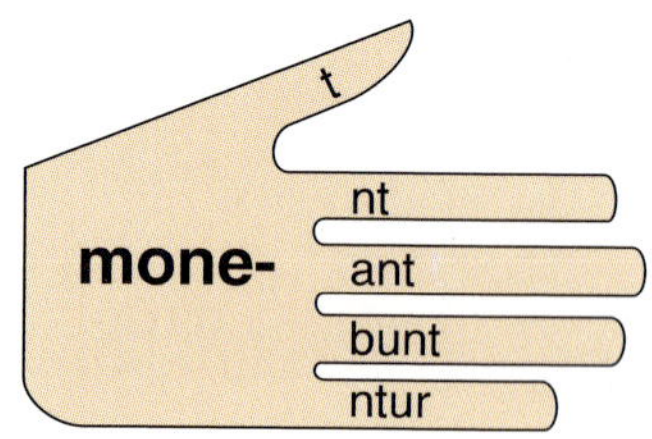

dēlēre	dēleō	dēlēvī	dēlētum	zerstören, vernichten	**v**
flēre	fleō	flēvī	flētum	weinen, beweinen	
com-**plēre**	cómpleō	complēvī	complētum	(an)füllen, erfüllen	
implēre	ímpleō	implēvī	implētum	einfüllen, erfüllen	
habēre	habeō	habuī	habitum	haben, halten	**u**
adhibēre	adhibeō	adhibuī	adhibitum	anwenden, beiziehen	
cohibēre	cohibeō	cohibuī	cohibitum	festhalten, zurückhalten	
prohibēre	prohibeō	prohibuī	prohibitum	abhalten, (ver)hindern	
dēbēre	dēbeō	dēbuī	dēbitum	schulden, müssen	
praebēre	praebeō	praebuī	praebitum	darreichen, gewähren	
arcēre	arceō	arcuī	–	abhalten, abwehren	
co-ercēre	co-erceō	co-ercuī	co-ercitum	zügeln, maßregeln	
exercēre	exerceō	exercuī	–	üben, (sich) plagen	
merēre	mereō	meruī	meritum	verdienen	
merērī	mereor	meritus sum	–		
monēre	moneō	monuī	monitum	mahnen	
admonēre	admoneō	admonuī	admonitum	ermahnen, erinnern	
nocēre	noceō	nocuī	nocitūrus	schaden	
placēre	placeō	placuī	placitum	gefallen	
tacēre	taceō	tacuī	(tacitus still)	schweigen	
terrēre	terreō	terruī	territum	schrecken, (jem.) erschrecken	
perterrēre	perterreō	perterruī	perterritum	erschrecken, einschüchtern	

docēre	doceō	docuī	doctum	lehren, unterrichten	**u**
miscēre	misceō	miscuī	mixtum	mischen, verwirren	
tenēre	teneō	tenuī	tentum	halten, festhalten	
abstinēre	abstineō	abstinuī	–	fernhalten, sich enthalten (z. B. rē)	
continēre	contineō	continuī	–	zusammenhalten, enthalten	
obtinēre	obtineō	obtinuī	obtentum	festhalten, behaupten	
pertinēre	pertineō	pertinuī	–	sich erstrecken, sich beziehen (auf)	
retinēre	retineō	retinuī	retentum	zurückhalten	
sustinēre	sustineō	sustinuī		aushalten, (er)tragen	
cēnsēre	cēnseō	cēnsuī	cēnsum	schätzen, meinen; beantragen	

Das PPP ist ungebräuchlich bei:

carēre	entbehren, nicht haben	**pārēre**	gehorchen
egēre	bedürfen, Mangel haben	appārēre	erscheinen, sich zeigen
dolēre	Schmerz empfinden	**patēre**	offen stehen, sich erstrecken
flōrēre	blühen	**studēre**	sich bemühen, streben nach (z. B. laudī)
horrēre	schaudern, starren	**stupēre**	stutzen, staunen
iacēre	liegen	**timēre**	fürchten
latēre	verborgen sein	**valēre**	gesund sein; vermögen
ē-minēre	heraus-, hervorragen	**vigēre**	frisch sein, kräftig sein
imminēre	hineinragen, drohen		

augēre	augeō	auxī	auctum	vermehren, fördern	**s**
indulgēre	indulgeō	indulsī	indultum	nachgeben, nachsehen	
torquēre	torqueō	torsī	tortum	drehen, foltern	
ardere	ardeo	ārsī	ārsūrus	brennen, glühen	
haerēre	haereō	haesī	haesūrus	hängen, stecken	
iubēre	iubeō	iussī	iussum	beauftragen, befehlen	
manēre	maneō	mānsī	mānsūrus	bleiben, (er)warten	
permanēre	permaneō	permānsī	permānsūrus	bleiben, fortdauern	
rīdēre	rīdeō	rīsī	rīsum	lachen, verlachen	
suādēre	suādeō	suāsī	suāsum	raten, zureden	
persuādēre	persuādeō	persuāsī	persuāsum	überreden, überzeugen (z. B. cīvibus)	
fulgēre	fulgeō	fulsī		blitzen, strahlen	
lūcēre	lūceō	lūxī		leuchten	
lūgēre	lūgeō	lūxī		trauern, betrauern	
urgēre	urgeō	ursī		drängen, bedrängen	

pendēre	pendeō	pependī	–	hängen, schweben (über)	**R**
impendēre	impendeō	–	–	hängen (über), bevorstehen	
spondēre	spondeō	spopondī	spōnsum	geloben, versprechen	
respondēre	respondeō	respondī	respōnsum	antworten	

cavēre	caveō	cāvī	cautum	Acht geben, sich hüten (vor)	**D**
favēre	faveō	fāvī	fautum	gewogen sein, begünstigen (z. B. plēbī)	
movēre	moveō	mōvī	mōtum	bewegen	
commovēre	commoveō	commōvī	commōtum	bewegen, erregen, veranlassen	
permovēre	permoveō	permōvī	permōtum		
removēre	removeō	remōvī	remōtum	entfernen, wegschaffen	
sedēre	sedeō	sēdī	sessum	sitzen	
obsidēre	obsideō	obsēdī	obsessum	belagern	
possidēre[1]	possideō	possēdī	possessum	besitzen	
vidēre	videō	vīdī	vīsum	sehen	
invidēre	invideō	invīdī	invīsum	missgönnen, beneiden (z. B. alterī)	
prōvidēre	prōvideō	prōvīdī	prōvīsum	1. vorhersehen (z. B. rēs futūrās) 2. (vor)sorgen für (z. B. salūtī)	

Deponentien

vidērī	videor	vīsus sum	scheinen
pol-licērī	polliceor	pollicitus sum	versprechen
miserērī	misereor	miseritus sum	sich erbarmen
rērī	reor	ratus sum	(be)rechnen, meinen
tuērī	tueor	(tūtus geschützt, sicher)	schützen, im Auge behalten
intuērī	intueor		anschauen, betrachten
verērī	vereor	veritus sum	scheuen, verehren, fürchten
fatērī	fateor	fassus sum	gestehen, bekennen
cōnfitērī	cōnfiteor	cōnfessus sum	
profitērī	profiteor	professus sum	(öffentlich) erklären, angeben

Semideponentien

solēre	soleō	solitus sum	gewohnt sein, pflegen
audēre	audeō	ausus sum	wagen
gaudēre	gaudeō	gāvīsus sum	sich freuen

[1] pos-sidē-re aus pot-sidē-re (vgl. posse ↗ 62.5)

57 Verben der ī-Konjugation

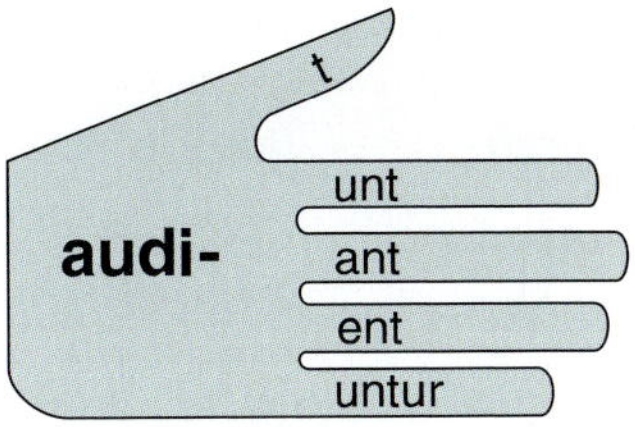

Die meisten Verben der ī-Konjugation bilden ein v-Perfekt.

audīre	audiō	audīvī	audītum	hören	**v**
sepelīre	sepeliō	sepelīvī	sep**ul**tum	bestatten	
aperīre	aperiō	aperuī	apertum	öffnen, aufdecken	**u**
operīre	operiō	operuī	opertum	bedecken, verschließen	
salīre	saliō	saluī	–	springen	
dēsilīre	dēsiliō	dēsiluī	–	herabspringen	
haurīre	hauriō	hausī	haustum	schöpfen, trinken	**s**
saepīre	saepiō	saepsī	saeptum	einzäunen, umhegen	
sancīre	sanciō	sānxī	sānctum	heiligen, festsetzen	
vincīre	vinciō	vīnxī	vīnctum	fesseln, binden	
sentīre	sentiō	sēnsī	sēnsum	fühlen, meinen	
cōnsentīre	cōnsentiō	cōnsēnsī	cōnsēnsum	übereinstimmen	
dissentīre	dissentiō	dissēnsī	dissēnsum	widersprechen, abweichen	
re-perīre	reperiō	**répperī**	repertum	finden	**R**
comperīre	comperiō	cómperī	compertum	erfahren	
venīre	veniō	vēnī	ventum	kommen	**D**
circumvenīre	-veniō	-vēnī	-ventum	umzingeln, bedrängen	
convenīre	conveniō	convēnī	conventum	zusammenkommen, zusammenpassen, antreffen	
invenīre	inveniō	invēnī	inventum	finden, erfinden	
pervenīre	perveniō	pervēnī	perventum	(ans Ziel) gelangen	
subvenīre	subveniō	subvēnī	subventum	zu Hilfe kommen, abhelfen	

Deponentien

largīrī	largior	largītus sum	schenken, spenden
mentīrī	mentior	mentītus sum	lügen, (sich) ausdenken
mōlīrī	mōlior	mōlītus sum	in Bewegung setzen, unternehmen
potīrī	potior	potītus sum	sich bemächtigen (z. B. urbe)
sortīrī	sortior	sortītus sum	(aus)losen, erlangen
ad-orīrī	adorior	adortus sum	angreifen
ex-perīrī	experior	expertus sum	versuchen, erfahren
mētīri	mētior	mēnsus sum	messen, bemessen
as-sentīrī	assentior	assēnsus sum	beistimmen, zustimmen

58 Verben der konsonantischen Konjugation

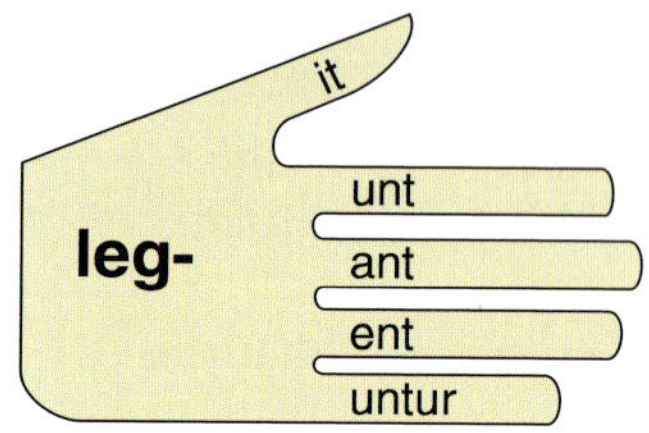

1 v-Perfekte

cernere	cernō	crēvī		sichten, sehen	**v**
dēcernere	dēcernō	dēcrēvī	dēcrētum	entscheiden, beschließen	
discernere	discernō	discrēvī	discrētum	(unter)scheiden	
sēcernere	sēcernō	sēcrēvī	sēcrētum	absondern, trennen	
serere	serō	sēvī	satum	säen, pflanzen (vgl. īn-situs)	
spernere	spernō	sprēvī	sprētum	zurückweisen, verschmähen	
sternere	sternō	strāvī	strātum	hinbreiten, hinstrecken	
sinere	sinō	sīvī	situm	lassen, zulassen	
dēsinere	dēsinō	dēsiī[1]	dēsitum	ablassen (von), aufhören	
terere	terō	trīvī	trītum	reiben, aufbrauchen	
quaerere	quaerō	quaesīvī	quaesītum	suchen, fragen (z. B. ex patre)	
exquīrere	exquīrō	exquīsīvī	exquīsītum	aussuchen, untersuchen	
inquīrere	inquīrō	inquīsīvī	inquīsītum	untersuchen, nachforschen	
requīrere	requīrō	requīsīvī	requīsītum	aufsuchen, verlangen	
petere	petō	petīvī (petiī)	petītum	zu erreichen suchen: erstreben, (er)bitten; angreifen	
appetere	áppetō	appetīvī	appetītum	begehren, herankommen	

[1] Kontraktionsformen wie dēsīsse (statt dēsiisse) sind häufig.

expetere	éxpetō	expetīvī	expetītum	erstreben
repetere	répetō	repetīvī	repetītum	zurückfordern, wiederholen
suppetere	súppetō	suppetīvī	–	vorhanden sein, ausreichen
arcessere	arcessō	arcessīvī	arcessītum	herbeiholen
capessere	capessō	capessīvī	capessītum	ergreifen
lacessere	lacessō	lacessīvī	lacessītum	reizen, herausfordern

2 u-Perfekte

pōnere	pōnō[1]	posuī	positum	setzen, legen, stellen	**u**
compōnere	compōnō	composuī	compositum	zusammenstellen, ordnen, (Streit) schlichten	
dēpōnere	dēpōnō	dēposuī	dēpositum	niederlegen, ablegen	
dispōnere	dispōnō	disposuī	dispositum	verteilen, ordnen	
expōnere	expōnō	exposuī	expositum	aussetzen; darlegen	
impōnere	impōnō	imposuī	impositum	hineinlegen, aufbürden	
prōpōnere	prōpōnō	prōposuī	prōpositum	vorlegen, (sich) vornehmen	
gi-gnere[2]	gignō	genuī	genitum	(er)zeugen, gebären, hervorbringen	
gemere	gemō	gemuī		stöhnen, seufzen	
tremere	tremō	tremuī	–	zittern	
alere	alō	aluī	altum	nähren, fördern	
colere	colō	coluī	c**ul**tum	bebauen, pflegen, (ver)ehren	
incolere	íncolō	incoluī		bewohnen, siedeln	
cōnsulere	cōnsulō	cōnsuluī	cōnsultum	1. beraten, befragen (z. B. senātum) 2. sorgen für (z. B. cīvibus)	
cōn-**serere**	cōnserō	cōnseruī	cōnsertum	aufreihen; (manūs) kämpfen	
dēserere	dēserō	dēseruī	dēsertum	verlassen, im Stich lassen	
disserere	dísserō	disseruī	(disputātum)	besprechen, sprechen über, erörtern	

3 s-Perfekte: Stämme mit p-, b- oder m- Auslaut

carpere	carpō	carpsī	carptum	pflücken	**s**
nūbere	nūbō	nūpsī	nūpta	sich (mit einem Mann) vermählen, heiraten (z. B. senātōrī)	
scrībere	scrībō	scrīpsī	scrīptum	schreiben	
cōnscrībere	cōnscrībō	cōnscrīpsī	cōnscrīptum	aufschreiben, verfassen; (Truppen) ausheben	
dēscrībere	dēscrībō	dēscrīpsī	dēscrīptum	beschreiben	
prōscrībere	prōscrībō	prōscrīpsī	prōscrīptum	bekannt geben; ächten	

[1] pōnō aus pó-sinō [2] **gi**-gn-ere hat eine Reduplikation im Präsensstamm.

con-**temnere**	contemnō	contempsī	contemptum	verachten, nicht beachten
premere	premō	pressī	pressum	drücken, bedrängen
exprimere	éxprimō	expressī	expressum	ausdrücken, darstellen
opprimere	ópprimō	oppressī	oppressum	unterdrücken, überfallen

4 Stämme mit c- oder h-Auslaut

dīcere	dīcō[1]	dīxī	dictum	sagen, sprechen, nennen
indīcere	indīcō	indīxī	indictum	ankündigen
praedīcere	praedīcō	praedīxī	praedictum	voraussagen, vorschreiben
dūcere	dūcō[1]	dūxī	ductum	führen; halten für
addūcere	addūcō	addūxī	adductum	hinführen, veranlassen
condūcere	condūcō	condūxī	conductum	zusammenführen; anwerben, mieten
dēdūcere	dēdūcō	dēdūxī	dēductum	wegführen, fortbringen
indūcere	indūcō	indūxī	inductum	einführen, verführen
perdūcere	perdūcō	perdūxī	perductum	(ans Ziel) bringen
prōdūcere	prōdūcō	prōdūxī	prōductum	vorführen, hervorbringen
trādūcere	trādūcō	trādūxī	trāductum	hinüberführen, ǘber-setzen
trahere	trahō	trāxī	tractum	ziehen, schleppen
abstrahere	ábstrahō	abstrāxī	abstractum	wegschleppen, trennen
dētrahere	dētrahō	dētrāxī	dētractum	herabziehen, wegnehmen
vehere	vehō	vēxī	vectum	(fort)bewegen, fahren (trans.)
vehī	vehor	vectus sum		sich fortbewegen, fahren
invehī	ínvehor	invectus sum		hineinfahren, losfahren (auf jem.)

5 Stämme mit g-Auslaut

regere	regō	rēxī	rēctum	lenken, leiten
corrigere	córrigō	corrēxī	corrēctum	berichtigen, verbessern
ērigere	ērigō	ērēxī	ērēctum	aufrichten, ermutigen
porrigere	pórrigō	porrēxī	porrēctum	hinstrecken, darreichen
pergere	pergō	perrēxī	perrēctum	fortfahren (etwas zu tun), aufbrechen
surgere	surgō	surrēxī		aufstehen, sich erheben
tegere	tegō	tēxī	tēctum	decken, bedecken, schützen
prōtegere	prōtegō	prōtēxī	prōtēctum	schützen, (be)schirmen
iungere	iungō	iūnxī	iūnctum	} verbinden, vereinigen
coniungere	coniungō	coniūnxī	coniūnctum	
adiungere	adiungō	adiūnxī	adiūnctum	anschließen, anbinden

[1] Imperative: **dīc, dūc**; dīcite, dūcite

cingere	cingō	cīnxī	cīnctum	gürten, umgeben
fingere	fingō	fīnxī	fictum	gestalten, erdichten
pingere	pingō	pīnxī	pictum	malen, ausmalen
stringere	stringō	strīnxī	strictum	schnüren, streifen, (Schwert) ziehen
cōn-**flīgere**	cōnflīgō	cōnflīxī	cōnflīctum	zusammenstoßen, kämpfen
fīgere	fīgō	fīxī	fīxum	anheften, befestigen
flectere	flectō	flexī	flexum	biegen, beugen, umstimmen
nectere	nectō	nexī (nexuī)	nexum	(ver)knüpfen
mergere	mergō	mersī	mersum	eintauchen, versenken
spargere	spargō	sparsī	sparsum	(aus)streuen, bespritzen
dispergere	dispergō	dispersī	dispersum	zerstreuen

6 Stämme mit ursprünglichem gu- als Auslaut

exstinguere	exstinguō	exstīnxī	exstīnctum	auslöschen
distinguere	distinguō	distīnxī	distīnctum	unterscheiden
fluere	fluō	flūxī		fließen, strömen
ex-struere	éxstruō	exstrūxī	exstrūctum	aufschichten, errichten
īnstruere	īnstruō	īnstrūxī	īnstrūctum	aufstellen, ausstatten; unterrichten
vīvere	vīvō	vīxī	vīctūrus	leben

7 Stämme mit s-/r-Auslaut

gerere	gerō	gessī	gestum	tragen, (aus)führen
ūrere	ūrō	ussī	ustum	brennen, verbrennen

8 Stämme mit d-/t-Auslaut

mittere	mittō	mīsī	missum	gehen lassen, schicken
admittere	admittō	admīsī	admissum	zulassen
āmittere	āmittō	āmīsī	āmissum	verlieren, loslassen
committere	committō	commīsī	commissum	1. zustande bringen, ausführen 2. anvertrauen (z. B. sē alicui)
dēmittere	dēmittō	dēmīsī	dēmissum	hinablassen, senken
dīmittere	dīmittō	dīmīsī	dīmissum	entlassen, aufgeben
omittere	omittō	omīsī	omissum	beiseitelassen, aufgeben
permittere	permittō	permīsī	permissum	überlassen, erlauben
prōmittere	prōmittō	prōmīsī	prōmissum	versprechen
remittere	remittō	remīsī	remissum	zurückschicken, nachlassen

cēdere	cēdō	cessī	cessūrus	gehen, weichen
accēdere	accēdō	accessī	accessūrus	heranrücken, hinzutreten
concēdere	concēdō	concessī	concessum	weichen, zugestehen
dēcēdere	dēcēdō	dēcessī		weggehen, (ver)scheiden
discēdere	discēdō	discessī		weggehen, scheiden
incēdere	incēdō	incessī		einhergehen, schreiten
intercēdere	intercēdō	intercessī	intercessum	dazwischentreten, widersprechen
prōcēdere	prōcēdō	prōcessī		vorrücken
sēcēdere	sēcēdō	sēcessī		beiseitegehen, weggehen
succēdere	succēdō	successī		nachrücken, nachfolgen
claudere	claudō	clausī	clausum	schließen, versperren
inclūdere	inclūdō	inclūsī	inclūsum	einschließen
dīvidere	dīvidō	dīvīsī	dīvīsum	trennen, teilen
laedere	laedō	laesī	laesum	stoßen, verletzen
lūdere	lūdō	lūsī	lūsum	spielen, scherzen
vādere	vādō	–	–	gehen, schreiten
ēvādere	ēvādō	ēvāsī	ēvāsūrus	herausgehen, entkommen
invādere	invādō	invāsī	invāsūrus	eindringen, angreifen

9 Reduplikationsperfekte von dăre und stāre/sistere

ē-dere[1]	ēdō	ēdidī	ēditum	herausgeben, äußern	**R**
dēdere	dēdō	dēdidī	dēditum	preisgeben, ausliefern	
prōdere	prōdō	prōdidī	prōditum	überliefern, verraten	
reddere	reddō	reddidī	redditum	(zurück)geben, machen zu	
trādere	trādō	trādidī	trāditum	übergeben, überliefern	
vendere	vendō[2]	vendidī	venditum	verkaufen	
ab-dere[3]	abdō	abdidī	abditum	verbergen	
addere	addō	addidī	additum	hinzutun, hinzufügen	
condere	condō	condidī	conditum	gründen, bergen	
crēdere	crēdō	crēdidī	crēditum	glauben, (an)vertrauen	
perdere	perdō	perdidī	perditum	verderben, verlieren	
sistere	sistō	stetī (stitī)	statum	stellen, sich hinstellen	
cōnsistere	cōnsistō	cōnstitī	–	stehenbleiben; bestehen aus	
dēsistere	dēsistō	dēstitī	–	ablassen von, aufhören	
exsistere	exsistō	exstitī	–	auftreten, entstehen	
resistere	resistō	restitī	–	widerstehen, innehalten	

[1] Diese Komposita von dare sind in die 3. Konjugation übergetreten. [2] ven-dō aus vēnum dō ich gebe zum Verkauf, vgl. vēn-eō (↗ 64.4 ▷) [3] ab-dere und die folgenden Komposita sind von einem Verbalstamm gebildet, der 'setzen, legen, tun' bedeutet.

10 Reduplikationsperfekte anderer Verben

tendere	tendō	tetendī	tentum	spannen, strecken	**R**
contendere	contendō	contendī	contentum	(sich) anstrengen: kämpfen; eilen; behaupten	
intendere	intendō	intendī	intentum	anspannen, achten auf	
ostendere	ostendō	ostendī	–	zeigen, entgegenstrecken	
canere	canō	cecinī	(cantātum)	singen, (Instrument) spielen	
tangere	tangō	tétigī	tāctum	berühren	
attingere	attingō	áttigī	attāctum	berühren	
contingere	contingō	cóntigī	contāctum	berühren; gelingen	
cadere	cadō	cécidī	cāsūrus	fallen	
accidere	áccidit	áccidit	–	zustoßen, sich ereignen	
concidere	cóncidō	concidī	–	zusammenbrechen, fallen	
incidere	íncidō	incidī	–	hineingeraten, vorfallen	
occidere	óccidō	occidī	occāsūrus	fallen, untergehen	
caedere	caedō	cecīdī	caesum	niederschlagen, fällen	
occīdere	occīdō	occīdī	occīsum	erschlagen, töten	
pendere	pendō	pependī	pēnsum	abwiegen, bezahlen	
impendere	impendō	impendī	impēnsum	aufwenden	
currere	currō	cucurrī	cursum	laufen	
concurrere	concurrō	concurrī	concursum	zusammenlaufen, -stoßen	
occurrere	occurrō	occurrī		begegnen, entgegentreten	
fallere	fallō	fefellī	(falsus falsch)	täuschen, unbemerkt bleiben	
parcere	parcō	pepercī	parsūrus	sparen, schonen (z. B. hostī)	
pellere	pellō	pepulī	pulsum	stoßen, (ver)treiben	
depellere	dēpellō	dēpulī	dēpulsum	vertreiben	
expellere	expellō	expulī	expulsum	ausstoßen, vertreiben	
impellere	impellō	impulī	impulsum	antreiben, veranlassen	
repellere	repellō	réppulī	repulsum	zurückstoßen, abweisen	

Die Reduplikation ist abgefallen oder nicht erkennbar bei:

bibere	bibō	bibī	(pōtum)	trinken
per-cellere	percellō	pérculī	perculsum	erschüttern
scindere	scindō	scidī	scissum	zerreißen, spalten
tollere	tollō (↗65.4)	**sus-tulī**	**sub-lātum**	aufheben, beseitigen

11 Dehnungsperfekt

agere	agō	ēgī	āctum	treiben, (ver-)handeln	**D**
exigere	éxigō	exēgī	exāctum	(ein)fordern; vollenden	
redigere	rédigō	redēgī	redāctum	(in einen Zustand) bringen; machen (zu etwas)	
subigere	súbigō	subēgī	subāctum	unterwerfen, (be)zwingen	
cōgere	cōgō	**coēgī**	coāctum	zusammenbringen, zwingen	
frangere	frangō	frēgī	frāctum	brechen (trans.)	
emere	emō	ēmī	ēmptum	kaufen (eigtl.: nehmen)	
adimere	ádimō	adēmī	adēmptum	an sich nehmen, wegnehmen	
dīrimere	dīrimō	dīrēmī	dīrēmptum	trennen	
redimere	rédimō	redēmī	redēmptum	loskaufen, (er)kaufen	
dēmere	dēmō	dem**psī**	dēmptum	abnehmen, wegnehmen	
sūmere	sūmō	sūm**psī**	sūmptum	nehmen	
cōnsūmere	cōnsūmō	cōnsūm**psī**	cōnsūmptum	verbrauchen	
legere	legō	lēgī	lēctum	lesen, auslesen	
colligere	cólligō	collēgī	collēctum	sammeln	
dēligere	dēligō	dēlēgī	dēlēctum	auswählen, wählen	
ēligere	ēligō	ēlēgī	ēlēctum		
dīligere	dīligō	dīlē**xī**	dīlēctum	schätzen, lieben	
intellegere	intéllegō	intellē**xī**	intellēctum	einsehen, verstehen	
neglegere	néglegō	neglēxī	neglēctum	vernachlässigen, missachten	
re-linquere	relinquō	relīquī	relictum	zurücklassen, verlassen	
rumpere	rumpō	rūpī	ruptum	brechen (trans.), zerbrechen	
corrumpere	corrumpō	corrūpī	corruptum	verderben, bestechen	
vincere	vincō	vīcī	victum	siegen, besiegen	
convincere	convincō	convīcī	convictum	widerlegen, überführen (jurist.)	
fundere	fundō	fūdī	fūsum	(hin)gießen, zerstreuen	
diffundere	diffundō	diffūdī	diffūsum	zerstreuen, verbreiten	
effundere	effundō	effūdī	effūsum	ausgießen, vergeuden	
edere	edō	ēdī	ēsum	essen, fressen	
cōn-sīdere	cōnsīdō	cōnsēdī	–	sich setzen, sich niederlassen	

VENI · VIDI · VICI

12 Perfekt ohne Veränderung des Stammvokals

vertere	vertō	vertī	versum	wenden, umdrehen
āvertere	āvertō	āvertī	āversum	abwenden
convertere	convertō	convertī	conversum	wenden, verwandeln
ēvertere	ēvertō	ēvertī	ēversum	umstürzen, zerstören
animadvertere	-advertō	-advertī	-adversum	wahrnehmen; vorgehen (gegen)
in-cendere	incendō	incendī	incēnsum	anzünden, entflammen
accendere	accendō	accendī	accēnsum	
dē-fendere	dēfendō	dēfendī	dēfēnsum	abwehren, verteidigen
offendere	offendō	offendī	offēnsum	anstoßen, treffen; beleidigen
prehendere	prehendō	prehendī	prehēnsum	ergreifen
comprehendere	-prehendō	-prehendī	-prehēnsum	(er)fassen, ergreifen
dēprehendere	-prehendō	-prehendī	-prehēnsum	fassen, ertappen
reprehendere	-prehendō	-prehendī	-prehēnsum	tadeln, kritisieren
scandere	scandō	scandī	–	steigen
a-scendere	ascendō	ascendī	ascēnsum	hinaufsteigen, besteigen
dēscendere	dēscendō	dēscendī	dēscēnsum	herabsteigen, -gehen

13 Verben mit Präsensstamm auf -u (-v)

minuere	minuō	minuī	minūtum	mindern, vermindern
im-buere	imbuō	imbuī	imbūtum	tränken (mit), erfüllen
statuere	statuō	statuī	statūtum	aufstellen, festsetzen
cōnstituere	cōnstituō	cōnstituī	cōnstitūtum	festsetzen, beschließen
īnstituere	īnstituō	īnstituī	īnstitūtum	einrichten, unterrichten
restituere	restituō	restituī	restitūtum	wiederherstellen
tribuere	tribuō	tribuī	tribūtum	zuteilen, zuweisen
distribuere	distribuō	distribuī	distribūtum	verteilen
ind-uere	índuō	induī	indūtum	anziehen, anlegen
ex-uere	éxuō	exuī	exūtum	ausziehen, berauben (z. B. armīs)
solvere	solvō	solvī	solūtum	lösen, zahlen
absolvere	absolvō	absolvī	absolūtum	freisprechen; vollenden
dissolvere	dissolvō	dissolvī	dissolūtum	auflösen
volvere	volvō	volvī	volūtum	wälzen, rollen
ruere[1]	ruō	ruī	ruitūrus	stürzen, sich stürzen
arguere	arguō	arguī	–	aufzeigen, beschuldigen
con-gruere	cóngruō	congruī	–	übereinstimmen
metuere	metuō	metuī	–	fürchten

[1] Mit diesem Verb ist lautlich zusammengefallen: ruere, ruō, ruī aufwühlen

59 Verben mit Präsensstamm auf -i

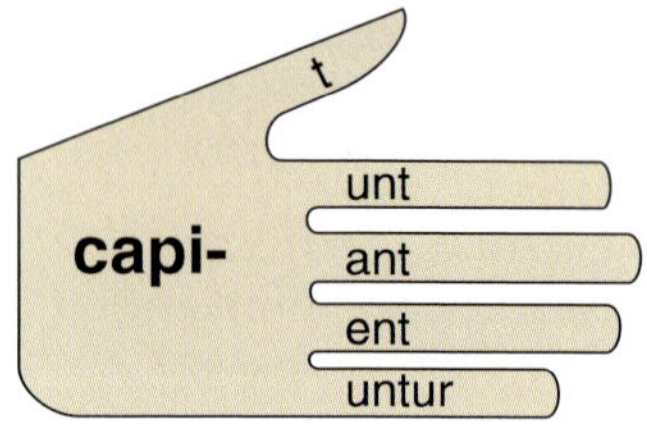

cupere	cupiō	cupīvī	cupītum	begehren, wünschen	**v**
rapere	rapiō	rapuī	raptum	raffen, rauben	**u**
corripere	corripiō[1]	corripuī	correptum	ergreifen, packen	
dīripere	dīripiō	dīripuī	dīreptum	plündern	
ēripere	ēripiō	ēripuī	ēreptum	entreißen	
a-spicere	aspiciō	aspexī	aspectum	erblicken, ansehen	**s**
cōnspicere	cōnspiciō	cōnspexī	cōnspectum	erblicken, ansehen	
dēspicere	dēspiciō	dēspexī	dēspectum	herabsehen, verachten	
perspicere	perspiciō	perspexī	perspectum	durchschauen, erkennen	
prōspicere	prōspiciō	prōspexī	prōspectum	1. vorhersehen (z. B. rēs futūrās) 2. sorgen für (z. B. salūtī)	
suspicere	suspiciō	suspexī	suspectum	aufblicken, verdächtigen	
il-licere	illiciō	illexī	illectum	verlocken, verführen	
quatere	quatiō	–	quassum	} schütteln, erschüttern	
concutere	concutiō	concussī	concussum		
excutere	excutiō	excussī	excussum	ausstoßen, abschütteln	
percutere	percutiō	percussī	percussum	durchstoßen, erschüttern	
párere	pariō	peperī	partum (paritūrus)	hervorbringen, gebären; erwerben	**R**
capere	capiō	cēpī	captum	fassen, nehmen, fangen	**D**
accipere	accipiō	accēpī	acceptum	annehmen, empfangen	
concipere	concipiō	concēpī	conceptum	empfangen, erfassen	
dēcipere	dēcipiō	dēcēpī	dēceptum	täuschen, hintergehen	
excipere	excipiō	excēpī	exceptum	ausnehmen, aufnehmen	
percipere	percipiō	percēpī	perceptum	erfassen, wahrnehmen	
praecipere	praecipiō	praecēpī	praeceptum	vowegnehmen, vorschreiben	
recipere	recipiō	recēpī	receptum	zurücknehmen, aufnehmen	
suscipere	suscipiō	suscēpī	susceptum	unternehmen, aufnehmen	
incipere	incipiō	(**coepī**)	inceptum	anfangen, beginnen	

[1] Betonung bei dieser Verbgruppe: córripit, áspicit, áccipit, ájficit usw.

facere[1]	faciō	fēcī	factum	machen, tun
patefacere	patefaciō	patefēcī	patefactum	öffnen, aufdecken
satisfacere	satisfaciō	satisfēcī	satisfactum	Genüge tun, befriedigen
afficere	afficiō	affēcī	affectum	versehen mit, behandeln
cōnficere	cōnficiō	cōnfēcī	cōnfectum	vollenden, fertigmachen
dēficere	dēficiō	dēfēcī	dēfectum	ausgehen, fehlen; abfallen (von)
efficere	efficiō	effēcī	effectum	fertigbringen, bewirken
interficere	interficiō	interfēcī	interfectum	niedermachen, töten
perficere	perficiō	perfēcī	perfectum	vollenden, durchsetzen
praeficere	praeficiō	praefēcī	praefectum	an die Spitze stellen
reficere	reficiō	refēcī	refectum	wiederherstellen
iácĕre	iaciō	iēcī	iactum	werfen, schleudern
adicere	adiciō	adiēcī	adiectum	hinzufügen
conicere	coniciō	coniēcī	coniectum	(zusammen)werfen; vermuten
ēicere	ēiciō	ēiēcī	ēiectum	hinauswerfen, vertreiben
inicere	iniciō	iniēcī	iniectum	hineinwerfen, einflößen
obicere	obiciō	obiēcī	obiectum	entgegenstellen, vorwerfen
prōicere	prōiciō	prōiēcī	prōiectum	hinwerfen
subicere	subiciō	subiēcī	subiectum	unterwerfen
trāicere	trāiciō	trāiēcī	trāiectum	hinüberbringen
fugere	fugiō	fūgī	fugitūrus	fliehen, meiden
cōnfugere	cōnfugiō	cōnfūgī		(sich) flüchten
profugere	profugiō	profūgī		(sich) flüchten
effugere	effugiō	effūgī		entkommen

60 Verben auf -scō

Die Verben mit dem Suffix -sc- im Präsensstamm (↗ 47 1) bezeichnen meist den Beginn eines Vorganges und heißen daher **verba incohativa** (incohāre beginnen).

1 **Perfektstämme und Partizipstämme** zeigen unterschiedliche Bildung:

crēscere	crēscō	crēvi	(concrētus)	wachsen, zunehmen	**V**
quiēscere	quiēscō	quiēvī	(quiētus ruhig)	ruhen	
cōn-suēscere	cōnsuēscō	cōnsuēvī[2]	cōnsuētus	sich gewöhnen (an)	
pāscere	pāscō	pāvī	pāstum	füttern, weiden (trans.)	

[1] Imperative: **fac**, aber: áffice, cónfice usw.; facere (und satis-, patefacere) hat als Passivformen die von fierī (↗ 63), die weiteren Komposita haben regelmäßige Passivformen: afficitur usw. [2] cōnsuēvī ich bin gewohnt, pflege (etwas zu tun); Infinitiv oft cōnsuēsse

nōscere	nōscō	nōvī[1]	(nōtus bekannt)	kennenlernen, erkennen
agnōscere	agnōscō	agnōvī	ágnitum	erkennen, anerkennen
cognōscere	cognōscō	cognōvī	cógnitum	erkennen, erfahren
ignōscere	ignōscō	ignōvī	–	verzeihen
discere	discō	didicī	–	lernen **R**
poscere	poscō	poposcī	–	fordern, verlangen

2 **Komposita** übernehmen die Perfektbildung der zugrunde liegenden Verben:

(cupere)	con-cupīscere	concupīscō	concupīvī	begehren
(scīre)	cōn-scīscere	cōnscīscō	cōnscīvī	beschließen
(timēre)	per-timēscere	pertimēscō	pertimuī	in Furcht geraten
(valēre)	con-valēscere	convalēscō	convaluī	erstarken, genesen

61 Deponentien der konsonantischen Konjugation

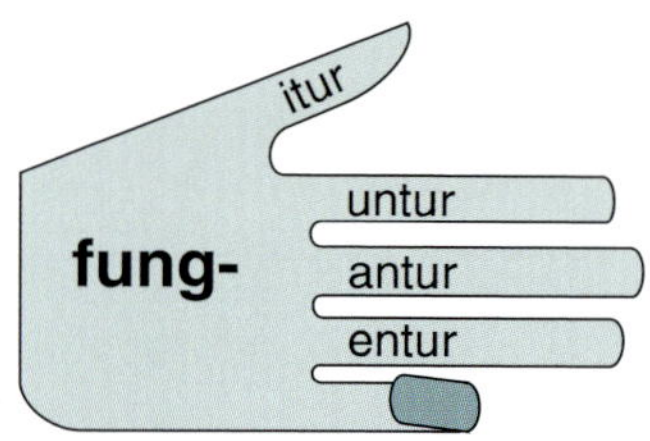

1 Konsonantische Stämme

fungī	fungor	fūnctus sum	verrichten, verwalten (z. B. mūnere)
dēfungī	dēfungor	dēfūnctus sum	erledigen; sterben
querī	queror	questus sum	klagen, sich beklagen
loquī	loquor	locūtus sum	sprechen, reden
cólloquī	colloquor	collocūtus sum	sich unterreden, besprechen
sequī	sequor	secūtus sum	folgen (z. B. exemplum)
ássequī	assequor	assecūtus sum	einholen, erreichen
cōnsequī	cōnsequor	cōnsecūtus sum	erreichen, folgen
éxsequī	exsequor	exsecūtus sum	ausführen, vollziehen
īnsequī	īnsequor	īnsecūtus sum	folgen, verfolgen
pérsequī	persequor	persecūtus sum	verfolgen
lābī	lābor	lāpsus sum	gleiten, (ab)sinken
com-plectī	complector	complexus sum	umfassen, umarmen
nītī	nītor	nīsus (nīxus) sum	sich stützen, sich anstrengen
ūtī	ūtor	ūsus sum	gebrauchen, benützen (z. B. rē)
fruī	fruor	–	genießen (z. B. vītā), nutzen

[1] nōvī ich kenne, ich weiß; Infinitiv oft nōsse

2 Präsensstämme auf -i

morī	morior	mortuus sum (moritūrus)	sterben
orīrī	orior	ortus sum	entstehen, sich erheben
ág-**gredī**	aggredior	aggressus sum	herangehen, angreifen
ēgredī	ēgredior	ēgressus sum	hinaus-, herausgehen
íngredī	ingredior	ingressus sum	einherschreiten, betreten
prōgredī	prōgredior	prōgressus sum	vorrücken
patī	patior	passus sum	leiden, dulden, zulassen

3 Präsensstämme auf -sc

nāscī	nāscor	nātus sum	geboren werden, entstehen
pro-ficīscī	proficīscor	profectus sum	aufbrechen, (ab)marschieren
ad-ipīscī	adipīscor	adeptus sum	erreichen, erringen
nancīscī	nancīscor	na(n)ctus sum	erlangen
ulcīscī	ulcīscor	ultus sum	(sich) rächen, strafen (hostem)
oblīvīscī	oblīvīscor	oblītus sum	vergessen

4 Semideponentien

cōnfīdere	cōnfīdō	cōnfīsus sum	vertrauen, trauen
re-vertī	revertor	revertī (reversus zurückgekehrt)	zurückkehren

VERBEN MIT EIGENER KONJUGATION IM PRÄSENSSTAMM

62 Konjugation von esse

1 Der Präsensstamm es/s hat eine eigene Konjugation. Im Imperfekt und Futur wird s zwischen Vokalen zu r (↗ 4.4).

	Indikativ	Konjunktiv	Imperativ I	Imperativ II
Präsens	s-u-m	si-m		
	es	sī-s	es	es-tō
	es-t	si-t		es-tō
	s-u-mus	sī-mus		
	es-tis	sī-tis	es-te	es-tōte
	s-u-nt	si-nt		s-u-ntō
Imperfekt	er-a-m	es-se-m (forem)	Futur I	er-ō
	er-ā-s	es-sē-s (forēs)		er-i-s
	er-a-t	es-se-t (foret)		er-i-t
	er-ā-mus	es-sē-mus		er-i-mus
	er-ā-tis	es-sē-tis		er-i-tis
	er-a-nt	es-se-nt (forent)		er-u-nt

2 Der Perfektstamm **fu-** hat regelmäßige Konjugation:

Perfekt	Ind.	fu-ī	fu-istī	fu-it	fu-imus	fu-istis	fu-ērunt (fuēre)
	Konj.	fú-erim	fu-eris	fu-erit	fu-erimus	fu-eritis	fu-erint
Plqpf.	Ind.	fú-eram	fu-erās	usw.			
	Konj.	fu-issem	fu-issēs	usw.			
Futur II		fú-erō	fu-eris	fu-erit	fu-erimus	fu-eritis	fu-erint

3 Nominalformen

	Infinitiv	Partizip
Präsens	es-se	nur: ab-sēns, -sentis prae-sēns, -sentis
Perfekt	fu-isse	–
Futur I	fu-tūrum, am, um esse oder fore	fu-tūrus, a, um

4 Zusammensetzungen mit Präpositionen

abesse	absum	āfuī	abwesend sein, entfernt sein
adesse	adsum	adfuī (affuī)	da sein, beistehen, helfen
deesse	dēsum	dēfuī	fehlen, mangeln
inesse	īnsum	(fuī in)	innewohnen, darin sein
interesse	intérsum	intérfuī	dabei sein, teilnehmen (z. B. sermōnī)
praeesse	praesum	praefuī	vorgesetzt sein, leiten (z. B. cohortī)
superesse	supersum	superfuī	übrig sein, übrigbleiben
prōd-esse	**prō**-sum	**prō**-fuī	nützlich sein, nützen

Vor einem Vokal hat die Präposition noch ihre alte Form prōd (z. B. prōd-est, prōd-erat), vor einem Konsonant steht prō (z. B. prō-sum, prō-sit).

5 Konjugation von **posse** 'können, vermögen'

Durch Zusammensetzung von **pote** 'mächtig, imstande' und **esse** sind die Formen von posse entstanden. Das Präsens pos-sum entstand durch Assimilation (↗ 4.3) des t an s:

Präsens	Ind.	pos-sum	pot-es	pot-est	pos-sumus	pot-estis	pos-sunt
	Konj.	pos-sim	pos-sīs	pos-sit	pos-sīmus	pos-sītis	pos-sint
Imperf.	Ind.	pót-eram	pot-erās	usw.			
	Konj.	pos-sem	pos-sēs	usw.			
Futur I		pót-erō	pot-eris	usw.			

Der Perfektstamm **potu-** hat regelmäßige Konjugation: potu-ī, potu-istī usw.

63 Konjugation von fierī

Bedeutungen: 1. werden, entstehen, geschehen
2. gemacht werden (Passiv zu facere)

Der Stammvokal ī bleibt immer lang außer vor e und der Endung t:

Präsens	Ind.	fīō	fīs	fit	fīmus	fītis	fīunt	Infinitiv	fierī
	Konj.	fīam	fīās	fīat	fīāmus	fīātis	fīant	Partizip	–
Imperfekt.	Ind.	fīēbam	fīēbās	usw.					
	Konj.	fierem	fierēs	usw.					
Futur I		fīam	fīēs	usw..				Infinitiv	fore
								Partizip	futūrus

Die Formen des Perfektstammes werden vom PPP des Verbs facere übernommen: factus sum usw.

64 Konjugation von īre

1 Der Präsensstamm i- erscheint vor den Vokalen a, o, u als e-, vor Konsonanten als ī-. Im Indikativ Präsens und Imperativ sind die Personalendungen ohne Bindevokal angefügt (außer in e-u-nt, e-u-ntō).

	Indikativ	Konjunktiv	Imperativ I	Imperativ II
Präsens	eō	eam		
	īs	eās	ī	ītō
	it	eat		ītō
	īmus	eāmus		
	ītis	eātis	īte	ītōte
	eunt	eant		euntō
Imperfekt	ībam usw.	īrem usw.		
Futur I	ībō usw.			

2 Der Perfektstamm i- wird mit dem i der Endung vor s zu ī verschmolzen:

Indikativ Perfekt	iī	Konjunktiv Plusquamperfekt	**īssem**	ohne Verschmelzung bleiben:	
	īstī		īssēs	Konj. Perf.	ierim, ieris usw.
	iit		īsset	Ind. Plqpf.	ieram, ierās usw.
	iimus		īssēmus	Futur II	ierō, ieris usw.
	īstis		īssētis		
	iērunt		īssent		

3 Nominalformen

	Infinitiv	Partizip	nd-Form
Präsens	īre	iēns, **euntis**	**eundī**; eundum (est)
Perfekt	**īsse**	itum (est)	
Futur	itūrum, am, um esse	itūrus, a, um	

4 Komposita zu **īre**

Gebrauch ohne Objekt:

abīre	weggehen
coīre	zusammenkommen
exīre	herausgehen, ausrücken
interīre	untergehen, umkommen
perīre	zugrunde gehen
prōdīre	(her)vorgehen, auftreten
redīre	zurückkehren

Gebrauch mit oder ohne Objekt (↗89.4):

adīre	herantreten, aufsuchen
inīre	betreten, beginnen
obīre	hingehen, übernehmen, (mortem) sterben
praeterīre	vorbeigehen, übergehen
trānsīre	hinübergehen, überschreiten
subīre	unternehmen, auf sich nehmen (z. B. labōrem)

▷ Passivformen des Verbum simplex kommen nur in der 3. Person Sg. und im Infinitiv vor: ītur man geht, eātur, itum est.
Der Infinitiv īrī dient zur Umschreibung des Inf. Fut. Pass., z. B. laudātum īrī (↗51.5).
Die transitiv gebrauchten Komposita (↗43.2) können ein Passiv bilden, z. B. adeor, adītur, adeuntur.
vēn-īre verkauft werden (eigtl. zum Verkauf kommen) dient als Passiv zu vendere (verkaufen).

65 Konjugation von ferre

1 Im Präsensstamm steht ein Bindevokal (e, i, u) nur vor den mit **m/n** anlautenden Endungen:

		Aktiv			Passiv[1]		
Präsens	Ind.	ferō	fers	fert	feror	ferris	fertur
		ferimus	fertis	fer**u**nt	ferimur	feriminī	fer**u**ntur
	Konj.	feram	ferās	usw.	ferar	ferāris	usw.
Imperf.	Ind.	ferēbam	ferēbās	usw.	ferēbar	ferēbāris	usw.
	Konj.	ferrem	ferrēs	usw.	ferrer	ferrēris	usw.
Futur I		feram	ferēs	usw.	ferar	ferēris	usw.
Imperativ I		fer	ferte				
Imperativ II		fertō fertō	fertōte	feruntō			

[1] Die Passivformen haben auch die Bedeutung 'sich treiben lassen, eilen'.

2 Der Perfektstamm **tul-** (vgl. tol-le-re) hat regelmäßige Konjugation.
Der Partizipstamm lautet **lā-tu-**.

		Aktiv			Passiv		
Perfekt	Ind.	tulī	tulistī	usw.	lātus, a, um	sum	usw.
	Konj.	tulerim	tuleris	usw.	lātus, a, um	sim	usw.
Plqpf.	Ind.	tuleram	tulerās	usw.	lātus, a, um	eram	usw.
	Konj.	tulissem	tulissēs	usw.	lātus, a, um	essem	usw.
Futur II		tulerō	tuleris	usw.	lātus, a, um	erō	usw.

3 Nominalformen

	Infinitiv Aktiv	Infinitiv Passiv	Partizip	nd-Formen
Präsens	ferre	ferrī	ferēns, -entis	ferendī usw.
Perfekt	tulisse	lātum, am, um esse	lātus, a, um	ferendus, a, um
Futur	lātūrum, am, um esse	lātum īrī	lātūrus, a, um	

4 Komposita zu **ferre**:

ferre	ferō	tulī	lātum	tragen, bringen
afferre	ákferō	áttulī	allātum	herbeitragen, beibringen
auferre	auferō	**abs**tulī	ablātum	wegtragen, wegnehmen
cōnferre	cōnferō	contulī	collātum	zusammenbringen, vergleichen
deferre	dēferō	dētulī	dēlātum	übertragen, überbringen
differre	differō	distulī	dīlātum	verschieben, aufschieben
differre	differō	–	–	sich unterscheiden
efferre	efferō	extulī	ēlātum	hinaustragen, herausheben
īnferre	īnferō	intulī	illātum	hineintragen, beibringen
offerre	offerō	obtulī	oblātum	anbieten, darbieten
perferre	perferō	pertulī	perlātum	überbringen, ertragen
referre	referō	re**tt**ulī	relātum	(zurück)bringen, berichten; beziehen auf (z. B. ad aliquid)
trānsferre	trānsferō	trānstulī	trānslātum	hinüberbringen, übertragen
tollere	tollō	sustulī	sublātum	aufheben, beseitigen

66 Die Verben velle – nōlle – mālle

1 Der Präsensstamm **vel-/vol-** zeigt starken Vokalwechsel:
nōlō ist aus ne-volō zusammengezogen, mālō aus mag(i)s volō.

	Indikativ			Konjunktiv		
Präsens	volō vīs vult volumus vultis volunt	nōlō nōn vīs nōn vult nōlumus nōn vultis nōlunt	mālō māvīs māvult mālumus māvultis mālunt	velim velīs velit velīmus velītis velint	nōlim nōlīs nōlit nōlīmus nōlītis nōlint	mālim mālīs mālit mālīmus mālītis mālint
Imperf.	volēbam volēbās usw.	nōlēbam nōlēbās usw.	mālēbam mālēbās usw.	vellem vellēs usw.	nōllem nōllēs usw.	māllem māllēs usw.
Futur I	volam volēs usw.	nōlam nōlēs	mālam mālēs	Imperativ I	nōlī nōlīte	
Infinitiv	velle	nōlle	mālle	Partizip	volēns, nōlēns, -entis	

2 Der Perfektstamm endet auf **-u**:
voluī, voluistī usw. nōluī, nōluistī usw. māluī, māluistī usw.

67 Unpersönliche Verben

Rīdēre licet.	Man darf lachen.

Einige Verben bilden (außer dem Infinitiv) nur die 3. „Person" Singular. Da bei ihnen kein „Täter" angegeben wird, nennt man sie unpersönliche Verben.
Übersetzung: „es, man" (↗ 89.3; 120).

Präsens	Perfekt		Infinitiv Präsens
decet	decuit	es schickt sich, ziemt sich	decēre
libet	libuit (libitum est)	es beliebt, passt	libēre
licet	licuit (licitum est)	es ist erlaubt, man darf	licēre
oportet	oportuit	es gehört sich, man muss	oportēre
paenitet	paenituit	es plagt, reut, enttäuscht	paenitēre
pudet	puduit	es beschämt	pudēre

Manche Verben werden sowohl persönlich als auch unpersönlich gebraucht, z. B.

iuvāre	unterstützen, erfreuen	iuvat	es macht Freude, nützt
cōnstāre	bestehen (aus), kosten	cōnstat	es steht fest, ist bekannt
praestāre	voranstehen, übertreffen	praestat	es ist besser

appārēre	erscheinen, sich zeigen	appāret	es ist klar, zeigt sich
placēre	gefallen	placet	es gefällt, man beschließt
ēvenīre	herauskommen, ausgehen	ēvenit	es trifft ein, kommt vor
accidere	hinfallen, zustoßen	accidit	es geschieht, ereignet sich
contingere	berühren	contingit	es gelingt, glückt
interesse	dabei sein, teilnehmen	interest	es ist wichtig (↗106.3).

68 Unvollständige Verben

Einige Verben haben nicht alle Verbalstämme oder Formen. Man nennt sie deshalb unvollständige Verben (verba defectiva).

1 Nur einen Präsensstamm haben:

aiō	ich sage:	ais, ait (dient auch als Perfekt), aiunt
inquam	ich sage:	inquis, inquit (dient auch als Perfekt), inquiunt.

inquit wird in die direkte Rede eingeschoben:

Ibi, inquit, Claudius habitat. — Er sagte: „Dort wohnt Claudius."

2 Nur im Perfektstamm sind gebräuchlich:

coepisse	(Dehnungsperfekt)	angefangen (zu) haben (Perfekt zu incipere ↗59)
ōdisse	(Dehnungsperfekt)	hassen } (mit Präsensbedeutung)
meminisse	(Reduplik.-Perfekt)	gedenken, sich erinnern } (mit Präsensbedeutung)

Die Formenbildung ist regelmäßig:

coepī[1], coepistī usw.	ich habe angefangen usw.
ōdī, ōdistī usw.	ich hasse usw.
meminī[2], meministī usw.	ich gedenke, erinnere mich (habe mir gemerkt) usw.

▷ Die Imperative von meminisse lauten: mementō mementōte gedenke! gedenkt!

Vergleichbar sind die Perfekte:

nōvī, nōvistī usw.	ich habe kennengelernt, kenne, weiß (↗60.1)
cōnsuēvī, cōnsuēvistī usw.	ich habe mich gewöhnt: bin gewohnt, pflege (↗60.1)

3 **nequīre** 'nicht können' und **quīre** 'können' bilden nur wenige Formen (vgl. īre: ↗64):

Präsens: queō, queat; nequit, nequeunt

Perfekt: quīvī, nequīvī.

4 Einzelformen sind:

quaesō (vgl. quaerō)	(ich) bitte	avē! salvē!	sei gegrüßt!
quaesumus	wir bitten	avēte! salvēte!	seid gegrüßt!

Auch die unpersönlichen Verben bilden nicht alle Formen (↗67).

---

[1] coepī aus co-ēpī von dem Verbalstamm ap- (vgl. ap-tus) [2] me-min-ī von dem Verbalstamm men- (vgl. men-tī-rī)

UNFLEKTIERTE WORTARTEN

69 DAS ADVERB

1 Das Adverb charakterisiert (anders als ein Adjektiv) zumeist ein Verb, also Vorgänge, Zustände oder Sachverhalte.

Vorgang:	Marcus läuft **rasch** (auf rasche Weise).
Zustand:	Cornelia schläft **lange**.
Sachverhalt:	Der März war **einst** der Jahresanfang.

Das lateinische Adverb wird (wie im Deutschen) nicht flektiert.

Durch einige Adverbien können auch andere Wortarten genauer charakterisiert werden, z. B. **genügend** stark, **zu wenig** stark.

2 Man unterscheidet folgende Bedeutungsgruppen:

Adverbien des Ortes	Fragen:	wo?	wohin?	woher?
Adverbien der Zeit	Fragen:	wann?	wie lange?	seit wann?
Adverbien der Art und Weise	Fragen:	wie?	auf welche Weise?	
Adverbien des Grundes	Fragen:	warum?	weshalb?	

3 Die **Bildung** der lateinischen Adverbien ist recht verschieden. Es gibt

a) für sich stehende Prägungen, z. B.

nunc	nun, jetzt	crās	morgen
mox	bald, hernach	procul	fern, weit
vix	kaum	simul	gleichzeitig, zugleich

b) alte Kasusformen (teilweise von verlorenen Nomina), z. B.

- Nominative:

rūrsus	wieder (aus re-vorsus)	satis	genug (eigtl. Sättigung)

- Akkusative (↗ 92.2):

partim	teilweise, teils	dēmum	endlich, erst
passim	weit und breit, überall	parum	zu wenig
statim	auf der Stelle, sofort	paulum	ein wenig
paulātim	allmählich, nach und nach	plērumque	meist, meistens
prīvātim	persönlich	facile	leicht
clam	heimlich	paene	beinahe, fast
palam	offen, öffentlich	saepe	oft

- Ablative (↗ 115.2):

ūnā	zusammen, zugleich	frūstrā	vergeblich, erfolglos
falsō	fälschlich	rārō	selten
fortuītō	zufällig	retrō	zurück, rückwärts
omnīnō	überhaupt, gänzlich	cōnsultō	absichtlich
sērō	spät, zu spät	ultrō	überdies, von selbst
cito	schnell, rasch	modo	eben, nur

- Lokative (↗ 117 u. 118)

herī	gestern	noctū, nocte	nachts
diū	lange, lange Zeit	temere	blindlings, planlos eigtl. 'im Dunkeln'

70 Adverbbildung aus Adjektiven

1 Von den Adverbien, die aus Adjektiven gebildet sind, erhalten
die Endung -ē die Adjektive der o/ā-Deklination,
die Endung -ter die Adjektive der i-Deklination:

Wortstamm	Adjektiv		Adverb
o/a-Stämme	iūstus, a, um	gerecht	iūst-ē
	līber, era, erum	frei	līber-ē
	pulcher, ra, rum	schön	pulchr-ē
i-Stämme	celer, is, e	schnell	celeri-ter
	ācer, ācris, e	scharf	ācri-ter
	fortis, e	kräftig, tapfer	forti-ter
	fēlīx, īcis	glücklich	fēlīci-ter
nt-Stämme	cōnstāns, antis	standhaft	cōnstanter } (aus -nt-ter)
	prūdēns, entis	klug	prūdenter

Besonderheiten zeigen:

bene	gut	aliter	anders, sonst
male	schlecht	hūmānē }	menschlich
difficulter	schwierig	hūmāniter }	menschlich
facile	leicht	andāc(i)ter	kühn

2 Die Bedeutungen der Adverbien entsprechen den Bedeutungen der Adjektive; es finden sich aber auch Unterschiede:

aegrē	mit Mühe, kaum	aber: aeger	krank, bekümmert
fer(m)ē	fast, ungefähr, in der Regel	firmus	fest, stark
mātūrē	frühzeitig, vorzeitig	mātūrus	zeitig, reif
plānē	völlig, deutlich	plānus	flach, eben
sānē	durchaus, immerhin	sānus	gesund, wohlauf
vērum, vērō	aber, allerdings	vērus	wahr, echt

Eurystheus ignāvē sē abdit.
Eurystheus versteckt sich feige.
Herculēs aprum fortiter superāvit.
Herkules hat den Eber tapfer überwältigt.

3 Die meisten der aus Adjektiven gebildeten Adverbien haben auch Komparationsformen. Sie entsprechen denen der Adjektive (↗ 26). Dabei kennzeichnet
die Endung **-ius** den Komparativ (Form des Neutr. Sg.),
die Endung -ē den Superlativ:

	Positiv	Komparativ	Superlativ
o/a-Stämme	iūstē līberē pulchrē	iūst-ius līber-ius pulchr-ius	iūst-issimē līber-rimē pulcher-rimē
i-Stämme	celeriter ācriter facile fortiter fēlīciter	celer-ius ācr-ius facil-ius fort-ius fēlīc-ius	celer-rimē ācer-rimē facil-limē fort-issimē fēlīc-issimē
nt-Stämme	cōnstanter prūdenter	cōnstant-ius prūdent-ius	cōnstant-issimē prūdent-issimē

4 Besonderheiten zeigen die Reihen:

bene	gut	melius	besser	optimē	am besten
male	schlecht	peius	schlechter	pessimē	am schlechtesten
magnopere	sehr	magis	mehr	māximē	am meisten
multum	viel	plūs	mehr	plūrimum	am meisten
paulum	wenig	minus	weniger	minimē	am wenigsten

5 Vergleichsformen besitzen auch einige andere Adverbien:

diū	lange	diūtius	länger	diūtissimē	am längsten
prope	nahe	propius	näher	proximē	am nächsten
saepe	oft	saepius	öfter	saepissimē	sehr oft
(pote)		potius	lieber, eher	potissimum	hauptsächlich

71 Pronominaladverbien

Sehr häufig sind Adverbien, die aus Pronominalstämmen hergeleitet sind. Man unterscheidet:

1 **Pronominaladverbien des Ortes:**

qui(s):	ubi	wo	quō	wohin	unde	woher
hic: ille: is, ea, id: quisque:	hīc illīc ibi ubīque	hier dort da, dort überall	hūc illūc eō –	hierher dorthin dahin[1]	hinc illinc inde úndique	von hier von dort von da, daher von überallher
alius:	álibi	anderswo	aliō	anderswohin	ali(c)unde	anderswoher

[1] eō bedeutet auch: deshalb (↗ 113.3); desto (↗ 179.4)

2 Pronominaladverbien der Zeit:

quis:	quandō	wann	aliquis:	aliquandō	irgendeinmal
ille:	ōlim	einst	quīdam:	quondam	einst, einmal
is:	iam	schon	quisquam:	umquam	je, jemals
	tum	damals, dann	alius:	aliās	ein andermal, sonst

3 Pronominaladverbien der Art und Weise:

quī	auf welche Weise	ita, sīc	so
quam (beim Adj.)	wie	tam (beim Adj.)	so

▷ Es gibt auch Adverbien, die eigentlich Pronomina sind, weil der Ablativ viā zu ergänzen ist:

quā (viā)	auf welche Weise, wie	hāc, eā (viā)	auf diese Weise
aliquā (viā)	irgendwie	istāc	auf diesem Weg

Zahladverbien (↗41) können aus Grund- und Ordnungszahlen gebildet werden, z. B.

bis (zu duo)	zweimal	prīmō	zuerst, anfangs

72 Adverbbildung durch Zusammensetzung

Durch Zusammensetzung aus verschiedenen Wortarten werden folgende Adverbien gebildet:

1 Zusammensetzungen mit Präpositionen:

adeō	so sehr, sogar	anteā	vorher, früher
adhūc	bisher, immer noch	posteā	nachher, später
deinde	hierauf, dann	praettereā	außerdem
perinde	genauso, ebenso	proptereā	deswegen
semper	immer, stets	intereā	inzwischen, unterdessen
nūper	neulich, kürzlich	interim	inzwischen
praesertim	besonders, zumal	interdum	zuweilen, manchmal

2 Zusammensetzungen mit Substantiven:

cottidiē	täglich	quotannīs	alljährlich
hodiē	heute	ádmodum	völlig, ganz, sehr
prīdiē	tags zuvor	cōram[1]	persönlich, öffentlich
postrīdiē	tags darauf	īlicō[2]	auf der Stelle, sofort
interdiū	untertags	idcircō	darum

3 Verneinungen:

nōn[3]	nicht	nihil	in keiner Weise
n-umquam	niemals, nie	ne-quāquam	keineswegs
n-usquam	nirgends	ne-quīquam	vergeblich

[1] cōram zu ōs, ōris [2] īlicō aus in-locō [3] aus ne-ūnum

73 PRÄPOSITIONEN

Funktion und Bildung der Präpositionen

1 Eine Präposition[1] (Verhältniswort) steht in Verbindung mit einem **Nomen** oder Pronomen; sie bestimmt dessen Kasus:
ad urbem zur Stadt   per urbem durch die Stadt   ex eā aus ihr heraus

Solche Präpositionalausdrücke ergänzen manchmal das Verb eines Prädikats, z. B.
an die Zukunft denken, nach Erfolg streben, von einer Reise erzählen.

Meist aber bringen sie im Satz eine Angabe des Ortes oder der Zeit, z. B.
im Zimmer, vor dem Schrank, vor der Arbeit, nach der Ankunft.

2 Eine Präposition kann auch mit einem **Verb** zusammengesetzt sein und die Bedeutung des einfachen Verbs verändern (↗54), z. B.
ad-īre hingehen   per-īre zugrunde gehen   ex-īre herausgehen.

3 Die meisten lateinischen Präpositionen waren ursprünglich Adverbien zur Angabe eines Ortes:

ab	von – weg	dē	von – herab	per	durch	post	nach
ad	zu – hin	ex	aus – heraus	prae	vor	sub	unter
cum	mit	in	in	prō	vor	super	über

▷ Manche von ihnen wurden um die Silbe **-ter** erweitert: inter, praeter, propter (zu prope); einige davon stehen im Ablativ: contrā, extrā, intrā, suprā.
Nur wenige sind von Nominal- oder Verbalstämmen abgeleitet, z. B. circum 'um' (zu circus Kreis), secundum 'entlang' (vom Verb sequī folgen).

4 Die Stellung der Präpositionen im Satz war anfangs ziemlich frei (vgl. dt. „ablösen – abzulösen – abgelöst – ich löse etwas ab"). Dies zeigt sich im Lateinischen noch

- in der Nach-Stellung von cum bei Personalpronomina: mēcum mit mir,
- im Dazwischentreten von Attributen: dē rērum nātūrā über das Wesen der Dinge,
- gelegentlich in Versen:

Vitiīs nēmō sine nāscitur. (Horaz) Keiner wird ohne Fehler geboren.

Schließlich wurden die Präpositionen fast immer v o r das Bezugswort gesetzt.

5 In den folgenden Listen (↗74–76) ist bei jeder Präposition zuerst die **räumliche**, dann (soweit vorhanden) die **zeitliche** Bedeutung angegeben. Zuletzt kommen Bedeutungen, die auf andere Bereiche **übertragen** sind; hier liegen die lateinische und die deutsche Ausdrucksweise oft weit auseinander.

---

[1] prae-pōnere voranstellen

74 Präpositionen mit dem Akkusativ

ad zu, an, bei (Fragen: wo? wohin?); bis

ad rīpam flūminis	zum, am, beim Flussufer
ad orientem (sōlem) spectāre	im Osten liegen
ad senātum referre	beim, im Senat Bericht erstatten
ad aliquid pertinēre	sich auf etwas beziehen
ad ūnum omnēs	alle bis zum letzten Mann, alle ohne Ausnahme
ad id tempus	bis zu dieser Zeit
quem ad modum	auf welche Weise, wie

adversus oder **adversum** gegenüber, gegen

adversus templum	gegenüber dem Tempel
adversus rem pūblicam facere	gegen den Staat handeln

ante vor

ante portās	vor den Toren
ante oculōs omnium	vor aller Augen
ante lūcem	vor Tagesanbruch

apud bei

apud māiōrēs – apud Rōmānōs	bei den Vorfahren – bei den Römern
apud iūdicem causam dīcere	vor dem Richter eine Sache darlegen
apud īnferōs	bei den Unterirdischen, in der Unterwelt

circum, circā um (herum)

circum forum, circā forum	um das Forum (herum)
circā (auch circiter) merīdiem	um die Mittagszeit

citrā, cis diesseits

citrā flūmen – cis Rhēnum	diesseits des Flusses – diesseits des Rheins

contrā gegenüber, gegen (feindlich)

contrā Galliam esse	Gallien gegenüberliegen
contrā lēgem – contrā nātūram	gesetzwidrig – naturwidrig

ergā gegen (zumeist freundlich)

fidēs ergā populum Rōmānum	Treue gegen das römische Volk
voluntās ergā aliquem	die Gesinnung gegen jemand

extrā außerhalb

extrā fīnēs	außerhalb der Grenzen, des Gebiets
extrā ōrdinem	außer(halb) der Reihe, der Ordnung

īnfrā unterhalb, unter

īnfrā pontem	unterhalb, unter der Brücke
īnfrā aliquem esse	unter jemand stehen (dem Rang oder der Größe nach)

inter zwischen, inmitten von; während

inter terram atque caelum	zwischen Erde und Himmel
inter tot annōs	während so vieler Jahre
inter sē	(unter)einander, gegenseitig
inter nōs	unter uns

intrā innerhalb, binnen

intrā mūnitiōnēs	innerhalb der Verschanzungen
intrā paucōs diēs	innerhalb, binnen weniger Tage

iuxtā (oft auch Adverb) dicht daneben

iuxtā mūrum	neben der Mauer

ob entgegen, vor; wegen

ob-viam īre	entgegengehen, begegnen
ob oculōs versārī	vor Augen schweben
ob eam rem, ob eam causam	deswegen, aus diesem Grund

per durch (hindurch); mittels; wegen

per mediam urbem	mitten durch die Stadt (hindurch)
per multās hōrās	viele Stunden hindurch
per lēgātōs agere	durch Gesandte verhandeln
per deōs immortālēs iūrāre	bei den unsterblichen Göttern schwören
per dolum – per vim	mit List – mit Gewalt, gewaltsam
per aetātem	aus Altersgründen
per mē (licet)	von mir aus, meinetwegen
per sē	an (und für) sich

post hinter; nach, seit

post tergum – post mē	hinter dem Rücken – hinter mir, nach mir
post diem tertium	nach dem dritten Tag, übermorgen
post hominum memoriam	seit Menschengedenken

praeter an – vorbei; außer

praeter castra trādūcere	am Lager vorbeiführen
praeter cēterōs laudāre	mehr als die Übrigen loben
praeter mē omnēs	alle außer mir
praeter opīniōnem, praeter spem	gegen die Erwartung, wider Erwarten

prope (oft auch Adverb) nahe, beinahe

prope oppidum	nahe bei der Stadt

propter nahe bei; wegen

īnsulae propter Siciliam (sitae)	die Inseln nahe bei Sizilien
propter inopiam frūmentī	wegen Getreidemangels
propter metum	aus Furcht

secundum entlang; (gleich) nach; gemäß

secundum flūmen	den Fluss entlang, längs des Flusses
secundum hunc diem	(gleich) nach dem heutigen Tag
secundum nātūram vīvere	nach/gemäß der Natur leben

suprā oberhalb, über

suprā terram	oberhalb, über der Erde
suprā modum	über das (rechte) Maß hinaus

trāns über – hinüber, jenseits

trāns Alpēs trānsferre	über die Alpen (hinüber)bringen
trāns Rhēnum incolere	jenseits des Rheins siedeln

ultrā jenseits, über – hinaus

ultrā montēs	jenseits der Berge
ultrā biennium	über zwei Jahre hinaus
ultrā vīrēs	über seine/ihre Kräfte

75 Präpositionen mit dem Ablativ

ab, ā[1] von, von – her; von – an, seit

ab oppidō longē abesse	von der Stadt weit entfernt sein
ā pueritiā, ā puerīs, ā parvīs	von Kindheit an, von klein auf
ab urbe conditā	seit Gründung der Stadt Rom
ab aliquō (aliquā rē) appellāre	nach jemand (nach etwas) benennen
ab aliīs iūdicārī	von den andern beurteilt werden

▷ Weitere Verwendungen beim ablativus separativus (↗ 108)

cum (zusammen) mit, begleitet von

cum amīcīs esse	mit Freunden beisammen sein
cum fīnitimīs congredī	mit den Grenznachbarn kämpfen
ūnā/simul cum reliquīs	gemeinsam/gleichzeitig mit den Übrigen
sēcum cōgitāre	bei sich überlegen

▷ Weitere Verwendungen beim ablativus instrumentalis (↗ 110)

dē von – herab, von – weg; über (betreffs)

dē mūrō dēicere	von der Mauer herabwerfen
dē fīnibus exīre	von einem Gebiet wegziehen
dē tertiā vigiliā	noch in der dritten Nachtwache
dē pāce agere	über den Frieden verhandeln
dē prīncipātū contendere	um den Vorrang kämpfen
dē aliquō bene merērī	sich um jemand verdient machen
hāc (eā) dē causā	aus diesem Grund

▷ Weitere Verwendungen beim ablativus separativus (↗ 108)

ex, ē[1] aus, von – aus; seit; auf Grund von

ex urbe ēgredī	aus der Stadt weggehen
ex aliquō quaerere	jemand fragen
ex eō tempore – ex eō diē	seit dieser Zeit – seit diesem Tag
aliud ex aliō	eins nach dem andern
ex senātūs cōnsultō	auf Grund (kraft) eines Senatsbeschlusses
ex tempore	1. auf Grund der Zeitlage 2. aus dem Stegreif (sprechen)
ex sententiā	1. aus Überzeugung 2. auf Wunsch
ex ūsū esse	von Vorteil sein
aliquā ex parte	teilweise, einigermaßen

prae vor (örtlich und bei einem Verhinderungsgrund)

prae sē ferre	vor sich hertragen, zeigen
prae strepitū vix audīre	vor (lauter) Lärm kaum hören

[1] ā und ē stehen nur vor Konsonanten (außer h).

prō vor, für; entsprechend

prō moenibus cōnstituere	vor der Stadtmauer aufstellen
prō lībertāte pūgnāre	für die Freiheit kämpfen
prō meritīs grātiam referre	für Verdienste Dank abstatten
prō cōnsule	anstelle, in Vertretung eines Konsuls
prō tempore et prō rē	der Zeit und der Lage entsprechend

sine ohne

sine dubiō	ohne Zweifel, zweifellos
sine (ūllā) morā	ohne (jede) Verzögerung, unverzüglich

▷ Das Adverb **cōram** 'persönlich zugegen' dient manchmal als Präposition:

cōrām propinquīs	in Gegenwart der Verwandten

76 Präpositionen mit Akkusativ oder Ablativ

in *mit Akkusativ (Frage: wohin?)* in, an, auf; gegen

in Italiam contendere	nach Italien eilen
in hostēs signa īnferre	die Feinde angreifen
in perpetuum – in posterum	für immer – für künftig
in diēs crēscere/augērī	von Tag zu Tag wachsen/zunehmen
dūrus in plēbem	hart gegen das Volk
in vicem (invicem)	wechselweise, gegenseitig

mit Ablativ (Frage: wo?) in, an, auf

in citeriōre Galliā esse	im diesseitigen Gallien sein
in continentī – in altō (marī)	auf dem Festland – auf hoher See
in praesentiā	im Augenblick, gegenwärtig
bis (in) diē	zweimal täglich

▷ Weitere Verwendungen beim Lokativ (↗ 117)

sub *mit Akkusativ (Frage: wohin?)* unter; gegen (zeitlich)

sub montem succēdere	an den Fuß des Berges heranrücken
sub lūcem – sub vesperum	gegen Tagesanbruch – gegen Abend

mit Ablativ (Frage: wo?) unter

sub dīvō – sub terrā	unter freiem Himmel – unter der Erde
sub imperiō alicuius esse	unter der Herrschaft jemands stehen

super *mit Akkusativ* über, auf

super montium iuga	über, auf die Höhenzüge

mit Ablativ über

super aliquā rē scrībere	über etwas schreiben

▷ Folgende Präpositionen werden auch als Adverbien gebraucht:

ante	vor(her)	contrā	dagegen	īnfrā	unterhalb, unten
post	nach(her)	extrā	außerhalb	suprā	oberhalb, weiter oben
circā	ringsum	ultrā	weiterhin	super	oben

77 BINDEWÖRTER

Bindewörter können Wörter, gleichartige Satzglieder sowie Sätze miteinander verbinden. Deshalb haben sie auch keine konkreten Bedeutungen, sondern zeigen nur syntaktische und logische Verknüpfungen an. Man unterscheidet:

Konjunktionen, die gleichartige Wörter und Sätze verbinden: und, auch
Subjunktionen, die den Hauptsatz mit dem Gliedsatz verbinden: weil, wenn, als

1 Konjunktionen

- anreihende Konjunktionen

et	und, auch	et – et	sowohl – als auch
-que[1]	und	et is, isque, idque	und zwar
atque, ac[2]	und (auch) dazu	cum – tum	sowohl – als auch besonders
etiam	auch, sogar	modo – modo	bald – bald
quoque (nachgest.)	auch	tum – tum	bald – bald
neque, nec[2]	und nicht, auch nicht, aber nicht	neque – neque	weder – noch
		nē ... quidem	nicht einmal ...

▷ Verbindungsweisen bei drei Wörtern:
pueri et senēs et mulierēs
oder puerī, senēs, mulierēs
oder puerī, senēs mulierēsque
} Kinder, Alte und Frauen

▷ Reihenfolge bei Aufzählungen:
prīmum ... deinde ... dēnique/postrēmō — erstens ... zweitens ... schließlich

- ausschließende Konjunktionen

aut	oder	aut – aut	entweder – oder
vel	oder	vel – vel	entweder – oder (wahlweise)
-ve (angefügt)	oder		
sīve, seu	oder (wahlweise)	sīve – sīve	sei es – oder
an	oder (fragend)		

- entgegensetzende und einschränkende Konjunktionen

at	jedoch, dagegen	quidem – sed	zwar – aber
autem (nachgestellt)	aber, nun aber	atquī	aber doch, nun aber
sed	aber, sondern	attamen	aber doch, trotzdem
vērum	aber	neque tamen	dennoch nicht
tamen	dennoch, trotzdem	neque vērō	aber nicht, auch nicht

nōn modo – sed etiam	nicht nur – sondern auch
nōn sōlum – vērum/sed etiam	nicht nur – sondern auch
nōn modo nōn – sed nē ... quidem	nicht nur nicht – sondern nicht einmal ...

[1] -que wird an das letzte der miteinander verbundenen Wörter angefügt.
[2] ac und nec stehen nur vor Konsonanten (außer c, g, h).

- begründende Konjunktionen:

nam, namque	denn, nämlich	étenim	denn, nämlich
enim (nachgest.)	nämlich, denn	neque enim	denn nicht

- folgernde Konjunktionen:

ergō	also, folglich	igitur (nachgest.)	daher, also
itaque	deshalb, somit	proinde	also, so – denn

▷ Als Konjunktionen werden auch einige Adverbien verwendet:

cēterum	übrigens, aber, doch	tantum	nur, erst
inde	daher, von da	vērō	wirklich, aber, gar

2 Subjunktionen

Subjunktionen verbinden Gliedsätze mit Hauptsätzen zu Satzgefügen. Sie bezeichnen Abhängigkeitsverhältnisse und logische Sinnrichtungen. Deshalb werden sie innerhalb der Gliedsätze (↗ 162–179) behandelt.

▷ Manche Subjunktionen sind aus einem Pronominalstamm gebildet, z. B.
cum (aus altlat. quom), quod, quia (alter Pl. von quid).

Die meisten Subjunktionen sind Zusammensetzungen, z. B.

et-sī, tam-et-sī	wenn auch	quasī (aus quam-sī)	wie wenn, als ob
dum-modo	wenn nur	ante-quam	ehe, bevor
quoniam (aus quom-iam)	weil, da ja	quam-quam	obwohl

78 INTERJEKTIONEN

Interjektionen[1] sind kurze, situationsbedingte Ausrufe oder Zurufe. Sie werden nicht in die Satzstruktur eingebaut, sondern stehen für sich:

heus	he (da)! hallo!	pol, edepol	beim Pollux!
heu, ēheu	ach!	herc(u)le	beim Herakles!
ō	oh!	vae (auch mit Dativ)	wehe!

„Heus, serve! Quid agis?" „Nīl, hercle."   „Vae tibi!"

[1] intericere einwerfen, dazwischenstellen

79 Die Bauglieder des Satzes

Der Satz drückt einen Gedanken aus (Aussage).
Das **Prädikat**[1] ist das Zentrum des Satzes; es sagt etwas über das Subjekt aus.
Das **Subjekt**[2] ist der Gegenstand der Aussage:

Titus (Subjekt) *liest* (Prädikat). Von Titus wird ausgesagt, dass er liest.

Subjekt ist meist ein Substantiv oder Pronomen. Die vom Prädikat bezeichnete Handlung eines Subjekts kann auf ein **Objekt**[3] oder mehrere **Objekte** gerichtet sein; man sagt: die Objekte sind vom Prädikat abhängig.

Die Fähigkeit des Prädikats, Subjekt und Objekt(e) an sich zu binden, wird als **Valenz**[4] bezeichnet, die Abhängigkeit der Objekte vom Prädikat als **Dependenz**[5] (↗ 82.1).

Die Objekte sind meist Nomina:

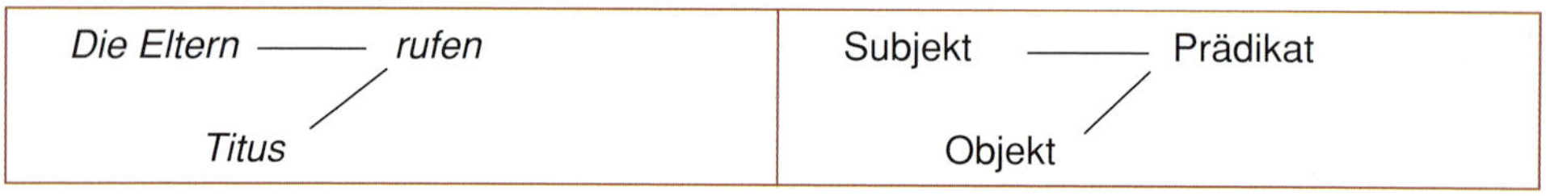

Von einem Prädikat wie „rufen“ z. B. sind ein Subjekt und ein Objekt abhängig; das Prädikat „geben“ hingegen bindet ein Subjekt und zwei Objekte an sich:

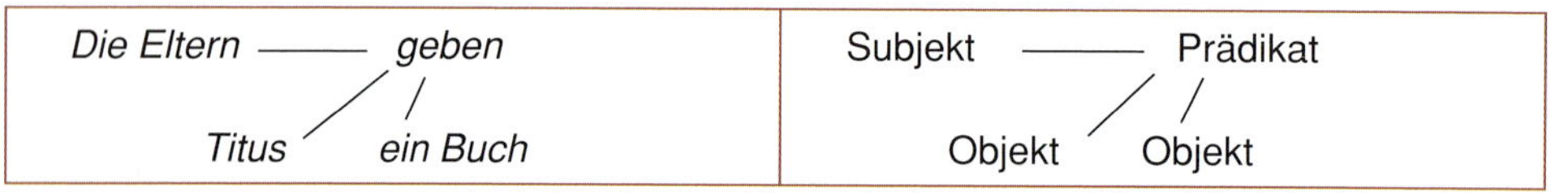

Die Handlung kann durch **Adverbialien** (freie Angaben) näher bestimmt werden, z. B. im Satz: *Titus pflanzt mittags trotz der Hitze einen Baum.*

Dem Nomen können **Attribute**[6] beigefügt werden; diese bestimmen den Gegenstand oder den Begriff näher, den das Nomen bezeichnet, z. B. *Die besorgten Eltern erwarten den abwesenden Titus.*

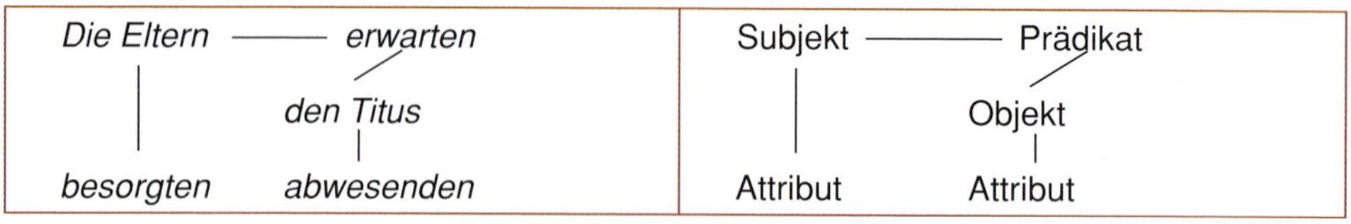

[1] praedicātum das Ausgesagte [2] subiectum das (der Aussage) Zugrundeliegende [3] obiectum das (dem Subjekt) Gegenübergestellte [4] valēre vermögen [5] dē-pendēre abhängen (von) [6] attribūtum das Beigefügte

Die Stellen (Positionen) von Subjekt, Objekt, Adverbiale oder Attribut können auch durch **Nebensätze** oder **Infinitivkonstruktionen** gefüllt sein:

Füllung durch Nebensätze:

Wer unklug ist,	*pflanzt,*	*obwohl es heiß ist,*	*einen Baum,*	*der groß ist.*
Subjektsatz	Prädikat	Adverbialsatz	Objekt	Attributsatz

Füllung durch Infinitivkonstruktionen:

Feuer zu machen	*ist gefährlich.*
Infinitiv als Subjekt	Prädikat

80 Subjekt

1 Stelle des Subjekts

Fāma volat. — Ein Gerücht fliegt (hat Flügel).

Die Stelle (Position) des Subjekts kann einnehmen:
(1) ein Nomen (meist ein Substantiv oder Pronomen) im Nominativ,
(2) ein Nebensatz (mit Subjunktion oder Relativpronomen eingeleitet),
(3) eine Infinitivkonstruktion:

1. Verba docent. — Worte belehren.
   Semper aliquid haeret. — Etwas bleibt immer hängen.
2. Quī fit, ut nēmō sorte suā contentus sit? — Wie kommt es, dass niemand mit seinem Los zufrieden ist?
   Bis dat, quī cito dat. — Zweimal gibt, wer schnell gibt.
3. Errāre hūmānum est. — Irren ist menschlich.
   Tē valēre iuvat mē. — Dass du gesund bist, freut mich.

2 Fehlen des Subjektwortes

Vēnī, vīdī, vīcī. (Caesar) — Ich kam, sah und siegte.

Das Subjekt ist durch die Personalendung des Verbs bezeichnet.

Meist fehlt das Subjektwort, wenn das Prädikat in der 1. oder 2. Person steht; sonst lässt es sich aus dem **Zusammenhang** erschließen:

Ōdī et amō. (Catull) — Ich hasse und liebe.
Unde venīs? — Woher kommst du?
Dīxit et abiit. — Sprach´s und ging weg.

Wenn sich das Prädikat auf keine konkrete Person bezieht, steht es im **unpersönlichen Passiv**; es wird dann mit „man“ oder „es“ übersetzt:

Diū ac ācriter pūgnātum est. — Es wurde lange und heiß gekämpft.
Vīvitur ex raptō. (Ovid über die Urzeit) — Man lebt von Geraubtem.

81 Prädikat

1 Arten des Prädikats

Das Prädikat kann ausgedrückt sein:
(1) durch ein Verbum finitum (↗44) oder
(2) durch ein Prädikatsnomen in Verbindung mit esse (↗81.3):

1. Homō cōgitat.	Der Mensch denkt.
2. Homō ratiōnāle animal est.	Der Mensch ist ein vernünftiges Wesen.

2 Kongruenz zwischen Subjekt und Prädikat

Delphī numquam expugnātī **sunt.**	Delphi ist nie erobert worden.

Das Prädikat richtet sich in Genus, Numerus und Person nach dem Subjekt; zwischen Subjekt und Prädikat besteht **Kongruenz**[1] (Übereinstimmung); es steht häufig am Schluss des Satzes:

Omnia **mūtantur.**	Alles ändert sich.
Līberae **sunt** nostrae cōgitātiōnēs.	Frei sind unsere Gedanken.

Wenn zwei Personen Subjekt sind, steht das Prädikat im Plural:

Rōmulus et Remus frātrēs erant.	Romulus und Remus waren Brüder.
Ego et fīlius valēmus.	Ich und mein Sohn sind wohlauf.

▷ 1. Manchmal richtet sich das Prädikat nicht nach dem Genus bzw. Numerus des Subjekts, sondern nach seinem Sinn (**constructio ad sensum**):

Magna multitūdō hominum aderant.	Eine große Menge Menschen war(en) da.
Magna pars mīlitum vulnerātī sunt.	Ein großer Teil der Soldaten wurde(n) verwundet.

2. Sind Nomina mit verschiedenem Genus Subjekt, so steht im Prädikat bei der Nennung von Menschen das Maskulinum (Pl.):

Titus et Gāia Rōmānī sunt.	Titus und Gaia sind Römer.

3. Sind Nomina mit verschiedenem Genus und Numerus Subjekt, so richtet sich das Prädikat nach dem nächststehenden Subjekt; bei der Bezeichnung von Sachen kann es im Neutrum Plural stehen:

Multī virī fortēs et prope pars cīvitātis offēnsa est.	Viele tüchtige Männer und fast ein Teil der Bürgerschaft wurden beleidigt.
Ā quō caelum et terra creāta sunt?	Von wem sind Himmel und Erde geschaffen?

Kongruenz besteht im Lateinischen auch dann, wenn ein Demonstrativ- oder Fragepronomen Subjekt ist; im Deutschen wird es durch ein Neutrum wiedergegeben:

Haec mea culpa est.	Das ist meine Schuld.
Ista quidem vīs est! (Caesar)	Das ist ja Gewalt!
Quae erat causa bellī?	Was war die Ursache des Krieges?

[1] congruere übereinstimmen

3 Prädikatsnomen

Nōmen est ōmen.	Der Name ist ein Zeichen[1].

1. Eine Form von esse verbindet (als sog. **Kopula**[2]) das Subjekt mit einem Nomen des Prädikats im Nominativ. Dieses mit esse verbundene Nomen heißt **Prädikatsnomen**.
2. Zwischen dem Subjekt und dem Prädikatsnomen besteht Kongruenz:

Catullus	poēta	erat.	Catullus war ein Dichter.
Subjekt	Prädikatsnomen	Kopula	
	Prädikat (Prädikatsnomen + Kopula)		

Servī hominēs (Subst.) sunt. — (Auch) Sklaven sind Menschen.
Servī līberī (Adj.) sunt animō. (Seneca) — Sklaven sind innerlich frei.
Ūsus est magister optimus. — Übung ist der beste Lehrer.

Mit einem Prädikatsnomen können auch folgende Verben (meist im Passiv) stehen:

fierī	werden (zu)	creārī	gewählt werden zu
vidērī	(er)scheinen (als)	invenīrī	sich herausstellen als
manēre	bleiben	nāscī	geboren werden als
appellārī, nōminārī, vocārī, dīcī	bezeichnet werden, heißen	exīstimārī, iūdicārī, putārī, habērī, dūcī	gehalten werden für, gelten als

Nēmō doctus nāscitur. — Niemand wird als Gelehrter geboren.

Cōnsulēs creantur Iūlius Caesar et P. Servilius. — Zu Konsuln werden Iulius Caesar und P. Servilius gewählt.

▷ Wenn eines der oben genannten Verben im Aktiv steht und transitiv gebraucht wird, dann steht das Prädikatsnomen im Akkusativ (↗ 91.1):
Rōmānī Cicerōnem cōnsulem creant. — Die Römer wählen Cicero **zum** Konsul.

4 Fehlen des Prädikats

Quot capita, tot sententiae.	Wie viele Köpfe, so viele Meinungen.

Das Prädikat kann fehlen, wenn es aus dem Zusammenhang erschließbar ist:

Ubi bene, ibi patria. — Wo (es einem) gut (geht), dort (ist) Heimat.
Per aspera ad astra. — Über raue Pfade (kommt man) zu den Sternen.

[1] Sinn: Der Name kann eine Vorbedeutung haben.

[2] cōpula, ae Band

82 Objekte

Carpe diem!	Nütze (pflücke) den Tag!

1 Dependenz des Objekts

Die Objekte hängen vom Prädikat ab; sie stehen in **Dependenz** zum Prädikat (↗79):

Parentēs —— exspectant / fīlium	Subjekt —— Prädikat / Objekt

▷ Von manchen Prädikaten können zwei Objekte abhängen:
Reus advocātum rogat, ut causam dēfendat. Der Angeklagte bittet den Anwalt, seine Sache zu verteidigen.

Reus —— rogat advocātum, ut causam dēfendat.	Subjekt —— Prädikat 1. Objekt 2. Objekt

Von rogāre sind hier zwei Objekte abhängig: die Person, die man bittet, und der Inhalt der Bitte. Im Beispielsatz stehen advocātum und der Gliedsatz ut causam dēfendat in Dependenz zum Prädikat rogat.

2 Arten der Objekte

Die Stelle des Objekts können folgende Ausdrücke füllen:

- eine Kasusform:

Nomen:	Vidēs **hominēs miserōs.**	(Akk.)	Du siehst arme Menschen.
	Misericordiā egent.	(Abl.)	Sie bedürfen des Mitgefühls.
Partizip:	Miserēre **victōrum!**	(Gen.)	Erbarme dich der Besiegten!
nd-Form:	Studē **discendō!**	(Dat.)	Bemühe dich zu lernen!

- ein Präpositionalausdruck:
  Narrā nōbis **dē itinere!** — Erzähle uns von der Reise!
- ein Infinitiv:
  Audīre volumus. — Wir wollen hören.
- ein Akkusativ mit Infinitiv:
  Vīdimus **tē redīre.** — Wir haben dich zurückkommen sehen.
- ein Gliedsatz mit Subjunktion (z. B. ut, nē):
  Optō, **ut veniās.** — Ich wünsche, dass du kommst.
  Timeō, **nē** domī **maneās.** — Ich fürchte, dass du zu Hause bleibst.
- ein abhängiger Fragesatz:
  Dīc, **ubi fueris!** — Sag, wo du gewesen bist!
- ein Relativsatz:
  Audiō, **quae dīcis.** — Ich höre, was du sagst.

83 Adverbialien

Cēnābis bene apud mē paucīs diēbus.	Speisen wirst du gut bei mir in wenigen Tagen.

1 Wesen der Adverbialien

Die Adverbialien geben zusätzliche Informationen über ein Geschehen, das durch Subjekt, Prädikat und Objekte bezeichnet ist. Über einen Geschehenskern (z. B. ich rannte) können in einem Satz mehrere verschiedene Angaben gemacht werden:

In urbe nocte per metum tam cito cucurrī, ut caderem.	In der Stadt rannte ich nachts aus Angst so schnell, dass ich (hin)fiel.

Adverbiale		Prädikat	Frage
des Ortes	In urbe		wo?
der Zeit	nocte		wann?
des Grundes	per metum	cucurrī.	warum?
der Art und Weise	tam cito		auf welche Weise?
der Folge	ut caderem		mit welcher Folge?

Die Adverbialien sind zwar für den Sinn, nicht aber für den Bau eines vollständigen Satzes notwendig. Sie können (1.) fehlen oder (2.) durch einen neuen Hauptsatz ausgedrückt sein:

1. (In urbe nocte per metum tam cito) cucurrī, (ut caderem).
2. Cucurrī, ut caderem. — Ich rannte, sodass ich hinfiel.
   Cucurrī. Ergō cecidī. — Ich rannte. Also fiel ich hin.

2 Arten der Adverbialien

Adverbiale kann sein:

• ein Adverb:	Thēsaurum **herī** invēnī.	Ich fand gestern einen Schatz.
	Numquam tālem cōnspexī.	Niemals habe ich einen solchen gesehen.
• ein Nomen:		
im Akkusativ:	Multās **hōrās** labōrāvī.	Viele Stunden lang habe ich gearbeitet.
im Ablativ:	**Cāsū** eum invēnī.	Aus Zufall habe ich ihn gefunden.
• ein Präpositionalausdruck:		
	Cum amīcīs ambulāveram.	Ich war mit meinen Freunden spazieren gegangen.
• eine Nominalform des Verbs:		
nd-Form:	**Narrandō** dēlectābuntur.	Durch das Erzählen werden sie erfreut werden.
Supin:	**Audītum** convenient.	Sie werden zum Hören zusammenkommen.
Abl. mit Part.:	Fābulā recitātā omnēs tacēbant.	Als die Erzählung vorgetragen war, schwiegen alle.
• ein Gliedsatz:	**Cum** fābula audītōrēs mōvisset, diū tacēbant.	Weil die Erzählung die Zuhörer bewegt hatte, schwiegen sie lange.

84 Attribute

Amīcus certus in rē incertā cernitur.	Ein sicherer Freund zeigt sich in einer unsicheren Lage.

1 Wesen des Attributs

Ein Attribut bezieht sich auf ein Nomen; es charakterisiert die Person, den Gegenstand oder den Begriff näher, der vom Nomen bezeichnet wird. Es ist aber kein selbstständiges Satzglied, sondern nur Teil eines Satzgliedes (eines Subjekts, Objekts oder eines Adverbiales).

Als Attribut gebrauchte Adjektive, Pronomina, Numeralia oder Partizipien stehen im gleichen **K**asus, **N**umerus und **G**enus wie das Nomen, zu dem sie gehören (**Kongruenz**); das Adjektiv steht meist **nach** seinem Bezugswort:

Sit mēns sāna in corpore sānō! (Juvenal)	Es sei ein gesunder Geist in einem gesunden Körper!

2 Arten von Attributen

Attribut kann sein:

- ein Nomen oder eine Nominalgruppe im gleichen Kasus (kongruentes Attribut):

Adjektiv:	puella **docta**	das gescheite Mädchen
Pronomen:	**illa** puella	jenes Mädchen
Numerale:	**trēs** puellae	drei Mädchen
Apposition (↗ 84.4):	Cloelia, **parentum decus**	Cloelia, die Freude ihrer Eltern

- ein Nomen oder eine Nominalgruppe in einem anderen Kasus (nicht kongruentes Attribut):

Substantiv im Genitiv (sog. Genitivattribut):	puella **Titī**	das Mädchen des Titus
Substantiv im Ablativ:	puella magnā **doctrīnā**	ein Mädchen von großer Bildung
Substantiv mit Präposition:	homō **dē plēbe**	ein Mann aus dem Volke

- eine Nominalform des Verbs:

Partizip:	puella **legēns**	das lesende Mädchen
nd-Form im Genitiv:	gaudium **legendī**	die Freude des Lesens
Infinitivkonstruktion:	Trīste illud verbum est: **habuisse** nec iam **habēre.**	Traurig ist dies Wort: (etwas) gehabt zu haben und nicht mehr zu haben.

- ein Nebensatz:

Relativsatz:	puella, **quae legit**	das Mädchen, das liest
Gliedsatz mit Subjunktion (z. B. ut):	lēx, **ut** fūrem nocte interficī **liceat**	das Gesetz, dass es erlaubt ist, einen Dieb bei Nacht zu töten

- ein Adverb:

	tuus **ōlim** amīcus	dein Freund von damals

3 Häufung von Attributen

Zu einem Nomen können mehrere Attribute gehören:

Pron. und Adj.	Genitivattribut	Attributsatz (Relativsatz)
illa docta amīca	Titī,	quam herī vīdī
jene gescheite Freundin	des Titus,	die ich gestern gesehen habe

▷ Attribute können durch andere Satzglieder von ihrem Bezugswort getrennt sein (Sperrung/Hyperbaton). Besonders häufig ist diese Trennung in der Dichtung (↗ 199.2).

4 Die Apposition

Scīpiō, imperātor Rōmānus, Hannibalem vīcit.	Scipio, der römische Feldherr, hat Hannibal besiegt.

Ein Nomen kann ein Substantiv im gleichen Kasus als Attribut bei sich haben; man nennt diese Konstruktion **Apposition**[1].

85 Prädikativum

Nōnnullī invītī discunt; prīmī ē lūdō exeunt.	Manche lernen widerwillig; sie gehen als Erste aus der Schule.

Manche Adjektive heben einen körperlich-seelischen Zustand, eine Reihenfolge oder Menge der vom Nomen bezeichneten Person so hervor, dass sie wie eine zusätzliche Aussage wirken (Prädikativum[2]). Sie stehen in **Kongruenz** mit ihrem Beziehungswort:

Mīlitēs redeunt.
Die Soldaten kehren zurück.

Mīlitēs redeunt victī.
Die Soldaten kehren besiegt (als Besiegte) zurück.

[1] appositiō die Beiordnung [2] praedicāre aussagen

Bei der Übersetzung des lateinischen Prädikativums verwendet man oft „als“:

Bonus intrā, melior ēxī. (auf einer Türschwelle) — Als Guter tritt ein, als Besserer geh hinaus!

Vīlicus prīmus surgat, postrēmus cubitum eat. (Cato) — Der Gutsverwalter soll als Erster aufstehen und als Letzter zum Schlafen gehen.

Die Unterscheidung zwischen Prädikativum und Attribut ergibt sich aus dem Sinn:

Delphīnus puerum salvum rettulit. — Der Delfin brachte den Jungen heil zurück.
Puerum salvum hominēs mīrābantur. — Den heilen Jungen bestaunten die Leute.

Als Prädikativa kommen häufig vor:

1. Adjektive oder Partizipien:

absēns	in Abwesenheit	praesēns	persönlich (anwesend)
prīnceps	als Erster, zuerst	ultimus	als Letzter, zuletzt
sciēns	wissentlich, mit Wissen	ignārus	unwissentlich, ohne Wissen
trīstis	traurig, voll Trauer	laetus	froh, voll Freude
invītus	ungern, gegen den Willen	inopīnāns	ahnungslos
vīvus	lebend	mortuus	tot, als Toter
frequēns	häufig, zahlreich	rārus	selten
tōtus	ganz, insgesamt	sōlus	allein

Agricola absēns accūsātus est. — Agricola wurde in Abwesenheit angeklagt.
Senātus frequēns convēnit. — Der Senat kam zahlreich zusammen.
Germānī īnsciōs inopīnantēsque Menāpiōs oppressērunt. (Caesar) — Die Germanen überfielen die Menapier, ohne dass sie es wussten und ahnten.

2. Substantive (als Amtsbezeichnung oder Altersangabe):

Cicerō cōnsul — der Konsul Cicero; Cicero als Konsul

Cicerō cōnsul coniūrātiōnem Catilīnae patefēcit. — Cicero hat als Konsul die Verschwörung des Catilina aufgedeckt.

Herculēs iam īnfāns serpentēs necāvit.
Herkules hat schon als Kleinkind Schlangen getötet.

86 Übersicht: Satzglieder und ihre Füllungen

SUBJEKT

Nomen / Partizip – im Nominativ
Infinitiv
AcI
NcI
Gliedsatz
Relativsatz

PRÄDIKAT

Vollverb
Vollverb mit Prädikatsnomen
esse mit Prädikatsnomen
Gerundiv mit esse
unpersönliches Verb

OBJEKT

Nomen im Akkusativ
im Dativ
im Ablativ
im Genitiv
mit Präposition
Infinitiv
Akkusativ mit Infinitiv
nd-Form
Gliedsatz
Relativsatz

ADVERBIALE

Adverb
Nomen im Ablativ
im Genitiv
im Dativ
im Akkusativ
mit Präposition
Ablativus absolutus
nd-Form
Supin
Gliedsatz
Relativsatz mit Konjunktiv

ATTRIBUT

Nomen / Particip. coni. / Apposition / Prädikativum – in Kongruenz zum Bezugswort
Substantiv im Genitiv
Substantiv im Ablativ
Präpositionalkonstruktion
nd-Form im Genitiv
Relativsatz (Attributsatz)
explikativer Nebensatz (ut, quod, nē)

DIE KASUSFORMEN DER NOMINA ALS SATZGLIEDER

87 Funktion und Bedeutung der Kasus

1 In einem Satz steht jedes Nomen in einem bestimmten **Kasus**, der aus der Endung des Nomens zu erkennen ist. Durch diesen Kasus wird

- die Funktion des Nomens als Satzglied festgelegt und
- eine logische Beziehung zum Satzganzen hergestellt.

Man ersieht also aus dem Kasus des Nomens dessen **Funktion** und **Bedeutung** im Satz.

2 In früher Zeit gab es acht Kasus, die wohl Grundbedeutungen hatten und folgende Beziehungen angaben:

Nominativ	Benennung
Genitiv	Bereich und Zugehörigkeit
Dativ	Zuwendung
Akkusativ	Richtung und Einwirkung
Vokativ	Anrede
Ablativ	Ausgangspunkt und Trennung
Instrumentalis	Mittel und Begleitung
Lokativ	Lage in Raum und Zeit

Die Formen des Instrumentalis und des Lokativs wurden im Lateinischen schon früh mit denen des Ablativs verschmolzen; die Bedeutungen dieser beiden Kasus blieben aber erhalten (↗110 u. 117).
Einzelne Kasusbedeutungen können durch Präpositionen genauer bestimmt sein (↗ 73).

88 NOMINATIV UND VOKATIV

1 Nominativ

Homō cōgitat.	Der Mensch denkt.
Homō ratiōnāle animal est.	Der Mensch ist ein vernünftiges Wesen.

Der Nominativ zeigt an, dass ein Wort das Subjekt eines Satzes ist oder das Prädikat ergänzt (↗80.1 u. 81.3). Als **Subjekt** nennt er die handelnde oder (von einer Handlung) betroffene Person, oft auch einen Gegenstand oder Sachverhalt, worüber im Satz eine Aussage gemacht oder eine Frage gestellt ist.
Als **Prädikatsnomen** (↗81.3) drückt er eine Art „Gleichsetzung" mit dem Subjekt aus.

2 Vokativ

Der Vokativ ist eigentlich kein „Kasus", sondern nur eine Anredeform, die außerhalb des syntaktischen Gefüges steht. Wenn ein Nomen keine eigene Vokativform bildet (↗15.3), übernimmt der Nominativ die Aufgabe des Vokativs.

Ō Mārce Tullī!	O Marcus Tullius!
Avē, Caesar!	Sei gegrüßt, Caesar!

Der Akkusativ

Der Akkusativ war ursprünglich ein Kasus der **Richtungsangabe.** So kann der lateinische Akkusativ bezeichnen:

1. die Person oder Sache, auf die sich eine Tätigkeit richtet,
2. die Ausdehnung in Raum und Zeit,
3. die Richtung oder das Ziel einer Bewegung.

Er bringt damit Ergänzungen zum Verb (1) oder Erweiterungen im Satz (2, 3).

89 Der Akkusativ als Objekt

1 Der Akkusativ ergänzt das Verb inhaltlich auf die Frage: Wen oder was?
Im Satz kennzeichnet er ein Nomen als Objekt.
Verben, die ein Akkusativobjekt bei sich haben können, nennt man **transitiv**:

Līvius rēs populī Rōmānī scrīpsit.	Livius hat die Geschichte des römischen Volkes niedergeschrieben.
Philosophia animum fōrmat, vītam dispōnit, āctiōnēs regit. (Seneca)	Die Philosophie bildet den Geist, ordnet das Leben und leitet unsere Handlungen.

▷ Transitive Verben bilden ein persönliches Passiv, z. B.
Adiuvor ab amīcīs. — Ich werde von Freunden unterstützt.

2 Fortēs fortūna adiuvat. — Das Glück hilft den Tüchtigen.

Transitive lateinische Verben lassen sich im Deutschen meist entsprechend wiedergeben. Gelegentlich ist aber die Wiedergabe durch ein deutsches Verb mit einem Dativ sinngemäßer:

(ad)iuvāre amīcum	(den Freund unterstützen)	dem Freund helfen
dēficere aliquem	(einen im Stich lassen)	einem fehlen, ausgehen
(ef)fugere perīculum	(eine Gefahr vermeiden)	einer Gefahr entkommen
sequī nātūram	(die Natur verfolgen)	der Natur folgen

Vīrēs nostrōs dēficiēbant.	Unseren Leuten gingen die Kräfte aus.
Aestātem autumnus sequitur.	Dem Sommer folgt ein Herbst.

▷ Bei anderen Konstruktionen dieser Verben ergeben sich andere Bedeutungen:

fugere ē carcere	aus dem Kerker fliehen
dēficere ā sociīs	von den Verbündeten abfallen

3 Auch einige unpersönlich gebrauchte Verben können einen Akkusativ bei sich haben; sie müssen aber im Deutschen gewöhnlich anders konstruiert werden:

decet mē	(es ziert mich)	es schickt sich, ziemt sich für mich
iuvat mē	(es freut mich)	es gefällt mir, ich freue mich
fallit mē	(es trügt mich)	es entgeht mir, ich weiß nicht
fugit mē	(es flieht mich)	

Omnēs reī pūblicae subvenīre decet.	Es gehört sich für alle, dem Staat zu helfen.
Iuvat mē, quod vigent studia. (Plinius)	Ich freue mich, dass die Studien blühen.

4 Hannibal Alpēs trānsiit. — Hannibal hat die Alpen überschritten.

Intransitive Verben der Bewegung (besonders īre) können durch Zusammensetzung mit Präpositionen transitiv werden und ein Akkusativobjekt an sich binden:

circumvenīre hostēs	die Gegner umzingeln
convenīre amīcum	einen Freund besuchen
inīre proelium	einen Kampf beginnen
inīre cōnsilium	einen Plan, einen Entschluss fassen
obīre (mortem)	den Tod finden, sterben
subīre labōrēs	Mühen auf sich nehmen

Caesar moenia oppidī circumvēnit.	Caesar umzingelte die Mauern der Stadt.
Rēgulus prīmus classem in Āfricam trāiēcit.	Regulus hat als Erster eine Flotte nach Afrika übergesetzt.

▷ Bei trāicere und trādūcere kann ein zweiter Akkusativ zur Ortsangabe erscheinen:

trāicere cōpiās flūmen	Truppen über den Fluss setzen
trādūcere exercitum Rhēnum	ein Heer über den Rhein führen

5 Nōn omnēs eadem mīrantur. — Nicht alle wundern sich über dasselbe.

Verben der Gefühlsäußerung können intransitiv gebraucht werden oder ein Akkusativobjekt bei sich haben. Im Deutschen werden sie meist mit einem Präpositionalausdruck wiedergegeben:

flēre mortem	über einen Todesfall weinen
horrēre scelus	vor einem Verbrechen schaudern
miserārī fortūnam	über sein Schicksal jammern
querī fātum (auch: dē fātō)	über sein Los klagen

Quis nōn doleat interitum tālis virī?	Wer empfände nicht Schmerz über den Untergang eines solchen Mannes?
Tranquillās etiam naufragus horret aquās. (Ovid)	Ein Schiffbrüchiger schaudert auch vor ruhigen Gewässern.

6 Cavē canem!	Hüte dich vor dem Hund!

Auch sonst müssen manche lateinischen Akkusativobjekte im Deutschen mit Präpositionalausdrücken wiedergegeben werden:

cōgitāre futūra	an die Zukunft denken
petere magistrātum	sich um ein Amt bewerben
spērāre victōriam	auf den Sieg hoffen
dēspērāre salūtem	an der Rettung verzweifeln
ulcīscī inimīcōs	sich an den Feinden rächen
ulcīscī facinus	sich für eine Untat rächen
Minima nōn cūrat praetor.	Um kleinste Dinge kümmert sich der Prätor (Richter) nicht.
Deī hominēs prō scelere ulcīscī solent.	Die Götter rächen sich gewöhnlich an den Menschen für ein Verbrechen.

90 Akkusative der Person und der Sache

Ūsus mē multa docuit.	Übung hat mich vieles gelehrt.

Einige Verben können zwei Akkusativobjekte bei sich haben:

puerōs elementa docēre	die Kinder das Lesen und Schreiben lehren
aliquem aliquid poscere	von jemand etwas fordern
senātōrem sententiam rogāre	einen Senator nach seiner Meinung fragen
Pācem tē poscimus omnēs. (Aeneas zu seinem Gegner Turnus)	Wir alle fordern von dir den Frieden.

▷ Statt eines Akkusativs der Sache steht bei solchen Verben oft ein Präpositionalausdruck:

docēre aliquem dē aliquā rē	einen von etwas benachrichtigen
poscere/exigere aliquid ab aliquō	etwas von jemand fordern/verlangen
(inter)rogāre aliquem dē aliquā rē	einen nach etwas fragen

91 Akkusative als Objekt und als Prädikatsnomen

1 Thalēs aquam dīxit initium rērum.	Thales nannte das Wasser den Ursprung der Dinge.

Bei den Verben der Bedeutungsfelder 'bezeichnen, beurteilen, zu etwas machen' tritt häufig zum Akkusativobjekt noch ein zweiter Akkusativ als Prädikatsnomen. Solche Verben sind:

appellāre, dīcere, nōmināre, vocāre	nennen, bezeichnen (als)
dūcere, exīstimāre, iūdicāre, putāre	halten (für), ansehen (als)
facere[1], efficere, reddere	machen (zu)
creāre, dēligere	wählen (zu)
habēre	haben (als)
sē praestāre, sē praebēre	sich zeigen (als), sich bewähren (als)

[1] aliquem certiōrem facere einen benachrichtigen, informieren (Passiv: aliquis certior fit)

Senātus populusque Rōmānus Augustum patrem patriae appellāvit.	Senat und Volk von Rom nannten den Augustus „Vater des Vaterlandes“.
Hominēs caecōs reddit cupiditās.	Begierde macht die Menschen blind.

2 Bei der Übersetzung ins Deutsche wird das Prädikatsnomen meist mit den Wörtern „als, für, zu“ verbunden:

Sōcratēs bonōs beātōs, improbōs miserōs putābat.	Sokrates hielt die Guten für glücklich, die Schlechten für unglücklich.

▷ 1 Bei passiver Formulierung erscheinen Subjekt und Prädikatsnomen im Nominativ (↗ 81.3):

Rōmānī Cicerōnem cōnsulem creāvērunt.	Die Römer wählten Cicero zum Konsul; aber:
Cicerō cōnsul creātus est.	Cicero wurde zum Konsul gewählt.

2 Der sogenannte **Akkusativ des Ausrufs** ist wohl durch Auslassung einer Verbform (wie vidē, videō oder dīc, dīcō) entstanden:

Ō tē fēlīcem!	O du Glücklicher!

92 Akkusativ als inneres Objekt und adverbialer Akkusativ

1 Deī beātam vītam vīvunt.	Die Götter führen ein glückliches Leben.

Der Akkusativ nimmt (als sog. inneres Objekt) manchmal nur den Verbinhalt wieder auf. Dieses innere Objekt wird meist durch ein Adjektiv erläutert:

praeclārum facinus facere	eine herrliche Tat vollbringen
malam servitūtem servīre	in schlimmer Knechtschaft leben
Bonum certāmen certāvī. (Paulus)	Ich habe einen guten Kampf gekämpft.

Das innere Objekt kann auch durch ein Pronomen im Neutrum angegeben werden:

hoc cōnsentīre	darin übereinstimmen
hoc ōrāre	darum bitten
id dubitāre	daran zweifeln
id studēre	danach streben
Multī hoc mē monuērunt.	(Schon) viele haben mich daran erinnert.

2 Aus dem Akkusativ des Verbinhalts hat sich der **adverbiale Akkusativ** entwickelt. Er stuft meist den Verbinhalt nach der Häufigkeit oder Stärke ab:

multum	viel, oft, sehr	magnam partem	zum großen Teil
plūs	mehr	nihil	in keiner Weise, durchaus nicht
plūrimum	sehr viel, am meisten		
tantum	so viel, nur	quid?	wieso? warum?

Suēbī nōn multum frūmentō, sed māximam partem lacte atque pecore vīvunt.	Die Sueben leben nicht viel von Getreide, sondern größtenteils von Milch und Fleisch.
Quid vēnistī?	Wieso bist du gekommen?

93 Akkusativ der Ausdehnung

Stadium Olympicum sescentōs pedēs longum fuit.	Das Olympische Stadion war 600 Fuß lang.

Aus dem Akkusativ des Inhalts hat sich der Akkusativ der Ausdehnung entwickelt. Er steht:

• als Maßangabe auf die Frage:	wie lang, wie breit, wie hoch/tief?
• als Streckenangabe auf die Frage:	wie weit?
• als Zeitangabe auf die Frage:	wie lange?
• als Altersangabe auf die Frage:	wie alt?

agger altus pedēs octōgintā	ein 80 Fuß hoher Wall
diēs noctēsque cōgitāre	Tag und Nacht überlegen
duodēvīgintī annōs nātus	18 Jahre alt
Mōns Sacer ab urbe tria mīlia passuum est.	Der Heilige Berg ist drei Meilen von der Stadt entfernt.
Rēgnātum est ab urbe conditā ad lībertātem annōs ducentōs quadrāgintā quattuor.	Von Königen regiert wurde man seit der Gründung der Stadt bis zur (Erringung der) Freiheit 244 Jahre (lang).

94 Akkusativ der Richtung

1 Domum eāmus!	Gehen wir nach Hause!

Der Akkusativ der Richtung steht bei Verben der Bewegung auf die Frage: wohin?

- bei Eigennamen von Städten, Dörfern und kleinen Inseln:

Rōmam, Athēnās, Carthāginem, Delphōs, Dēlum proficīscī	nach Rom, Athen, Karthago, Delphi, Delos reisen

- in Wendungen wie

domum (domōs) īre	nach Hause gehen
rūs mittere	aufs Land schicken

- beim Supin auf -um (↗ 140.2) und beim Infinitiv Futur Passiv (↗ 51.5).

▷ Bei Ländernamen, großen Inseln und Appositionen steht gewöhnlich eine Präposition (ad, in):

in Graeciam, in Siciliam nāvigāre	nach Griechenland, nach Sizilien segeln
in urbem Rōmam venīre	in die Stadt Rom kommen

Die Präposition ad vor Städtenamen bedeutet ‘Gegend, Umgebung’:

ad Genavam venīre	in die Gegend von Genf kommen

2 Bei den Verben mit der Bedeutung ‘zusammenkommen, ankommen’ gibt das Lateinische das Ziel an (Frage: wohin?), das Deutsche den Ort (Frage: wo?):

ad aliquem convenīre	bei jemand zusammenkommen
in forum concurrere	auf dem Forum zusammenlaufen
Rōmam tōta Italia convēnit.	In Rom kam ganz Italien zusammen.

Der Dativ

Der Dativ ist der Kasus der Zuwendung und Beteiligung. So bezeichnet er:

1. die Person oder Sache, **der** eine Handlung **gilt**,
2. die Person oder Sache, **für** die eine Handlung geschieht,
3. den **Zweck** einer Handlung.

Er bringt damit Ergänzungen zum Prädikat (1) oder Erweiterungen im Satz (2 und 3).

95 Der Dativ als Objekt

1 Bonīs nocet, quī malīs parcit. (Seneca)	Den Guten schadet, wer die Schlechten schont.

Der Dativ ergänzt vor allem Verben der Bedeutungsfelder ‘geben, helfen, dienen, nützen, raten, (an)vertrauen, befehlen’ und deren Gegenteil auf die Frage: wem?

Utrumque vitium est: et omnibus crēdere et nūllī.	Beides ist ein Fehler: allen zu glauben und keinem.

Verben, die nur durch ein Dativobjekt oder überhaupt nicht ergänzt werden können, nennt man **intransitiv**. Intransitive Verben bilden ein unpersönliches Passiv:

Virtūtī melius quam fortūnae crēditur.	Besser vertraut man der Tüchtigkeit als dem Glück.

2 Lateinische Dativobjekte lassen sich im Deutschen meist entsprechend wiedergeben. Manchmal ist aber die Übersetzung durch ein deutsches Akkusativobjekt oder durch einen Präpositionalausdruck sinngemäßer:

favēre plēbī	(dem Volk zugetan sein)	das Volk begünstigen
parcere victīs	(den Besiegten entgegenkommen)	die Besiegten schonen
studēre litterīs	(sich eifrig der Wissenschaft zuwenden)	sich um die Wissenschaft bemühen; studieren
persuādēre cīvibus	(den Bürgern einreden)	die Bürger überreden/ überzeugen
invidēre alterī	(dem anderen neidisch sein)	den anderen beneiden

Omnēs hominēs lībertātī student.	Alle Menschen streben nach Freiheit.
Probus invidet nēminī.	Ein Guter beneidet niemanden.
Invidētur commodīs aliōrum.	Man ist neidisch auf die Vorteile anderer.
Helvētiīs persuāsum est, ut dē fīnibus suīs exīrent.	Die Helvetier wurden überredet, aus ihrem Gebiet wegzuziehen.

3 Quod licet Iovī, nōn licet bovī.	Was dem Zeus erlaubt ist, darf der Ochse nicht.

Auch einige unpersönlich gebrauchte Verben können einen Dativ bei sich haben:

accidit mihi	es stößt mir zu, widerfährt mir
licet mihi	es ist mir erlaubt, ich darf
placet mihi	es gefällt mir, ich beschließe

Tribūnīs plēbis intrāre cūriam nōn licēbat.	Die Volkstribunen durften das Ratsgebäude nicht betreten.
Nihil accidere bonō virō malī potest. (Seneca)	Einem guten Mann kann nichts Böses widerfahren.

4 Ein Dativ ergänzt sehr oft Verben, die auch ein Akkusativobjekt bei sich haben:

grātiās agere alicui	einem Dank sagen
fidem habēre alicui	einem Vertrauen/Glauben schenken
iniūriam īnferre alicui	einem ein Unrecht zufügen

Iūstitia suum cuique tribuit.	Die Gerechtigkeit teilt jedem das Seine zu.
Aliud aliī nātūra iter ostendit.	Die (natürliche) Veranlagung weist jedem einen anderen Weg.

5 Aetās succēdit aetātī.	Eine Generation folgt auf die andere.

Manche Verben (besonders esse) können durch Zusammensetzung mit bestimmten Präpositionen ein Dativobjekt bei sich haben:

adesse amīcīs	den Freunden helfen
interesse proeliō	am Kampf teilnehmen
praeesse classī	die Flotte befehligen
prōdesse cīvibus	den Mitbürgern nützen
excellere cēterīs	unter den anderen hervorragen
succēdere alicui	einem nachfolgen, Nachfolger jemands sein

Multa petentibus dēsunt multa.	Denen, die vieles begehren, fehlt vieles.
Quid tibi dīvitiae prōsunt?	Was nützen dir Reichtümer?

6 Mors est omnī aetātī commūnis.	Der Tod ist jeder Altersstufe gemeinsam.

Ein Dativ kann auch zu **Adjektiven** treten, z. B. zu:

commūnis	gemeinsam	fīdus	treu
grātus	angenehm, dankbar	invīsus	verhasst
ūtilis	nützlich	pār, aequus	gleich

Est senātōrī necessārium nōvisse rem pūblicam.	Es ist für einen Senator notwendig, das Staatswesen zu kennen.
Tarquinī Superbī mōrēs invīsī cīvitātī esse coepērunt.	Der Charakter des Tarquinius Superbus begann der Bürgerschaft verhasst zu sein.

96 Dativ des Vorteils

Nōn scholae, sed vītae discimus.	Nicht für die Schule, sondern für das Leben lernen wir.

1 Dativus commodi

Der Dativ kann auf die Frage: für wen oder wofür? auch eine Person oder Sache bezeichnen, zu deren Vorteil, Nutzen oder Schaden etwas geschieht.

Diesen Dativ nennt man dativus commodi bzw. incommodi.

Sōl omnibus lūcet.	Die Sonne leuchtet für alle.
Lupus est homō hominī, nōn homō, cum, quālis sit, nōn nōverit. (Plautus)	Der Mensch ist für den andern ein Wolf, kein Mensch, wenn er nicht weiß, wie der andere ist.

2 Bedeutungsunterschiede bei Verben mit verschiedener Konstruktion

Einige Verben haben einen Dativ des Vorteils bei sich, wenn sie 'sorgen für' bedeuten; mit einem Akkusativ haben sie hingegen eine andere Bedeutung:

cōnsulere cīvibus	für die Mitbürger sorgen
cōnsulere senātum	den Senat befragen
prōspicere/prōvidēre salūtī	für das Wohl (vor)sorgen
prōvidēre rēs futūrās	die Zukunft vorhersehen
timēre lībertātī	sich um die Freiheit ängstigen, sorgen
timēre perīculum	eine Gefahr befürchten
temperāre sibi/īrae	sich/seinen Zorn mäßigen
temperāre rem pūblicam	den Staat leiten, ordnen

Bonus cōnsul multa prōvidet.	Ein guter Konsul sieht vieles voraus.
Patrēs cōnscrīptī, cōnsulite vōbis, prōspicite patriae!	Senatoren, sorgt für euch, sorgt für das Vaterland!

▷ Das Verb **praestāre** hat verschiedene Bedeutungen, weil es sowohl mit prae 'voran' als auch mit dem Substantiv praes 'der Bürge' zusammengesetzt ist:

cēterīs prae-stāre	die anderen übertreffen, sich auszeichnen vor anderen (aus prae-stāre)
auxilium praestāre	Hilfe leisten, Hilfe gewähren (aus praes + stāre 'als Bürge einstehen')

3 Manchmal gibt der Dativ an, für welchen **Standpunkt** eine Aussage gilt:

Doctō hominī vīvere est cōgitāre. (Cicero)	Leben ist (bedeutet) für einen gescheiten Menschen Denken.
Procul intuentibus rēs parvae videntur.	Für die, die (etwas) aus der Ferne betrachten, erscheinen die Dinge klein.

97 Dativ der Zugehörigkeit und Dativ des Urhebers

1 Dativus possessivus

Suus cuique mōs est.	Jeder hat seine Eigenart.

Der Dativ der Zugehörigkeit (dativus possessivus) bezeichnet in Verbindung mit esse den Besitzer einer Sache:

Aegrō, dum anima est, spēs est.	Ein Kranker hat Hoffnung, solange er atmet.
Hominī est similitūdō cum deō.	Der Mensch hat Ähnlichkeit mit Gott.

▷ Hierher stellt man auch folgende Wendungen:

Mihi rēs est cum hīs.	Ich habe es mit diesen Leuten zu tun.
Mihi nōmen Gāius } est (datum).	Ich habe den Namen Gaius (bekommen).
Mihi nōmen Gāiō } est (datum).	Ich heiße Gaius.

2 Dativ des Urhebers (Täters)

Multa nōbis facienda sunt.	Wir haben viel zu tun.

Der Dativ mit einem Gerundiv (↗ 130.4) bezeichnet in Verbindung mit esse die Person, die etwas zu tun hat (dativus auctoris):

Lēgēs omnibus observandae sunt.	Alle haben die Gesetze zu beachten.
Caesarī interdum omnia ūnō tempore erant agenda.	Caesar musste manchmal alles gleichzeitig tun.

▷ Gelegentlich steht der dativus auctoris auch beim Passiv (statt ab mit Ablativ):

Mihi cōnsilium captum est.	Ich habe meinen Entschluss gefasst.

98 Dativ des Zweckes

Valētūdō tua mihi cūrae est.	Deine Gesundheit macht mir Sorge.
Auxiliō tibi veniam.	Ich werde dir zu Hilfe kommen.

1 Der Dativ des Zweckes (dativus finalis) gibt auf die Frage: wozu? den Zweck oder die Auswirkung eines Vorgangs an. In Verbindung mit esse ist er Prädikatsnomen. Er steht häufig zusammen mit einem Dativobjekt der Person:

aliquid mihi est	ūsuī	etwas	bringt mir Nutzen
	dētrīmentō		bringt mir Nachteil, Schaden
	honōrī		bringt mir Ehre
	cordī		liegt mir am Herzen
	cūrae		macht mir Sorge, bereitet mir Kummer

Amīcitia populī Rōmānī mihi ōrnāmentō et praesidiō, nōn dētrīmentō esse dēbet. (Der Gallierfürst Ariovist zu Caesar)	Die Freundschaft des römischen Volkes soll mir eine Auszeichnung sein und Schutz, nicht Schaden bringen.
Omnibus cūrae sunt, quae post mortem futūra sint.	Alle machen sich Gedanken darüber, was nach dem Tode sein wird.

▷ Der Ausdruck odiō esse dient als Ersatz für das Passiv zu ōdisse 'hassen':

Ōdī odiōque sum Rōmānīs. (Hannibal)	Ich hasse die Römer und werde von ihnen gehasst.

2 In Verbindung mit Verben wie **dare, tribuere** dient der Dativ als Adverbiale:

alicui aliquid crīminī dare	einem etwas zum Vorwurf machen
alicui aliquid vitiō dare, vertere	einem etwas als Fehler anrechnen, auslegen

Dasselbe gilt für Verbindungen mit Verben wie **venīre** und **mittere** (besonders im militärischen Bereich):

equitātum suīs auxiliō mittere	die Reiterei den eigenen Leuten zu Hilfe schicken
cōpiās castrīs praesidiō relinquere	Truppen zum Schutz des Lagers zurücklassen

Der Genitiv

Der Genitiv bezeichnet einen **Bereich** oder eine **Zugehörigkeit**. Deshalb kann er

1. den Begriff eines Nomens näher umgrenzen oder
2. die Zugehörigkeit einer Person oder Sache zu einer anderen angeben.

Der Genitiv ist in einem Satz meist Attribut (zu einem Nomen), manchmal auch Prädikatsnomen.

Der Genitiv kann auch zu einem Verb (oder zu einem Adjektiv/Partizip) treten. Dann hat er die Funktion eines Objekts, in einigen Wendungen auch die eines Adverbiales.

99 Der Genitiv als Attribut

Vēritātis ōrātiō simplex est. (Seneca)	Die Sprache der Wahrheit ist schlicht.

1 Der Genitiv bezeichnet im Allgemeinen den Geltungsbereich eines Nomens auf die Frage: was für ein? wessen? Im Deutschen kann eine solche Beifügung (Attribut) auf verschiedene Weise ausgedrückt sein:

status cīvitātis	die Verfassung des Staates, die Staatsform
magnitūdō animī	seelische Größe, Seelengröße
Quid est cīvitās nisi iūris societās?	Was ist der Staat anderes als eine Rechtsgemeinschaft?

2 Wenn der Genitiv einen allgemeinen Begriff genauer erklärt und eingrenzt, nennt man ihn Genitiv der Begriffsbestimmung (genitivus explicativus):

nōmen lēgātī	das Wort (der Titel) „Gesandter“
virtūs iūstitiae	die Tugend (der) Gerechtigkeit
Augustus dominī appellātiōnem horruit eamque vetuit ēdictō.	Augustus schreckte vor der Anrede „Herr“ zurück und verbot sie durch einen Erlass.

Die Bedeutungen des Genitivs als Attribut werden im Folgenden noch weiter aufgefächert.

100 Genitivus subiectivus und obiectivus

metus hominum	(gen. subi.)	die Furcht d e r Menschen
metus perīculī	(gen. obi.)	die Furcht v o r der Gefahr

In der Verbindung metus hominum (die Furcht, die Befürchtung der Menschen) kann der Genitiv die empfindende oder handelnde Person bezeichnen.
In einem vergleichbaren Satz (hominēs metuunt) ausgedrückt, hätte er die Funktion des Subjekts; man spricht deshalb von einem genitivus subiectivus.

In der Verbindung metus perīculī (die Furcht vor der Gefahr) bezeichnet der Genitiv dagegen das Objekt, auf das sich die Empfindung richtet: perīculum (Akk.) metuunt. Dieser Genitiv heißt daher genitivus obiectivus. Im Deutschen wird er oft mit einem Präpositionalausdruck wiedergegeben.

Welche Art des Genitivs vorliegt, ergibt sich entweder aus der Bedeutung des übergeordneten Substantivs oder aus dem Zusammenhang des Satzes, z. B. in folgenden Rechtsregeln:

Testimōnium ūnīus nōn valet.	Das Zeugnis eines Einzelnen gilt nicht.
Ignōrātiō lēgis nēminem excūsat.	Unkenntnis eines Gesetzes entschuldigt niemanden.

Einen Genitivus subiectivus enthalten z. B. die Wendungen:

imperium populī Rōmānī	die Herrschaft des römischen Volkes
cōnsēnsus omnium	die Übereinstimmung aller
sēditiō cīvium	der Aufstand der Bürger

Einen Genitivus obiectivus enthalten hingegen die Wendungen:

cognitiō vērī	Erkenntnis der Wahrheit
spēs salūtis	Hoffnung auf Rettung
cupiditās glōriae	Streben nach Ruhm, Ruhmbegierde

▷ Personalpronomina im Genitiv haben immer den Sinn eines Genitivus obiectivus:

memoria nostrī	das Andenken an uns
amor suī	Liebe zu sich selbst, Eigenliebe

Auch Possessivpronomina können gelegentlich den Sinn eines Genitivus obiectivus haben:

iniūria mea/tua	ein Unrecht g e g e n mich/dich

101 Teilgenitiv

Der Teilgenitiv oder Genitiv des geteilten Ganzen (genitivus partitivus oder totius) bezeichnet ein Ganzes oder eine Menge, von der das übergeordnete Wort einen Teil angibt.

parva pars nummōrum
ein kleiner Teil (der) Münzen

Ein Teilgenitiv kann stehen:

1 bei substantivischen oder substantivierten Mengen- oder Maßangaben:

vīs aurī argentīque	eine Menge Gold und Silber
multum, plūs, plūrimum operae	viel, mehr, sehr viel Mühe
aliquantum temporis	ziemlich viel Zeit
satis praesidiī	genügend Schutz
nīl novī	nichts Neues

2 bei einigen Pronomina:

quis vestrum?	wer von euch?
ūnusquisque/nēmō nostrum	jeder/niemand von uns
quid cōnsiliī?	welcher Plan, welcher Entschluss?

3 bei Komparativen und Superlativen:

māior frātrum	der ältere Bruder
pulcherrima tōtīus Galliae urbs	die schönste Stadt ganz Galliens

4 in einigen festen Wendungen:

ubi terrārum? ubi gentium?	wo auf der Welt?

Magna vīs frūmentī ex Siciliā advecta est.	Eine große Menge Getreide wurde aus Sizilien herbeigeschafft.
Quod vix contingit, plūs voluptātis parit.	Was nur mit Mühe gelingt, bringt mehr Freude.
Prīma est historiae lēx, nē quid falsī dīcere audeat.	Das Grundgesetz der Geschichtsschreibung ist, dass sie nicht wagt, etwas Falsches zu sagen.

102 Genitiv der Zugehörigkeit

Vīlla dominī pulchra est.	Das Landgut des Herrn ist schön.
Vīlla dominī dīvitis est.	Das Landgut gehört einem reichen Herrn.

1 Der Genitiv der Zugehörigkeit (genitivus possessivus) bezeichnet allgemein einen Besitzer oder Eigentümer[1]. Er dient meist als Attribut:

mōs māiōrum	die Sitte der Vorfahren
vīrēs ingeniī	die Kräfte des Geistes
lēx nātūrae	das Gesetz der Natur, ein Naturgesetz
Omnium rērum prīncipia parva sunt.	Aller Dinge Anfänge sind klein.
Cōnsuētūdinis magna vīs est.	Groß ist die Macht der Gewohnheit.

2 In Verbindung mit **esse** (**fierī, habērī** u.a.) ist der Genitiv der Zugehörigkeit Prädikatsnomen:

esse alicuius	jemands Eigentum sein, jemand gehören
fierī alicuius	jemands Eigentum werden
habērī, dūcī alicuius	als Eigentum jemands gelten
Omnia, quae mulieris fuērunt, virī fīunt. (röm. Rechtssatz)	Alles, was der Frau gehört hat, wird (durch die Heirat) Eigentum des Mannes.
Sacra sunt ea, quae deōrum habentur.	Heilig sind die Dinge, die als Eigentum der Götter gelten.

3 Praetōrum erat iūs dīcere.	Aufgabe der Prätoren war die Rechtsprechung.

In Verbindung mit der unpersönlichen Form **est** (oder **habētur, dūcitur**) bezeichnet der Genitiv einen Tätigkeitsbereich oder Wesenszug; er ist hier Prädikatsnomen:

iūdicis est	es ist Sache, Aufgabe, Pflicht eines Richters
magnī virī est	es ist Eigenschaft, Wesenszug eines großen Mannes
hūmānitātis est	es ist ein Zeichen von Bildung

Damnātiō est iūdicum, poena lēgis.	Die Verurteilung ist Sache der Richter, das Strafmaß ist Sache des Gesetzes.
Magnī animī est iniūriās dēspicere.	Es ist ein Zeichen von hoher Gesinnung, über Kränkungen hinwegzusehen.

▷ Für die 1. und 2. Person werden Possessivpronomina im Nominativ verwendet:
meum, tuum, nostrum est — es ist meine, deine, unsere Aufgabe

[1] Vgl. dt. „Gottes ist der Orient, Gottes ist der Okzident." (Goethe)

103 Genitiv der Beschaffenheit

Eius modī rēs mihi placent.	Dinge dieser Art gefallen mir.

1 Der Genitiv der Beschaffenheit (genitivus qualitatis) bezeichnet eine Eigenschaft oder Besonderheit. Er ist fast immer mit einem Adjektiv, Pronomen oder Zahlwort verbunden:

eius modī rēs	Dinge dieser Art, derartige Dinge
praeda omnis generis	Beute jeder Art
iter paucōrum diērum	ein Marsch von wenigen Tagen
Hercȳniae silvae lātitūdō novem diērum iter patet. (Caesar über die deutschen Mittelgebirge)	Die Breite des Hercynischen Waldes dehnt sich eine Wegstrecke von 9 Tagen hin.

2 In Verbindung mit esse ist der Genitiv der Beschaffenheit Prädikatsnomen:

Catō māior asperī animī et linguae līberae fuit.	Cato der Ältere hatte eine schroffe Wesensart und ein loses Mundwerk.

104 Genitiv des Wertes

Der Genitiv des Wertes (genitivus pretii) bezeichnet den Wert einer Person oder Sache. Er hat sich aus dem Genitiv der Beschaffenheit entwickelt:

rēs magnī pretiī est → rēs magnī est.

Quantī iste torquis est? Plūrimī!
Wie viel ist diese Halskette wert? Sehr viel!

In Verbindung mit esse oder Verben des Einschätzens (aestimāre, dūcere, facere) ist der Genitiv Prädikatsnomen:

magnī, plūris, plūrimī	esse	viel, mehr, am meisten	wert sein
parvī, minōris, minimī	esse	wenig, weniger, am wenigsten	wert sein
tantī, quantī	esse	so viel, wie viel	wert sein

Magnī erit mihi tuum cōnsilium.	Dein Rat wird mir viel wert sein.
Quantī tandem est hominum glōria?	Wie viel ist denn der Ruhm von Menschen wert?

▷ In Verbindung mit Verben des Ein- und Verkaufens haben solche Wertbezeichnungen die Funktion von Adverbialien (↗ 86; vgl. 112).

105 Genitiv bei Adjektiven und Partizipien

1 Vīta plēna exemplōrum est.	Das Leben ist voller Beispiele.

Der Genitiv steht auch bei einigen Adjektiven und Partizipien. Die Art des Genitivs ist hier bestimmt durch die Bedeutung des jeweiligen Adjektivs und Partizips. So steht

- ein Genitiv der Zugehörigkeit bei den Adjektiven

proprius	eigentümlich, wesenhaft
sacer	heilig, geweiht,

- ein Genitivus obiectivus bei den Adjektiven der Bedeutungsfelder ‘begierig, kundig, eingedenk’ und deren Gegenteil, z. B.

cupidus glōriae	begierig auf Ruhm
perītus locōrum	ortskundig
memor beneficiī	einer Wohltat eingedenk
cōnscius culpae	einer Schuld bewusst

- eine Art Teilgenitiv bei den Adjektiven ‘teilhaftig,mächtig, voll’, z. B.

particeps ratiōnis	der Vernunft teilhaftig, vernunftbegabt
expers ratiōnis	ohne (Anteil an der) Vernunft
potēns suī	seiner mächtig, sein eigener Herr
plēnus perīculōrum	voll(er) Gefahren

Populī Rōmānī propria erat lībertās.	Dem römischen Volk war die Freiheitsliebe wesenhaft.
Sōcratēs sē omnium rērum īnscium fingēbat.	Sokrates stellte sich unwissend in allen Dingen.

2 Ein Genitivus obiectivus steht beim Partizip Präsens einiger transitiver Verben, wenn eine dauernde Eigenschaft angegeben wird, z. B.

appetēns glōriae	begierig auf Ruhm, ruhmbegierig
amāns patriae	heimatliebend, patriotisch
patiēns labōrum	ausdauernd bei Mühen
Cicerō vir doctus fuit et patriae amāns. (Augustus)	Cicero war ein gelehrter Mann und ein Patriot.

3 Amicōrum omnia commūnia sunt.	Unter Freunden ist alles gemeinsam.

Einige Adjektive werden mit dem Genitiv oder Dativ verbunden (↗ 95.6):

commūnis	alicuius oder alicui	mit jemandem gemeinsam
similis	alicuius oder alicui	einem ähnlich
pār, paris	alicuius oder alicui	jemandem gleich, jemandem gewachsen

Prōcreātor deus omnia suī similia generāvit. (Platon)	Der Schöpfergott hat alles nach seinem Bild (sich ähnlich) geschaffen.

106 Der Genitiv als Objekt bei Verben

Der Genitiv kann auch bei Verben als **Objekt** stehen.

1 Genitiv bei Verben des Erinnerns und Vergessens

Numquam oblīvīscēmur tuī.	Wir werden dich nie vergessen.

Die Verben aus dem Bereich der **Erinnerung** und des **Vergessens** haben als Objekt zumeist einen Genitiv bei sich (manchmal auch einen Akkusativ oder dē mit Ablativ). Neutra von Adjektiven und Pronomina stehen immer im Akkusativ:

meminisse	beneficiōrum (beneficia)	sich an Wohltaten erinnern
	multa	sich an vieles erinnern
oblīvīscī	iniūriārum (iniūriās)	Beleidigungen vergessen
	aliquid	etwas vergessen

Animus meminit praeteritōrum, praesentia cernit, futūra prōvidet.	Der Geist erinnert sich an Vergangenes, sieht Gegenwärtiges und plant Zukünftiges voraus.

2 Genitiv bei unpersönlichen Verben

Paenitet mē factī.	Mich reut meine Tat.

Bei einigen unpersönlichen Verben gibt der Genitiv den Bereich der **Empfindung** an:

mē piget	alicuius reī	mich verdrießt etwas
mē pudet	alicuius reī	ich schäme mich (wegen) einer Sache
mē paenitet	alicuius reī	mich reut, schmerzt, enttäuscht etwas

Geminat peccātum, quem dēlictī nōn pudet.	Es verdoppelt die Verfehlung, wer sich seines Vergehens nicht schämt.
Suae quemque fortūnae māximē paenitet.	Jeder ist von seinem Schicksal am meisten enttäuscht.

3 Genitiv bei interest und rēfert

Omnium interest / rēfert pācem esse.	Es ist für alle wichtig, dass Friede herrscht.

Bei den unpersönlichen Verben **interest** und **rēfert** (es ist wichtig, es liegt daran) steht die Person, der etwas wichtig ist, im Genitiv;
bei der 1. und 2. Person steht hingegen meā, tuā, nostrā, vestrā[1]:

patris/eius interest	es ist wichtig für den Vater/für ihn
omnium (nostrum) rēfert	(uns) allen liegt daran
meā (tuā, nostrā, vestrā) rēfert	mir (dir, uns, euch) liegt daran

Interest omnium rēctē facere.	Es ist für alle wichtig, recht zu handeln.
Tuā et meā interest tē valēre. (Cicero an seinen Sekretär Tiro)	Es ist für mich und dich wichtig, dass du gesund bist.

[1] ursprünglich meā rē fert 'von meiner Sache aus bringt es (etwas)'

Der Grad der Wichtigkeit kann ausgedrückt sein

- durch Genitive des Wertes — z. B. magnī, parvī
- durch Adverbien — z. B. magis, māximē
- durch Neutra — z. B. multum, nihil, quid?

Māximē meā interest tē valēre.	Am meisten liegt mir daran, dass du gesund bist.

▷ Der Gegenstand des Interesses kann angegeben sein durch ein Pronomen (z. B. hoc, id, quid?), durch einen Infinitiv oder AcI (z. B. tē valēre) oder durch einen Gliedsatz (z. B. ut-Satz, Fragesatz):

Quam bene vīvās, rēfert, nōn quam diū. (Seneca)	Wie gut man lebt, ist wichtig, nicht wie lange.

4 Genitiv bei Verben des gerichtlichen Verfahrens

Sōcratēs impietātis accūsātus est.	Sokrates wurde wegen Gottlosigkeit angeklagt.

Bei Verben des gerichtlichen Verfahrens gibt der Genitiv die **Straftat** oder die **Schuld** an (genitivus criminis):

accūsāre/arguere sceleris	eines Verbrechens anklagen, beschuldigen
arcessere ambitūs	wegen Wahlbetrugs belangen
convincere maleficiī	einer Übeltat überführen, eine Verfehlung nachweisen
damnāre/condemnāre reī capitālis	wegen eines Kapitalverbrechens verurteilen
absolvere iniūriārum	von der Anklage wegen Beleidigung freisprechen

Falsārum tabulārum convictī sevērē multābantur.	Der Urkundenfälschung Überführte wurden streng bestraft.

▷ Statt eines Genitivs steht manchmal auch ein Präpositionalausdruck, z. B.

dē vī accūsāre	wegen Gewaltanwendung anklagen

Die verhängte **Strafe** wird meist mit dem Ablativ ausgedrückt, z. B.

capite (und capitis[1]) damnāre	mit dem Tode bestrafen
pecūniā, exiliō, morte multāre	mit einer Geldbuße, mit Verbannung, mit dem Tode bestrafen

Puer iniūriae convincitur.
Der Junge wird der Beleidigung überführt.

[1] verkürzt aus poenā (Abl.) capitis

Der Ablativ – ein Mischkasus

Im lateinischen Ablativ[1] sind drei ursprünglich selbstständige Kasus zusammengeflossen; deshalb hat er einen sehr ausgedehnten Bedeutungsbereich. Er kann bezeichnen:

1. als Separativ[2] einen Ausgangspunkt, eine Herkunft oder eine Trennung
2. als Instrumentalis ein Werkzeug oder ein Mittel
3. als Lokativ einen Ort oder eine Zeit.

Separativ
woher? wovon?

Instrumentalis
womit? wodurch?

Lokativ
wo? wann?

Ins Deutsche muss der lateinische Ablativ gewöhnlich mit einem Präpositionalausdruck übersetzt werden.
Der Ablativ hat meist die Funktion eines Adverbiales; er kann aber auch Objekt, gelegentlich sogar Attribut oder Prädikatsnomen sein.

DER ABLATIV ALS SEPARATIV

107 Ablativ des Ausgangspunkts

Brundisiō profectī sumus.	Wir sind von Brundisium abgereist.

1 Der Ablativ als Separativ bezeichnet zunächst den **Ausgangspunkt** einer Bewegung (Frage: woher? von wo aus?). Er steht:

- bei den Eigennamen von Städten, Dörfern und kleinen Inseln, z. B.

Rōmā, Athēnīs, Ephesō, Delphīs, Dēlō, Carthāgine proficīscī	von Rom, Athen, Ephesus, Delphi, Delos, Karthago abreisen

- in Wendungen wie

domō discēdere	von zu Hause weggehen
rūre venīre	vom Lande kommen

Aenēās cum paucīs Trōiā profectus est; domō profugus, sēdem quaesīvit.	Aeneas ist mit nur wenigen von Troja fortgezogen; aus der Heimat flüchtend, hat er eine (neue) Wohnstätte gesucht.

[1] cāsus ablātīvus bedeutet: 'Fall des Entfernens'; vgl. auferō abstulī ablātum [2] sēparāre trennen

Bei den übrigen geografischen Namen und Ausdrücken sowie bei Angabe einer Umgebung steht zur Verdeutlichung gewöhnlich eine Präposition:

ē (ā) Graeciā revertī	aus Griechenland zurückkehren
ex urbe Rōmā venīre	aus der Stadt Rom kommen
ā Brundisiō discēdere	aus der Gegend von Brundisium weggehen

Eine passivisch ausgedrückte Handlung geht meist von einem persönlichen Urheber aus. Dieser wird im Ablativ mit der Präposition ā (ab) angegeben:

Fīlius ā patre laudātur.	Der Sohn wird vom Vater gelobt.

2 Der Ablativ gibt bei den Adjektiven **nātus** und **ortus** eine Abstammung oder soziale **Herkunft** an:

nōbilī genere (familiā) ortus	aus vornehmer Familie stammend
equestrī locō ortus	aus dem Ritterstand kommend
Apollō, Iove et Lātōnā nātus	Apollon, der Sohn des Zeus und der Leto
Rōmulus virginēs Sabīnās honestō locō ortās rapī iussit.	Romulus befahl, sabinische Mädchen aus geachtetem Stande zu rauben.

108 Der Separativ bei Verben der Trennung

Carēre patriā intolerābile est.	Keine Heimat zu haben ist unerträglich.

1 Der Separativ steht als Objekt vor allem bei Verben der Bedeutungsfelder 'berauben' und 'entbehren':

exuere/spoliāre armīs	der Waffen berauben, die Waffen wegnehmen
carēre omnī spē	aller Hoffnung entbehren, ohne jede Hoffnung sein
egēre auxiliō	der Hilfe bedürfen, Hilfe brauchen

2 Der Ablativ als Separativ steht auch bei Ausdrücken der Bedeutungsfelder 'befreien, frei sein' und 'fernhalten'. Er wird aber häufig, insbesondere bei Personen, durch eine Präposition (ab, dē, ex) verdeutlicht:

līberāre metū – līber ā cūrīs	von Furcht befreien – frei von Sorgen
vacāre dolōribus – vacuus (ā) culpā	frei sein von Schmerzen – frei von Schuld
arcēre, prohibēre (ā) fīnibus	von einem Gebiet abhalten
(sē) abstinēre (ab) iniūriā	sich von Unrecht fernhalten
dēpellere (dē) locō	aus einer Stellung vertreiben
(ex)cēdere (ē, dē) vītā	aus dem Leben scheiden

Brūtus rem pūblicam dominātū rēgiō līberāvit.	Brutus hat den Staat von der Königsherrschaft befreit.
Nūlla vītae pars vacāre officiō potest. (Cicero)	Kein Lebensbereich kann frei von Pflicht sein.

3 Der Ablativ mit der Präposition **ab** steht bei mehreren mit **dis-** und **sē-** zusammengesetzten Verben sowie bei bestimmten Wendungen:

dissentīre ā reliquīs	(in der Meinung) von den übrigen abweichen
differre ā bēstiīs	sich von den Tieren unterscheiden
sēparāre ab aliīs	von den anderen trennen, absondern
dēfendere[1] (sē) ab hostibus	(sich) gegen Feinde verteidigen
tuērī (tūtus) ā perīculīs	schützen (geschützt) vor Gefahren
Germānī multum ā Gallōrum cōnsuētūdine differēbant.	Die Germanen unterschieden sich stark von der Lebensweise der Gallier.
Haeduī sē suaque ab hostibus dēfendere nōn poterant.	Die Häduer vermochten es nicht, sich und ihre Habe gegen die Feinde zu verteidigen.

4 Ab Iove prīncipium! — Der Anfang (sei gemacht) mit Jupiter!

Bei einigen Wendungen wird im Lateinischen der Ausgangspunkt angegeben und durch den Ablativ mit **ab** (ex) ausgedrückt (Frage: woher?), während man im Deutschen einen Standort festhält (Frage: wo? ↗ 94.2):

ab aliquā rē incipere	mit etwas beginnen
ab senātū stāre	auf der Seite des Senats stehen
ab (ex) omnibus partibus	auf allen Seiten, in allen Punkten
ā fronte – ā tergō – ā latere	vorne – im Rücken – in der Flanke
prope ā monte	nahe beim Berg
Omnia sunt hominum tenuī pendentia fīlō. (Ovid)	Alles beim Menschen hängt an einem dünnen Faden.
Aliēna vitia in oculīs habēmus, ā tergō nostra sunt.	Fremde Fehler haben wir vor unseren Augen, in unserem Rücken sind unsere eigenen.

109 Ablativ des Vergleichs

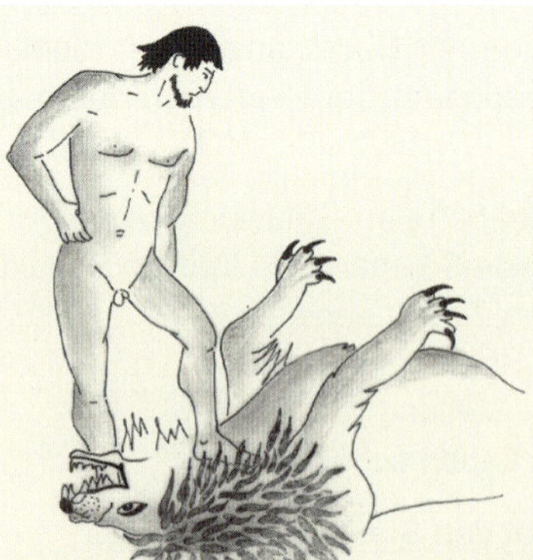

Herculēs fortior leōne erat.
Herkules war stärker als der Löwe.

[1] dē-fendere bedeutet eigentlich 'wegstoßen': iniūriam dēfendere 'ein Unrecht abwehren'

1 Der Ablativ des Vergleichs (ablativus comparationis) bezeichnet bei einem Komparativ die Bezugsgröße, von der ein Vergleich ausgeht. Dieser Ablativ hat die gleiche Bedeutung wie **quam** (als) mit einem Nominativ oder Akkusativ:

Lūx vēlōcior est sonitū.	Licht ist, vom Schall her (gesehen), schneller.
Lūx vēlōcior est quam sonitus.	Das Licht ist schneller als der Schall.

Sunt facta verbīs difficiliōra.	Taten sind schwerer als Worte.
Nihil est hominī foedius servitūte.	Nichts ist für einen Menschen schmählicher als Knechtschaft.

▷ Der Ablativ des Vergleichs kann durch ein Relativpronomen ausgedrückt sein (↗ 183.2). Bei der Übersetzung verwendet man anstelle des Komparativs im Deutschen gewöhnlich den Superlativ:

Dēfendāmus lībertātem, quā nihil est melius!	Lasst uns die Freiheit verteidigen, das Beste, was es gibt (im Vergleich zu der es nichts Besseres gibt)!

2 In manchen Wendungen drückt der Ablativus comparationis keinen echten Vergleich aus; man übersetzt auch entsprechend:

plūs/amplius centum mīlitibus plūs (quam) centum mīlitēs	über 100 Soldaten
Nostrī amplius hōrīs quattuor pūgnāvērunt.	Unsere Leute haben über vier Stunden (mehr als vier Stunden) gekämpft.

▷ Ähnlich sind übertreibende Wendungen:

lūce/sōle clārius	sonnenklar
opīniōne/spē celerius	unerwartet schnell
plūs aequō	mehr als recht und billig

DER ABLATIV ALS INSTRUMENTALIS

Mit dem lateinischen Ablativ ist der sog. Instrumentalis vermischt. Er hat verschiedene Bedeutungen entwickelt; folgende Gruppen lassen sich bilden:

Mittel · Objekt · Preis · Grund · Beziehung · Maß · Begleitung · Art/Weise · Beschaffenheit

110 Ablativ des Mittels

Vim vī repellere licet.	Gewalt darf man mit Gewalt abwehren.

1 Der Ablativ des Mittels (ablativus instrumentalis) gibt an, durch welches Werkzeug oder Mittel etwas geschieht. Er findet sich als Adverbiale bei den verschiedensten Verben (Frage: womit? wodurch?), z. B.

Amōre, mōre, ōre, rē iunguntur amīcitiae. (Sprichwort)	Durch Liebe, Sitte, Rede und Tat werden Freundschaften geknüpft.
Numa rēx urbem vī et armīs conditam iūre lēgibusque ac mōribus renovāvit.	König Numa hat die mit Waffengewalt gegründete Stadt durch Recht, Gesetze und Sitten erneuert.

2 Die deutsche Übersetzung eines lateinischen Ablativs des Mittels beruht manchmal auf einer anderen Vorstellung, z. B.

memoriā tenēre	im Gedächtnis behalten, haben
aliquā rē continērī	auf etwas beruhen
proeliō (bellō) lacessere	zum Kampf (Krieg) herausfordern
pugnā vincere	im Kampf siegen, einen Kampf gewinnen
currū, nāve vehī	im Wagen, zu Schiff fahren
Triumphāns currū equīs albīs iūnctō in urbem vectus est.	Der Triumphator fuhr auf einem mit Schimmeln bespannten Wagen in die Stadt ein.
Honestāte ūnā continētur vīta beāta. (Cicero)	Allein auf der sittlichen Haltung beruht ein glückliches Leben.

3 Maiōrēs dēlūbra pietāte ōrnābant.	Unsere Vorfahren schmückten die Tempel mit Ehrfurcht.

Der Ablativ des Mittels steht vor allem bei Verben und Adjektiven der Bedeutungsfelder 'anfüllen' und 'ausstatten':

īnstruere, ōrnāre – aliquā rē	ausstatten, ausrüsten mit etwas
complēre, implēre – aliquā rē	anfüllen, erfüllen mit etwas
abundāre, redundāre – aliquā rē	Überfluss haben, reich sein an etwas
afficere (aliquem) aliquā rē:	(jemand) mit etwas versehen:
afficere dolōre	mit Schmerz erfüllen, wehe tun
afficī morbō	von einer Krankheit befallen werden, krank werden

contentus parvō/suō	zufrieden mit wenigem/mit dem Seinen
dignus[1] praemiō	einer Belohnung würdig, wert
praeditus prūdentiā	ausgestattet, begabt mit Klugheit
cōnfīsus, frētus vīribus	vertrauend, bauend auf seine Kräfte
Utinam, inquit Sōcratēs, domum vērīs amīcīs compleam!	Könnte ich doch, sagte Sokrates, mein Haus mit wahren Freunden füllen!
Graecī athlētās summīs honōribus affēcērunt.	Die Griechen haben ihre Athleten mit den höchsten Ehren ausgezeichnet (versehen).
Quod cuique temporis datur, eō dēbet contentus esse.	Was jedem an Zeit gegeben wird, damit muss er zufrieden sein.
Excellentium cīvium virtūs imitātiōne digna est, nōn invidiā. (Cicero)	Die Leistung hervorragender Bürger verdient Nachahmung, nicht Missgunst.

[1] dignus eigtl. 'geschmückt mit' (vgl. decus)

4 Bei dem unpersönlichen Ausdruck **opus est** (es ist geholfen mit, man braucht) bezeichnet der Ablativ des Mittels eine benötigte Sache:

Factō, nōn cōnsiliō in perīculō opus est.	Eine Tat, nicht einen Rat braucht man in Gefahr.
Quid opus est verbīs?	Wozu sind (noch) Worte nötig?

Die Person, die etwas braucht, wird mit dem Dativ angegeben:

Mihi opus est operā tuā.	Ich brauche deine Hilfe.

▷ Beim Neutrum eines Adjektivs oder Pronomens besteht Kongruenz:

Multa nōbis opus nōn sunt.	Viele Dinge brauchen wir nicht.

111 Ablativ als Objekt bei Deponentien

Gallī Graecīs litterīs ūtuntur.	Die Gallier gebrauchen griechische Schrift.

Der Ablativ des Mittels steht als **Objekt** bei folgenden Deponentien:

ūtī	Gebrauch machen (von)	fruī	Genuss haben (von)
fungī	sich beschäftigen (mit), verwalten	potīrī	mächtig werden (durch), Herr werden (über)

Bei der Wiedergabe im Deutschen verwendet man meist entsprechende transitive Verben:

ūtī exemplō	ein Beispiel gebrauchen
abūtī lībertāte	die Freiheit missbrauchen
fungī mūnere	eine Aufgabe erfüllen, ein Amt verwalten
fruī vītā	das Leben genießen, nützen
potīrī imperiō	sich der Herrschaft bemächtigen
aber: rērum potīrī	im Besitz der Macht sein

Avēs caelō līberō fruuntur.	Die Vögel genießen den freien Himmelsraum.
Exstrūctīs in altum dīvitiīs potiētur hērēs. (Horaz)	Hoch aufgetürmten Reichtum wird sich (nur) der Erbe aneignen.

Īcarus īnstrumentīs patris ūtitur.
Ikarus gebraucht die Werkzeuge des Vaters.

112 Ablativ der Preisangabe

Vīnum parvō (pretiō) cōnstābat.
Wein kostete wenig.

1 Der Ablativ der Preisangabe (ablativus pretii) ist ebenfalls ein Ablativ des Mittels (des Zahlungsmittels).
Er steht bei Verben des Geldverkehrs, z. B.

stāre, cōnstāre	kosten	condūcere	anwerben, mieten
parāre	erwerben	vendere	verkaufen
emere	kaufen, einkaufen	vēnīre[1]	verkauft werden

2 Der Ablativ gibt einen Preis oder Wert an:

dēnāriō	(um) einen Denar	parvō	billig, wenig
magnō	teuer, viel	minimō	sehr billig
plūrimō	sehr teuer, sehr viel	grātīs	umsonst ('um Dank')

Amīcōs neque vī cōgere neque aurō parāre queās.	Freunde kann man wohl nicht mit Gewalt herbeizwingen noch um Geld kaufen.
Nōnne duo passerēs asse vēneunt? (Matthäusevangelium)	Werden nicht zwei Spatzen für einen As verkauft?
Assibus hīc bibitur, bīnīs meliōra dabuntur. (Kneipeninschrift)	Für einen As trinkt man hier, für zwei werden bessere (Weine) serviert.

▷ Vergleichende und erfragte Preise stehen im Genitiv des Wertes (↗ 104), z. B. tantī, quantī.

113 Ablativ des Grundes

Mōribus placēs mihi.	Wegen deines Charakters gefällst du mir.

1 Aus dem Instrumentalis hat sich der Ablativ des Grundes (ablativus causae) entwickelt. Er gibt den Grund oder die Ursache eines Geschehens an (Fragen: weswegen? weshalb?):

Senātōrēs vel aetāte vel cūrae similitūdine patrēs appellābantur.	Die Senatoren wurden wegen ihres Alters oder wegen der Ähnlichkeit ihrer Fürsorge „Väter" genannt.

[1] vēnīre aus vēnum īre 'zum Verkauf gehen'

Parvō gaudēre mementō!	Denk daran, dich auch über Kleines zu freuen!

Der Ablativ des Grundes findet sich besonders bei Ausdrücken der Freude und Trauer:

gaudēre, laetārī	sich freuen (über)	laetus	froh (über)
glōriārī	sich rühmen (wegen)	maestus, trīstis	traurig (über)

Agricolae superbī sunt bonitāte agrōrum et frūctuum magnitūdine.	Bauern sind stolz auf die Güte ihrer Äcker und die Größe der Erträge.

2 Häufig ist der Ablativ des Grundes von einem PPP abhängig, das im Deutschen unübersetzt bleiben kann:

amōre adductus	aus Liebe	precibus permōtus	wegen der Bitten
metū coāctus	aus Furcht	īrā accēnsus	aus Zorn

3 Am häufigsten ist der Ablativ des Grundes in formelhaften Wendungen:

cōnsuētūdine	aus Gewohnheit	meō iūdiciō	meiner Meinung nach
iussū	auf Befehl	eō cōnsiliō	in der Absicht
nātūrā	von Natur aus	quā rē, quārē	weshalb; deswegen[1]
meā sponte	von mir aus,	quō	wodurch; dadurch[1]
(tuā sponte usw.)	freiwillig	eō	deshalb, daher

Nātūrā līberī sumus;	Von Natur aus sind wir frei;
eō omnēs lībertātem expetimus.	daher erstreben wir alle die Freiheit.
Suā sponte nēmō servit.	Freiwillig (von sich aus) dient niemand.

4 Die formelhaften Ablative causā und grātiā 'wegen, um ... willen' haben gewöhnlich einen Genitiv oder ein Possessivpronomen v o r sich:

exemplī grātiā	beispielsweise	honōris causā	ehrenhalber
tuā causā	deinetwegen, dir zuliebe	meā ipsīus causā	um meiner selbst willen

Quam multa nostrā causā facimus!	Wie vieles tun wir unsertwegen!
Nōn licet suī commodī grātiā nocēre alterī.	Man darf nicht um des eigenen Vorteils willen dem anderen schaden.

▷ Gründe werden auch durch Präpositionalausdrücke mit per, propter, ex und prae (mit Abl.) angegeben:

per valētūdinem	gesundheitshalber, wegen Krankheit

[1] am Satzanfang (bei relativem Satzanschluss): „deswegen, dadurch"

114 Ablativ der Beziehung und Ablativ des Maßes

Inīquum est commodō suō omnia mētīrī.	Es ist ungerecht, alle Dinge nach seinem eigenen Vorteil zu bemessen.

1 Der Ablativ der Beziehung (ablativus limitationis) dient zur Eingrenzung eines Begriffes (Frage: in welcher Beziehung? worin?). Er findet sich zumeist bei Verben des Beurteilens und Vergleichens:

mētīrī hominēs fortūnā	die Menschen nach ihrem Glück bemessen
superāre aliōs / praestāre aliīs } ingeniō	die anderen an Begabung übertreffen
excellere dignitāte	an Würde hervorragen
cēdere nūllī virtūte	niemandem an Tüchtigkeit nachstehen

Graecia Rōmānōs omnī litterārum genere superābat. — Griechenland übertraf die Römer in jeder Art von Wissenschaft.

Gallī omnēs linguā, īnstitūtīs, mōribus inter sē differunt. — Alle Gallier unterscheiden sich voneinander in Sprache, Einrichtungen und Sitten.

Der Ablativ der Beziehung steht auch bei einigen Nomina:

māior nātū, minor nātū	älter, jünger (bezüglich der Geburt)
verbō/nōmine, nōn rē līber	dem Namen nach, nicht tatsächlich frei
numerō duodecim	(der Anzahl nach) zwölf, zwölf an der Zahl

2 Homērus annīs multīs fuit ante Rōmulum.	Homer lebte viele Jahre vor Romulus.

Dem Ablativ der Beziehung kommt der Ablativ des Maßes (ablativus mensurae) in der Bedeutung nahe. Er steht vor allem bei Komparativen und gibt ein genaueres Ausmaß an (Frage: um wie viel?):

multō facilius	viel leichter
multīs partibus māior	um ein Vielfaches (um viele Teile) größer
aliquantō minor	beträchtlich, bedeutend kleiner
paulō ante – annō post	ein wenig früher – ein Jahr danach
nihilō minus	trotzdem, nichtsdestoweniger
quō brevius – eō melius / quantō brevius – tantō melius }	je kürzer – desto besser

Multō māiōra opera sunt animī quam corporis. — Viel größer sind die Leistungen des Geistes als des Körpers.

Quō quis est doctior, eō modestior esse solet. — Je gelehrter einer ist, umso bescheidener pflegt er zu sein.

▷ Der Ablativ des Maßes dient (wie der Akkusativ) auch zur Angabe einer Entfernung:
parī intervallō cōnsistere — sich im gleichen Abstand aufstellen

115 Ablativ der Begleitung und Ablativ der Art und Weise

Caelum mīrābilī (cum) celeritāte movētur.	Das Himmelsgewölbe bewegt sich mit erstaunlicher Schnelligkeit.

1 Der Ablativ der Begleitung (Soziativ), der gewöhnlich die Präposition **cum** bei sich hat, gibt Begleiterscheinungen eines Geschehens an:

Ōrātōrēs cum sevēritāte audiuntur, poētae cum voluptāte. (Cicero)	Redner hört man mit Ernst an, Dichter mit Vergnügen.

▷ Die Präposition cum kann fehlen, wenn das Substantiv ein Attribut bei sich hat:

summō (cum) studiō	mit höchstem Eifer
magnō cum perīculō	unter großer Gefahr
aber: cum cūrā dīligentiāque	mit Sorgfalt und Genauigkeit, sehr genau

2 Eunt annī mōre fluentis aquae.	Es gehen die Jahre dahin wie strömendes Wasser.

Aus dem Soziativ hat sich der Ablativ der Art und Weise (ablativus modi) herausgebildet. Er steht (ohne cum)

- bei Angabe einer Verfahrensweise:

eōdem modō	auf dieselbe Art	mōre māiōrum	wie die Vorfahren
similī ratiōne	auf ähnliche Weise	hāc condiciōne	} unter der Bedingung
nūllō pactō	auf keine Weise, überhaupt nicht	eā lēge	} unter der Bedingung

- bei Angabe eines körperlichen oder seelischen Zustandes:

capite dēmissō	mit gesenktem Haupt
nūdō corpore	mit ungeschütztem Körper
magnā vōce	mit lauter Stimme
aequō animō	mit Gleichmut, mit Gelassenheit

- in Wendungen, die fast zu Adverbien geworden sind:

iūre	mit Recht	meritō	verdientermaßen, zu Recht
iniūriā	zu Unrecht	silentiō	mit Schweigen, still
cāsū, forte	zufällig	voluntāte	mit Billigung
speciē – rē	scheinbar – tatsächlich	nōmine	im Namen, unter dem Gesichtspunkt

Cīvitās sine iūstitiā nūllō pactō esse potest.	Ein Gemeinwesen kann ohne Gerechtigkeit überhaupt nicht bestehen.
Aequō animō excipe necessāria!	Nimm Unvermeidliches mit Gelassenheit hin!

116 Ablativ der Beschaffenheit

Aristotelēs fuit vir summō ingeniō et scientiā.	Aristoteles war ein Mann von höchster Begabung und Wissensfülle.

Der Ablativ der Beschaffenheit (ablativus qualitatis) bezeichnet eine Eigenschaft oder Besonderheit. Deshalb hat er fast immer ein Adjektiv oder Pronomen bei sich; er kann sein:

- Prädikatsnomen:

bonō animō esse	guten Mutes sein, zuversichtlich sein
bonā valētūdine esse	bei guter Gesundheit sein
eōdem iūre esse	gleiche Rechtsstellung haben

- Attribut:

fīlius puerīlī aetāte	ein Sohn im Kindesalter
mōns magnā altitūdine	ein Berg von großer Höhe

Caesar fuit excelsā statūrā, colōre candidō, nigrīs oculīs.	Caesar hatte hohen Wuchs, helle Hautfarbe und schwarze Augen.
Multī hominēs excellentī animō ac virtūte erant sine doctrīnā.	Viele Menschen besaßen hervorragende Gesinnung und Tüchtigkeit (auch) ohne Ausbildung.

▷ Der Ablativ der Beschaffenheit ist gleichbedeutend mit dem Genitiv der Beschaffenheit (↗ 103):

vir mediocrī ingeniō, sed multae industriae	ein Mann von mittlerer Begabung, aber großem Fleiß

DER ABLATIV ALS LOKATIV

117 Ablativ des Ortes

Rōmae nātus sum.	In Rom bin ich geboren.

1 Der **Lokativ** war ursprünglich ein eigener Kasus mit der Singularendung **-ī**. Er gibt einen Ort an (Frage: wo?). Erhalten ist er noch

- in folgenden Wörtern und Wendungen:

domī	zu Hause, im Haus	domī bellīque	im Krieg und
rūrī	auf dem Land	domī mīlitiaeque	im Frieden
humī	auf dem Boden		

- bei Eigennamen von Städten, Dörfern und kleinen Inseln auf **-a, us, um** im Singular. Lautlich ist er mit dem Genitiv zusammengefallen:

Rōmae (altlat. Rōmāi)	in Rom
Corinthī, Saguntī, Dēlī	in Korinth, Sagunt, auf Delos

Rōmae nihil pūblicē sine auspiciīs nec domī nec mīlitiae gerēbātur.	In Rom wurde öffentlich nichts ohne Auspizien durchgeführt, weder im Frieden noch im Krieg.

2 Die Funktion des Lokativs hat in den übrigen Fällen der **Ablativ des Ortes** (ablativus loci) übernommen:

Athēnīs, Delphīs, Salamīne	in Athen, in Delphi, auf Salamis
Ut Rōmae cōnsulēs, sīc Carthāgine quotannīs bīnī rēgēs creābantur.	Wie in Rom Konsuln, so wurden in Karthago alljährlich zwei Könige gewählt.

Sonst steht der Ablativ des Ortes häufig

- bei dem Wort **locus** in der Verbindung mit einem Attribut:

omnī locō	an jedem Ort	inīquō, aliēnō locō	an ungünstiger Stelle
suō locō	am rechten Platz	obsidum locō	(statt) als Geiseln

- bei Ortsangaben mit den Adjektiven **tōtus** oder **omnis**:

tōtā urbe	in der ganzen Stadt	tōtīs castrīs	im ganzen Lager

- in einigen Wendungen:

terrā marīque	zu Wasser und zu Lande	dextrā (manū)	zur Rechten, rechts
		sinistrā, laevā	zur Linken, links
viā Appiā īre	auf der Via Appia gehen	rēctā (viā)	in gerader Richtung, geradeaus

Im Allgemeinen hat sich bei Ortsangaben, besonders bei Ländernamen, der Ablativ mit Präposition durchgesetzt:

in Graeciā, in Siciliā	in Griechenland, in Sizilien
in urbe Rōmā	in der Stadt Rom
Graeca leguntur in omnibus ferē gentibus. (Cicero)	Griechisches liest man bei fast allen Völkern.

3 Cōnsīdāmus hīc in umbrā! — Setzen wir uns hierher in den Schatten!

Bei den Verben der Bedeutungsfelder 'setzen, legen' und 'zurechnen' wird im Lateinischen die Ruhelage angegeben (Frage: wo?), im Deutschen hingegen die Richtung (Frage: wohin?):

in terrā pōnere, collocāre	auf die Erde legen, setzen, stellen
in virtūte spem pōnere	auf die Tüchtigkeit seine Hoffnung setzen
aliquid in malīs dūcere, pōnere	etwas zu den Übeln rechnen
in hostium numerō habēre	als Feinde betrachten, behandeln
Herculem fāma in conciliō caelestium collocāvit.	Den Herkules hat die Sage in die Göttergemeinschaft versetzt.
Nē in praemiīs hūmānīs spem posueris!	Setz deine Hoffnung nicht auf irdische Belohnungen!

118 Ablativ der Zeit

Rōma nōn ūnō diē exstrūcta est.	Rom ist nicht an einem einzigen Tag erbaut worden.

1 Der Ablativ der Zeit (ablativus temporis) ist wohl aus dem Ablativ des Ortes hervorgegangen. Er ist Adverbiale der Zeit (Frage: wann?):

initiō, prīncipiō	am Anfang, anfangs
sōlis ortū – sōlis occāsū	bei Sonnenaufgang – bei Sonnenuntergang
prīmā lūce – multā nocte	bei Tagesanbruch – in tiefer Nacht
superiōre nocte – posterō diē	in der letzten Nacht – am folgenden Tag
memoriā patrum – memoriā nostrā	zur Zeit der Vorfahren – in unserer Zeit
suō tempore – suō annō	zur rechten Zeit – im gesetzlichen Alter

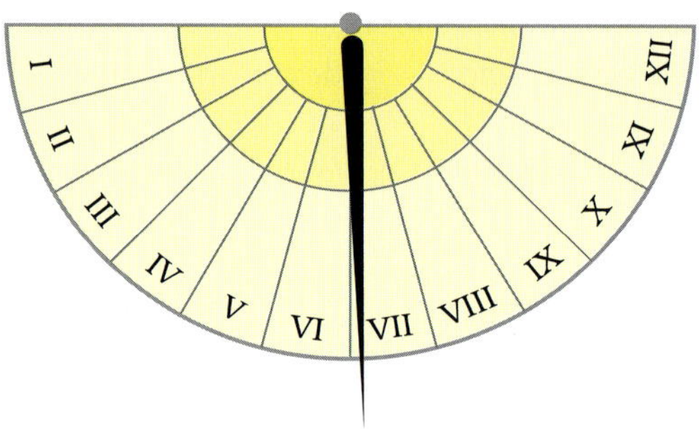

meridiē

Bellum pīrātārum Pompēius extrēmā hieme apparāvit, ineunte vēre suscēpit, mediā aestāte cōnfēcit.	Den Krieg gegen die Seeräuber hat Pompeius am Ende des Winters vorbereitet, bei Frühlingsbeginn unternommen und in der Mitte des Sommers beendet.

2 Der Ablativ der Zeit steht auch zur Angabe einer Zeitspanne (Frage: in welcher Zeit?):

paucīs diēbus	in wenigen Tagen, innerhalb weniger Tage
bīduō – trīduō	in zwei Tagen – in drei Tagen

Iovis stēlla duōdecim signōrum orbem annīs duōdecim cōnficit.	Der Planet Jupiter durchläuft die zwölf Tierkreiszeichen in zwölf Jahren.

- Der Ablativ mit der Präposition **in** bezeichnet längere Zeiträume oder Zustände:

in rēbus secundīs – in rēbus adversīs	im Glück – im Unglück
in pāce – in bellō	in Friedenszeiten – im Krieg

- Der Ablativ mit der Präposition ā / ab bezeichnet einen ablaufenden Zeitraum:

ā pueritiā, ā puerīs	von Kindheit an, seit der Jugendzeit
ab urbe conditā	seit Gründung der Stadt (Rom)

▷ Zeitrechnung und Kalender: Anhang S. 211 f.

119 Übersicht: Funktionen und Bedeutungen der Kasus

Kasus		Funktion	Bedeutung	Beispiele	
Akkusativ		Objekt	Ergänzung	(ad)iuvāre amīcum	dem Freund helfen
		"		miserārī fortūnam	über das Schicksal jammern
		Objekte	Ergänzungen	aliquem litterās docēre	jemand die Schrift lehren
		Objekt und Prädikatsn.	Bezeichnung	aliquem beātum dūcere	jemand für glücklich halten
		inneres Obj.	Verbinhalt	id dubitāre	daran zweifeln
		Adverbiale	Abstufung	multum nocēre	sehr schaden
		"	Ausdehnung	decem pedēs longus	zehn Fuß lang
		"	Richtung	Rōmam proficīscī	nach Rom reisen
Dativ		Objekt	Ergänzung	cīvibus prōdesse	den Bürgern nützen
		"	"	litterīs studēre	sich um die Wissenschaft mühen
		"	Vorteil	salūtī prōvidēre	für das Wohl sorgen
		Prädikatsn.	Besitzangabe	mihi librī sunt	ich habe Bücher
		"	Zweck	ūsuī esse	zum Nutzen sein, Nutzen bringen
Genitiv		Attribut	Bestimmung	status cīvitātis	die Verfassung des Staates
		"	gen. subi.	cōnsēnsus omnium	die Übereinstimmung aller
		"	gen. obi.	metus perīculī	die Furcht vor der Gefahr
		"	Teilverhältnis	multum operae	viel Mühe
		"	Beschaffenheit	eius modī rēs	Dinge (von) dieser Art
		Prädikatsn.	Zugehörigkeit	alicuius esse	jemands Eigentum/Sache sein
		"	Wertangabe	magnī/parvī esse	viel/wenig wert sein
		Objekt	Ergänzung	cupidus glōriae	begierig nach Ruhm
		"	"	beneficiī meminisse	sich einer Wohltat erinnern
		"	"	omnium interest	es ist für alle wichtig
		"	Strafsache	sceleris accūsāre	eines Verbrechens anklagen
Ablativ	Separativ		Ausgangspunkt	Rōmā discēdere	von Rom weggehen
			Trennung	spē carēre	die Hoffnung entbehren
		Adverbiale	Vergleich	sonitū velōcior	schneller als der Schall
	Instrumentalis	Adverbiale	Mittel	vī repellere	mit Gewalt zurückschlagen
		"	"	honōribus afficere	mit Ehren auszeichnen
		Objekt	"	exemplō ūtī	ein Beispiel gebrauchen
		Adverbiale	Preisangabe	magnō/parvō cōnstāre	viel/wenig kosten
		"	Grund	mūnere gaudēre	sich über ein Geschenk freuen
		"	Beziehung	fortūnā mētīrī	nach dem Glück bemessen
		"	Ausmaß	multō facilius	viel leichter
		"	Begleitung	(cum) summō studiō	mit höchstem Eifer
		"	Art und Weise	mōre māiōrum	nach Art der Vorfahren
		Prädikatsn.	Beschaffenheit	bonō animō esse	guten Mutes sein
	Lokativ	Adverbiale	Ortsangabe	Rōmae/tōtā urbe	in Rom/in der ganzen Stadt
		"	Zeitangabe	ortū sōlis	bei Sonnenaufgang

NOMINALFORMEN DES VERBS ALS SATZGLIEDER

Vom Stamm des Verbs werden – ähnlich wie im Deutschen – auch Formen gebildet, bei denen **Person** und **Modus** usw. **nicht bestimmt** sind; daher nennt man diese Formen **infinite** Formen (↗ 45). Es sind dies:

Infinitiv	•	nd-Formen	•	Partizip	•	Supin

Die infiniten Formen können Satzgliedstellen (Subjekt, Objekt, Adverbiale) füllen. Sie lassen sich im Lateinischen oft durch Gliedsätze ersetzen und im Deutschen durch einen Gliedsatz wiedergeben; damit haben sie den Wert von Sätzen und gelten daher als **satzwertige Konstruktionen**, z. B.

Librōs legentēs (Partizip)
Librōs legendō / Librīs legendīs (nd-Form)
Cum librōs legimus, (Gliedsatz)
– discimus. Wenn wir Bücher lesen, lernen wir.

Der Infinitiv[1]

Der lateinische Infinitiv erscheint in drei verschiedenen Konstruktionen:

1. als bloßer Infinitiv:	Legere iuvat.	Lesen macht Freude.
2. im AcI:	Videō tē legere.	Ich sehe dich lesen.
3. im NcI (Verb im Passiv):	Legere vidēris.	Du scheinst zu lesen.

Der bloße Infinitiv kann Subjekt oder Objekt sein.

120 Der Infinitiv als Subjekt

Iuvat meminisse.	Es macht Freude, sich zu erinnern.

1 Der Infinitiv kann Subjekt sein bei unpersönlichen Prädikaten, d. h. bei Prädikaten, die kein Nomen (keine Person oder Sache) als Subjekt haben.

Häufige unpersönliche Ausdrücke sind:

decet	es schickt sich, es gehört sich
licet	es ist erlaubt, man darf
oportet	es gehört sich, man muss
praestat	es ist besser
iuvat (mē)	es erfreut (mich), macht (mir) Freude
placet mihi	es gefällt mir, ich finde für gut, beschließe
interest/rēfert	es ist von Interesse, es ist wichtig (↗ 106.3)
fās est	es ist erlaubt, es ist recht
difficile est	es ist schwer, schwierig
necesse est	es ist nötig, unausweichlich

[1] Zur Bildung und Bedeutung der Infinitive s. die Tabelle bei den Verbformen (↗ 52).

2 Der Infinitiv gilt als Neutrum:

Errāre hūmānum est.	Irren ist menschlich.

3 Der Infinitiv kann auch erweitert sein:

Iuvat integrōs accēdere fontēs et haurīre. (Lukrez)	Es macht Freude, an reine Quellen zu treten und zu trinken.

- Beim Subjektsinfinitiv mit esse/fierī steht das Prädikatsnomen im Akkusativ:
  Interdum praestat servum quam dominum esse. — Manchmal ist es besser, Diener statt Herr zu sein.
- Bei licet esse/fierī steht das Prädikatsnomen im Dativ (Kasusangleichung):
  Licet tibi quiētō esse. — Du darfst beruhigt sein.

121 Der Infinitiv als Objekt

Aut prōdesse volunt aut dēlectāre poētae. (Horaz)	Die Dichter wollen entweder nützen oder unterhalten.

Der Infinitiv kann die Stelle des Akkusativobjekts einnehmen:

Omnēs vīvere volunt.	Alle wollen leben.
Omnēs id volunt.	Alle wollen das.

Der Objektsinfinitiv steht vor allem bei den Verben des **Könnens, Wollens** und **Sollens**:

posse	können	dēbēre	müssen
(ne)scīre	(nicht) verstehen, wissen	docēre	lehren, aufzeigen
iubēre	beauftragen, befehlen	discere	lernen
studēre	sich bemühen	meminisse	gedenken, daran denken
contendere	sich anstrengen	dubitāre	Bedenken tragen
incipere	beginnen	cōnstituere	beschließen
parāre	vorhaben	dēcernere	beschließen
dēsinere	ablassen, aufhören	cūnctārī	zögern
audēre	wagen	cōnārī	versuchen
solēre	pflegen, gewohnt sein	cōnsuēvisse	(etwas) gewöhnlich (tun)
velle/nōlle	wollen/nicht wollen	mālle	lieber wollen
cupere	begehren, wünschen	verērī	sich scheuen

Vincere scīs, Hannibal, victōriā ūtī nescīs.	Zu siegen verstehst du, Hannibal, doch den Sieg zu nützen verstehst du nicht.
Cōnsul lictōrēs accēdere iussit.	Der Konsul befahl den Liktoren herzutreten.
Rūrī esse soleō (cōnsuēvī).	Ich bin gewöhnlich auf dem Lande.

▷ 1 Das Prädikatsnomen beim Objektsinfinitiv steht im Nominativ:
Omnēs beātī esse volunt. — Alle wollen glücklich sein.

2 Nach den meisten Verben des Wünschens und Begehrens (wie optāre, imperāre) steht kein Infinitiv, sondern ein Begehrsatz mit **ut** (↗ 163).

122 Der Akkusativ mit Infinitiv (AcI)

Videō tē legere.	Ich sehe, dass du liest.

1 Funktion des AcI

Aussagen und Wahrnehmungen werden als Objekte im Deutschen meist durch einen Gliedsatz (mit oder ohne „dass“) ausgedrückt; gelegentlich erscheinen sie auch als Infinitivkonstruktionen:

Ich sehe, dass du liest. Ich sehe, du liest.	Ich sehe dich lesen.

Infinitivkonstruktionen dieser Art sind im Lateinischen sehr häufig. Sie stehen fast regelmäßig nach drei Gruppen von Verben:

- Verben des Sagens (verba dicendi),
- Verben des sinnlichen oder geistigen Wahrnehmens (verba sentiendi) und
- Verben der Gefühlsäußerung (verba affectūs).

Dīcō tē vincere. Ich sage, dass du siegst. Ich sage, du siegst.	**Videō tē vincere.** Ich sehe, dass du siegst. Ich sehe dich siegen.	**Gaudeō tē vincere.** Ich freue mich, dass du siegst.
Verbum dicendi	Verbum sentiendi	Verbum affectūs

Solche Infinitivkonstruktionen enthalten stets eine Aussage, z. B. „Du siegst.“

Sie haben zumindest ein Subjekt (tē) und ein Prädikat (vincere); sie sind also **satzwertig**. Das Subjekt dieser Konstruktion steht im Akkusativ, das Prädikat im Infinitiv; daher nennt man sie **accusativus cum infinitivo** (AcI).

2 Der Infinitiv im AcI kann erweitert werden:

Videō tē in certāmine vincere.	Ich sehe, dass du im Wettkampf siegst.
Stoicī crēdunt mundum ā deō creātum esse.	Die Stoiker glauben, dass die Welt von Gott erschaffen worden ist.

Alle Ausdrücke, die in einem Satz mit finitem Verb im Nominativ stehen würden (Attribute, Appositionen, Prädikatsnomen, Prädikativum), erscheinen hier im Akkusativ:

Cōnstat Menēnium Agrippam, Gāī fīlium et plēbī cārum, fācundum virum fuisse.	Es ist bekannt, dass Menenius Agrippa, der Sohn des Gaius und Liebling des Volkes, ein redegewandter Mann war.

3 Die verschiedenen Infinitive im AcI

Im AcI gibt der Infinitiv an, ob ein Ereignis gegenüber dem Hauptverb gleichzeitig, vorzeitig oder nachzeitig ist (vgl. 133). Nachzeitige (zukünftige) Handlungen stehen – anders als im Deutschen – regelmäßig im Infinitiv Futur.
Die Diathese (Aktiv oder Passiv) wird durch den jeweiligen Infinitiv Aktiv oder Passiv ausgedrückt:

a) Aktiv:

Servus nūntiat convīvās			Der Sklave meldet, dass die Gäste
iam domō **exīsse,**	Inf. Perf.:	vorzeitig	schon aus dem Haus gegangen sind,
nunc **advenīre,**	Inf. Präs.:	gleichzeitig	jetzt (im Moment) ankommen und
mox **cēnātūrōs esse.**	Inf. Fut.:	nachzeitig	bald speisen werden.

b) Passiv:

Servus nūntiat convīvās			Der Sklave meldet, dass die Gäste
herī **vocātōs esse,**	Inf. Perf.:	vorzeitig	gestern eingeladen wurden,
nunc **exspectārī,**	Inf. Präs.:	gleichzeitig	jetzt erwartet werden und
mox **salūtātum īrī.**	Inf. Fut.:	nachzeitig	bald begrüßt werden.

123 Pronomina im AcI

Die Nominative der Personalpronomina für die 1. und 2. Person stehen im Hauptsatz gewöhnlich nur, wenn sie hervorgehoben sind. Im AcI hingegen erscheinen sie s t e t s ; sie stehen im Akkusativ:

Aussage	Hauptsatz	Cōnstat mit AcI:
Ich schreibe gern.	Libenter scrībō.	Cōnstat **mē** libenter scrībere.
Du arbeitest gut.	Bene labōrās.	Cōnstat **tē** bene labōrāre.
Wir speisen abends.	Vespere cēnāmus.	Cōnstat **nōs** vespere cēnāre.
Ihr kommt zu spät.	Sērō venītis.	Cōnstat **vōs** sērō venīre.

Wenn sich das Personal- oder Possessivpronomen der 3. Person (Singular und Plural) auf das Subjekt des Satzes rückbezieht, so steht im AcI das Reflexivpronomen:

Rūsticus: „Semper labōrō."

Rūsticus	dīcit	sē	semper labōrāre.
Der Bauer	sagt, dass	er	immer arbeite(t).
Der Bauer	sagt,	er	arbeite immer.

In den anderen Fällen steht das Demonstrativpronomen:
Vīcīnī **eum** semper labōrāre sciunt. — Die Nachbarn wissen, dass er immer arbeitet.

124 Der AcI als Objekt

Der AcI nimmt im Satz am häufigsten die Stelle des Objekts ein. Er steht nach:

1 Verba dicendi

Dīcis carmina mea tibi placēre. — Du sagst, dass dir meine Gedichte gefallen.

Häufige Verba dicendi sind:

dīcere	sagen	narrāre	erzählen
docēre	lehren, unterrichten	contendere	behaupten
negāre	bestreiten; behaupten, dass nicht	simulāre	vorgeben; so tun, als ob
trādere	überliefern	scrībere	schreiben
nūntiāre	melden	certiōrem facere	informieren
iubēre	befehlen	sinere	zulassen
vetāre	verbieten	minārī	drohen
concēdere	zugestehen	cōnfitērī	gestehen, bekennen
prōmittere	versprechen	iūrāre	schwören
persuādēre[1]	überzeugen	mihi persuāsum est	ich bin überzeugt
fāma est	man sagt	ferunt	man sagt

Nēmō negat nōs mortālēs esse. — Niemand bestreitet, dass wir sterblich sind.
Mihi persuāsum est rem sē ita habēre. — Ich bin überzeugt, dass sich die Sache so verhält.

Senātus certior factus est exercitum cōnsulis victum esse. — Der Senat wurde darüber informiert, dass das Heer des Konsuls geschlagen sei.
Alter cōnsul prōmīsit sē rem pūblicam servātūrum esse. — Der andere Konsul versprach, er werde den Staat retten.

[1] Aber: persuādēre, ut (Begehrsatz) bedeutet 'dazu überreden, dass' (↗ 163.2).

2 Verba sentiendi

Sciō mē nihil scīre. (Sokrates) — Ich weiß, dass ich nichts weiß.

audīre	hören	animadvertere	wahrnehmen
vidēre	sehen	intellegere	einsehen, verstehen
scīre	wissen	cognōscere	erkennen
ignōrāre	nicht wissen	tenēre	im Gedächtnis behalten
exīstimāre	schätzen, meinen	arbitrārī	meinen, glauben
putāre	meinen, glauben	crēdere	glauben
sentīre	fühlen, meinen	spērāre	hoffen

Līberum mē esse arbitror. (Plautus)	Ich meine, ich bin ein freier Mann.
Spērō amīcitiam nostram testibus nōn egēre. (Cicero)	Ich hoffe, dass unsere Freundschaft keine Zeugen braucht.
Cognōvī atque intellēxī atque arbitror rem pūblicam industriē gerere summum perīculum esse. (Cato über die Risiken eines Politikers)	Ich habe erkannt, verstanden und glaube, dass es höchst gefährlich ist, Politik mit vollem Einsatz zu treiben.

3 Verba affectūs[1]

Gaudeō tē vēnisse. — Ich freue mich, dass du gekommen bist.

dolēre	Schmerz empfinden	gaudēre, laetārī	sich freuen
indignārī	sich empören, entrüsten		
mīrārī	sich wundern	querī	sich beklagen

Doleō tē nōn valēre.	Es tut mir leid, dass du nicht gesund bist.
In Pompēiō tē spem pōnere nōn mīror. (Cicero an seinen Freund Atticus)	Dass du auf Pompeius Hoffnung setzt, (darüber) wundere ich mich nicht.

125 Der AcI als Subjekt

Legem brevem esse oportet. — Ein Gesetz soll kurz sein.

Der AcI füllt die Stelle des Subjekts bei unpersönlichen Ausdrücken:

cōnstat	es steht fest, ist bekannt	appāret	es zeigt sich, ist klar
oportet	es gehört sich, man muss, soll	necesse est	es ist notwendig, unausweichlich

Cōnstat ad salūtem cīvium inventās esse lēgēs.	Es steht fest, dass die Gesetze zum Wohle der Bürger erfunden worden sind.
Necesse est minima māximōrum esse initia.	Es ist notwendig, dass die Anfänge der größten Dinge ganz klein sind.

[1] Nach den Verba affectūs steht im Lateinischen oft auch ein quod-Satz (↗ 162.1):
Gaudeō, quod vēnistī. Ich freue mich, dass du gekommen bist.

126 Die Übersetzung des AcI

1 Wiedergabemöglichkeiten des AcI

Die Wiedergabe des AcI durch einen deutschen dass-Satz wirkt gelegentlich schwerfällig; dann empfiehlt sich eine andere Übersetzung:

Cicerō iam ante Homērum poētās fuisse putat.

a) Cicero glaubt, dass es schon vor Homer Dichter gegeben hat.	dass-Satz
b) Cicero glaubt, es hat schon vor Homer Dichter gegeben.	Gliedsatz ohne dass
c) Cicero glaubt, es habe schon vor Homer Dichter gegeben.	Gliedsatz im Konjunktiv
d) Schon vor Homer hat es, wie Cicero glaubt, Dichter gegeben.	Parenthese (Einschub)
e) Nach Ansicht Ciceros hat es schon vor Homer Dichter gegeben.	Präpositional-ausdruck

- Bei gleichem Subjekt bietet sich die Übersetzung mit einem Infinitiv an:

Custōs dīxit sē nihil audīvisse.	Der Wächter behauptete, nichts gehört zu haben.

- Manche lateinische Verben erlauben die Übersetzung durch ein Adverb:

cōnstat	bekanntlich	putō	vermutlich, wohl
appāret	offenbar, deutlich	spērō	hoffentlich

Appāret vōs multa didicisse.	Ihr habt offenbar vieles gelernt.
Spērō tē brevī reditūrum esse.	Hoffentlich kommst du in Kürze zurück.

2 Wiedergabe der Zeitverhältnisse im AcI

Vorzeitigkeit des AcI **muss** bei der Übersetzung stets wiedergegeben werden:

Servus nūntiat convīvās domum iam intrāvisse.	Der Sklave meldet, dass die Gäste das Haus schon betreten haben (hätten).

Gleichzeitigkeit wird entsprechend wiedergegeben. Wenn aber das finite Verb im Präteritum steht, kann der Inf. Präs. des AcI mit Präsens o d e r Präteritum übersetzt werden:

Servus vīdit convīvās venīre.	Der Sklave sah, dass die Gäste kamen (oder: kommen).

Nachzeitigkeit (besonders nach Verben des Hoffens und Schwörens) wird nur selten wiedergegeben:

Imperātor spērat (spērāvit) mīlitēs salvōs reditūrōs esse.	Der Feldherr hofft (hoffte), dass seine Soldaten heil zurückkommen.
Sciō tē mox in urbe fore.	Ich weiß, dass du bald in der Stadt bist (sein wirst).

3 Auslassungen im AcI

Gelegentlich müssen für die Wiedergabe Wörter (meist esse) ergänzt werden:

Omnia ā tē mihi data <esse> putābō. (Cicero an seinen Freund und Sekretär Tiro)	Ich will glauben, dass mir von dir alles gegeben worden ist.
Mementō <tē> morī. (Ermahnung an den römischen Triumphator)	Denke daran, dass du sterben musst!

4 Mehrdeutigkeit des AcI

In einem Satz mit AcI können Akkusative gelegentlich mehrdeutig sein:

Aiō tē, Aiacidā, Rōmānōs vincere posse. (zweideutiger Orakelspruch für König Pyrrhos)
Ich sage,

a) dass du, Nachkomme des Aiakos, die Römer besiegen kannst. (tē ist Subjekt)
b) dass dich, Nachkomme des Aiakos, die Römer besiegen können. (tē ist Objekt)

In ähnlichen Fällen entscheiden Sinn und Zusammenhang des Satzes.

- Zum Irrealis im AcI, dem Irrealis in der Abhängigkeit, ↗ 177.2.
- Zur indirekten Rede (oratio obliqua) ↗ 188.

127 Der Nominativ mit Infinitiv (NcI)

1 Beim Passiv einiger Verba dicendi und sentiendi steht (anstelle eines AcI) der Nominativ mit Infinitiv (nominativus cum infinitivo, NcI).

Servī dominum aegrum esse putant. Ā servīs domin**us** aeg**er** esse putā**tur**.	Die Sklaven glauben, dass der Herr krank sei. Von den Sklaven wird geglaubt, dass der Herr krank sei. Von den Sklaven wird der Herr für krank gehalten.

Homērus caecus fuisse dīcitur.
Homer soll blind gewesen sein.
Homer war angeblich blind.

Der NcI steht vor allem

- beim Passiv folgender Verba dicendi und sentiendi:

dīcor	man sagt, dass ich – ich soll – angeblich
videor	ich scheine – offensichtlich
putor, exīstimor	man glaubt von mir, dass ich
trāditur, fertur	es wird überliefert, dass – der Überlieferung nach – angeblich

- beim Passiv von Verben der Willensäußerung wie:

sinor	man gestattet mir – mir wird erlaubt – ich darf
prohibeor, vetor	man verbietet mir – mir wird verboten – ich darf nicht
iubeor	man befiehlt mir – ich muss – ich soll
cōgor	man zwingt mich – ich muss

2 Bei der Übersetzung empfiehlt sich die Wiedergabe mit Adverbien, Parenthesen (Einschüben) oder mit „sollen“:

Quī tacet, cōnsentīre vidētur.	Wer schweigt, stimmt offensichtlich zu.
Thalēs prīmus dēfectiōnem sōlis praedīxisse fertur. (Cicero)	Thales soll als Erster eine Sonnenfinsternis vorhergesagt haben. Thales hat, so wird überliefert, (hat angeblich) als Erster eine Sonnenfinsternis vorhergesagt.
Sabīnus iussus arma abicere imperātum facit. (Caesar)	Sabinus, dem befohlen war, seine Waffen abzulegen (der seine Waffen ablegen sollte), führt den Befehl aus.

▷ coepisse ‘begonnen zu haben’ bildet im NcI ein Passiv, wenn das Verb der Handlung im Passiv steht:
Pōns īnstituī coeptus est. (Caesar) — Man begann, eine Brücke zu konstruieren.

Puer ā custōde tabernam intrāre prohibētur.
Der Junge wird vom Wächter daran gehindert, die Taberne zu betreten.

Puer forīs manēre cōgitur.
Der Junge wird gezwungen, draußen zu bleiben.

Die nd-Formen: Gerund und Gerundiv

Die sog. nd-Formen Gerund(ium) und Gerundiv(um) sind im Lateinischen sehr häufig. Weil entsprechende Formen im Deutschen fehlen, müssen sie bei der Übersetzung meist umschrieben werden.

128 Das Gerund: der deklinierte Infinitiv

ars pingendī
die Kunst des Malens
die Kunst zu malen

1 Das Gerund: Grundlagen

Der Infinitiv gibt zwar Person, Numerus und Modus nicht an, er kann aber wie ein Nomen dekliniert werden:

„Das Wandern ist des Müllers Lust."	(Nominativ)
Die Mühen des Wanderns haben uns erschöpft.	(Genitiv)
Dem Wandern widmen wir viele Tage des Jahres.	(Dativ)
Wir freuen uns auf das Wandern.	(Akkusativ)

Auch das Englische kennt solche Konstruktionen:

These boots are made for walking.	Diese Schuhe sind fürs Wandern gemacht.

2 Die Kasus des lateinischen Infinitivs werden durch nd-Formen ausgedrückt.

Die deklinierte Form des Infinitivs Präsens Aktiv heißt **Gerund(ium)**.[1]
Vom Gerund können außer dem Nominativ alle Kasus gebildet werden:

Genitiv:	ars leg**endī**	die Kunst des Lesens
Dativ:	leg**endō** (studēmus)	(wir widmen uns) dem Lesen
ad m. Akk.:	ad leg**endum** (parātī sumus)	(wir sind bereit) zum Lesen
Abl.:	leg**endō** (discimus)	durch Lesen (lernen wir)

Ad agendum nātī sumus.	Wir sind zum Handeln geboren.
Hominis mēns alitur discendō et cōgitandō.	Der menschliche Geist wird durch Lernen und Denken gefördert.
Fīliī multōrum nōbilium ērudiendī causā Athēnās mittēbantur.	Die Söhne vieler Adligen wurden um der Erziehung willen (zur Erziehung) nach Athen geschickt.

▷ Das Gerund der Deponentien wird ebenso gebildet (↗ 53.4):
Exemplum dedit ad imitandum. — Er hat ein Beispiel zum Nachahmen gegeben.

[1] von gerere 'ausführen'; gerundī ist eine alte Nebenform zu gerendī.

3 Erweiterungen des Gerunds

ars nāvigium pingendī	die Kunst, ein Schiff zu malen

Das Gerund kann durch ein Objekt oder durch Adverbien erweitert sein. Übersetzt wird diese Konstruktion durch den Infinitiv mit „zu" oder einen Gliedsatz:

ars epistulam bonam scrībendī	die Kunst, einen guten Brief zu schreiben
Cupidus sum tē videndī.	Ich bin begierig, dich zu sehen.
Potestās epistulam prius mittendī nōn fuit.	Es gab keine Gelegenheit, den Brief früher zu schicken.
Iniūriās ferendō māiōrem laudem quam ulcīscendō merēris. (Cicero)	Dadurch, dass man Unrecht erträgt, verdient man größeres Lob als dadurch, dass man sich rächt.

129 Das Gerundiv(um): ein Verbaladjektiv

ars nāvigiī pingendī	die Kunst, ein Schiff zu malen

Objekt und nd-Form sind einander oft angeglichen; diese **kongruent** gebrauchte nd-Form heißt **Gerundiv(um)**:

ars	nāvigium	pingendī	→	ars	nāvigiī	pingendī
ars	nāvem	pingendī	→	ars	nāv**is**	pingend**ae**
	Akk.-Objekt	Gerund			Gerundiv	
				Objekt und nd-Form angeglichen		

Das Gerundiv ist somit ein **Verbaladjektiv**. Meist bildet es den Kern der nd-Konstruktion und ist im Deutschen kein Attribut. Dies muss bei der Übersetzung (z. B. durch den Infinitiv mit „zu" oder durch eine Nominalkonstruktion) deutlich werden:

Comitia decemvirīs creandīs indicta sunt.	Die Versammlung für die Wahl der Dezemvirn wurde angekündigt.
Plēbs Rōmāna ad creandōs magistrātūs convēnit.	Die römische Plebs kam zur Wahl der Beamten zusammen.
Agitur dē pāce faciendā.	Man verhandelt darüber, Frieden zu schließen (über den Friedensschluss).
Nātūra cupiditātem ingenuit hominī vērī videndī. (Cicero)	Die Natur hat im Menschen das Verlangen angelegt, das Wahre zu sehen.

▷ 1 Die Deponentien ūtī, fruī, fungī und potīrī, deren Objekte sonst im Ablativ stehen, werden im Gerundiv wie transitive Verben gebraucht:

in voluptātibus fruendīs	beim Genuss von Vergnügungen

2 Wenn ein Personalpronomen Objekt der nd-Form im Genitiv ist, erscheint es nur in der reflexiven Form auf -ī (meī, tuī, suī usw.):

Da mihi cōpiam tuī videndī, puella!	Gib mir eine Gelegenheit, dich zu sehen, Mädchen!
Lēgātī suī excūsandī causā vēnērunt.	Die Gesandten kamen, um sich zu entschuldigen.

130 Gerundiv mit esse: „müssen“

Pacta sunt servanda.	Verträge sind einzuhalten, müssen eingehalten werden.

1 In Verbindung mit esse bedeutet das Gerundiv, dass etwas zu geschehen hat, d.h. geschehen muss oder soll. Es hat dabei **passive** Bedeutung:

Patria amanda est.	Die Heimat soll geliebt werden.
Cēterum cēnseō Carthāginem esse dēlendam. (Cato)	Im Übrigen bin ich der Meinung, dass Karthago zerstört werden muss.
Nach einem mathematischen Beweis: Quod erat dēmōnstrandum.	Was zu beweisen war. Was bewiesen werden musste.

2 Der **unpersönliche Gebrauch** des Gerundivs ist häufig:

Nunc est bibendum! (Horaz)	Jetzt muss getrunken werden! Jetzt muss man trinken!
Oblīvīscendum est iniūriārum.	Man muss Beleidigungen vergessen.

3 Das **verneinte Gerundiv** kann mit **„nicht dürfen“** wiedergegeben werden:

Hoc crēdendum nōn est.	Das darf man nicht glauben.

Dissipātiō pecūniae pūblicae ferenda nōn est. (Cicero)	Die Verschwendung öffentlichen Geldes ist nicht zu dulden, darf nicht geduldet werden.
Illa, quae Rōmānī nātūrā, nōn litterīs assecūtī sunt, neque cum Graeciā neque ūllā cum gente sunt cōnferenda. (Cicero)	Das, was die Römer von Natur aus, nicht durch die Wissenschaft erreicht haben, darf man weder mit Griechenland noch mit einem anderen Volk vergleichen.

Hic liber vōbīs legendus est.
Dieses Buch müsst ihr lesen!

4 Der Dativ beim Gerundiv bezeichnet die Person, von der etwas getan werden **muss** (dativus auctoris ↗ 97.2):

Hoc vōbis faciendum est.	Dies ist von euch zu tun. Dies müsst ihr tun.
Dīligentia nōbis adhibenda est.	Wir müssen Sorgfalt anwenden.
Hominī semper discendum est.	Der Mensch muss immer lernen.

5 Wenn die Form von esse fehlt, ergibt sich die „Muss-Bedeutung" des Gerundivs nur aus dem Zusammenhang:

Quīdam sōlōs veterēs auctōrēs legendōs (esse) putant.	Manche Leute glauben, man solle nur alte Autoren lesen.
Haec rēs mihi nōn tacenda vidētur.	Diese Angelegenheit darf, so scheint mir, nicht verschwiegen werden.

▷ In einigen **Wendungen** ist das Gerundiv **attributiv** gebraucht:

industria laudanda	ein zu lobender Fleiß; lobenswerter Fleiß
mōnstrum horrendum	ein furchtbares Ungeheuer; ein Ungeheuer, vor dem man sich fürchten muss
mūtātīs mūtandīs	mit Änderung dessen, was zu ändern ist; mit den entsprechenden Änderungen

6 Finale (prädikative) Verwendung des Gerundivs

Hunc librum tibi legendum dō.	Dieses Buch gebe ich dir zum Lesen.

In Verbindung mit Verben des Gebens, Schickens, Überlassens ist das Gerundiv prädikativ gebraucht und bezeichnet einen bestimmten Zweck der Handlung:

Mercātor mulierī vestem probandam dedit.	Der Kaufmann gab der Frau das Kleid zum Anprobieren (damit sie es anprobieren konnte).
Sicilia mihi dēfendenda trādita est (= ut eam dēfenderem). (Cicero)	Sizilien wurde mir zur Verteidigung (beim Prozess) übergeben.

▷ cūrāre + Gerundiv bedeutet 'veranlassen, lassen':

Pompēius theātrum faciundum cūrāvit.	Pompeius hat ein Theater errichten lassen.

131 Übersicht: Konstruktion der nd-Formen

Gerund	Gerundiv	Gerundiv mit esse	verneint	final (Geben usw.)
ars pingendī	ars nāvigiī pingendī	Hic liber vōbis legendus est.	Hoc crēdendum nōn est.	Hunc librum tibi legendum dō.
die Kunst des Malens	die Kunst, ein Schiff zu malen	Dieses Buch müsst ihr lesen.	Das darf man nicht glauben.	Dieses Buch gebe ich dir zum Lesen.

Das Partizip

132 Wesen und Arten des Partizips

Das Partizip ist ein „Mischwesen“:

Es wird vom Stamm eines Verbs gebildet und kann (wie ein Verb) ein Objekt oder ein Adverbiale an sich binden.

Es hat die Form eines Nomens (mit **K**asus, **N**umerus und **G**enus).
Das Partizip ist also am Nomen und am Verb beteiligt (particeps).

Das Deutsche kennt zwei Arten des Partizips:

- Partizip Präsens Aktiv: der lesende Schüler, die spielenden Kinder
- Partizip Perfekt Passiv: das gelesene Buch, die gespielten Bälle.

▷ Das Partizip Perfekt mit aktiver Bedeutung ist selten: der verstorbene Kaiser, die untergegangene Sonne.

Das Lateinische kennt d r e i Arten des Partizips. Es hat auch ein

- Partizip Futur Aktiv auf -ūrus, a, um (↗ 25 u. 51).

133 Das Zeitverhältnis beim Partizip

1 Das Partizip gibt ein Zeitverhältnis an:

Herculēs victūrus	Herculēs vincēns	leō victus
Herkules, der siegen wird (will)	Herkules, der siegt	der Löwe, der besiegt (worden) ist

• Das **Partizip Präsens** (Aktiv) drückt aus, dass ein Ereignis zur **gleichen** Zeit (gleichzeitig) wie das des finiten Verbs stattfindet bzw. stattgefunden hat:

Trōiānī dormientēs opprimuntur.	Die Trojaner werden schlafend / während sie schlafen, überfallen.
Trōiānī dormientēs oppressī sunt.	Die Trojaner wurden schlafend / während sie schliefen, überfallen.

• Das **Partizip Perfekt** (Passiv) drückt aus, dass ein Ereignis zeitlich **vor** der Handlung des übergeordneten Prädikats (vorzeitig) stattgefunden hat:

Trōia capta dēlētur.	Das eroberte Troja wird zerstört. Troja wird, nachdem es erobert ist, zerstört.
Trōia capta dēlēta est.	Das eroberte Troja wurde zerstört. Troja wurde, nachdem es erobert war, zerstört.

▷ Das Partizip Perfekt des **Deponens** hat **aktive** Bedeutung, z. B. von proficīscī:

Non omnēs Graecī profectī in patriam rediērunt.	Nicht alle Griechen kamen, nachdem sie aufgebrochen waren, in ihre Heimat zurück.

• Das **Partizip Futur** (Aktiv) drückt aus, dass die Handlung erst **nach** der Handlung des übergeordneten Verbs (nachzeitig) erfolgen wird:

Hector in proelium abitūrus arma probāvit.	Hektor prüfte, ehe er in den Kampf zog, seine Waffen.

Das Partizip Futur bezeichnet meist die Absicht des Handelnden:

Trōiānī fugitūrī ad nāvēs contendērunt.	Die Trojaner, die fliehen wollten, eilten zu den Schiffen. Die Trojaner eilten zu den Schiffen, um zu fliehen.
Graecī Trōiam expūgnātūrī dolum adhibuērunt.	Die Griechen wandten eine List an, um Troja zu erobern.

• Etliche Partizipien des Perfekts von Deponentien bezeichnen eine Gleichzeitigkeit:

ratus, arbitrātus	mit AcI	in der Meinung, dass / im Glauben, dass
cōnfīsus	mit AcI	im Vertrauen darauf, dass
veritus, nē	(↗164)	aus Furcht, dass
ūsus	(mit Abl.)	mit Hilfe / mit Unterstützung / mit

Caesar arbitrātus bellum celeriter cōnficī posse exercitum in Menāpiōs dūxit.	Caesar führte in der Meinung, dass der Krieg schnell beendet werden könne, das Heer ins Gebiet der Menapier.
Caesar dūcibus ūsus Numidās subsidiō incolīs mittit.	Caesar schickt mit (Hilfe von) Führern die Numider den Einwohnern (von Bibracte) zu Hilfe.

2 Übersicht über die Zeitverhältnisse des Partizips

Partizip	Aktiv	Passiv	Deponens
Präsens (gleichzeitig)	homō agēns PPA der handelnde Mensch	——	cōnsul loquēns der redende Konsul
Perfekt (vorzeitig)	——	labōrēs āctī die getanen Arbeiten PPP	cōnsul locūtus der Konsul, der geredet hat/hatte
Futur (nachzeitig)	homō āctūrus der Mensch, der handeln wird/will/wollte PFA	——	cōnsul locūtūrus der Konsul, der reden wird/will/wollte

134 Das Partizip als Satzglied

1 Ein Partizip kann folgende Funktionen haben (s. Übersicht ↗ 139):

Subjekt bzw. **Objekt**, wenn es wie ein Substantiv gebraucht ist:

Vīvant sequentēs!	Die Nachfolgenden sollen leben!
Male parta male dīlābuntur.	Das, was auf üble Art erworben wurde, zerfällt übel. (Unrecht Gut gedeiht nicht.)
Volentī nōn fit iniūria. (Rechtsgrundsatz)	Dem Willigen (einem, der es so haben will) geschieht kein Unrecht.

Adverbiale (participium coniunctum ↗ 136 und ablativus absolutus ↗ 137):

part. coni.:	Ariadna Thēseum adiūtūra eī fīlum dedit.	Weil Ariadne dem Theseus helfen wollte, gab sie ihm den Faden.
abl. abs.:	Mīnōtaurō occīsō Thēseus Athēnās rediit.	Nachdem der Minotauros getötet war, kehrte Theseus nach Athen zurück.
Attribut:	puellae cantantēs	die singenden Mädchen die Mädchen, die singen

2 Das Partizip kann auch **Prädikativum** sein (Akkusativ mit Partizip, **AcP**):

- bei tenēre und habēre:

Hostēs urbem cīnctam tenēbant.	Die Feinde hielten die Stadt umzingelt.

- bei Verba sentiendi zur Bezeichnung der unmittelbaren Wahrnehmung:

Videō tē currentem.	Ich sehe, **wie** du (gerade) läufst (Ich sehe dich als Laufenden).

135 Participium coniunctum: das Partizip als Attribut

Vīdimus vāsa vīnō complēta.	Wir sahen mit Wein gefüllte Gefäße.

1 Das Partizip ist oft als Attribut einem Nomen beigefügt und mit diesem durch Kasus, Numerus und Genus verbunden (coniunctum).
Diese Konstruktion kennt gelegentlich auch das Deutsche:
„Die Trauben, von der Herbstsonne begünstigt, versprechen einen guten Wein."

Meist jedoch bilden im Deutschen der Artikel und das Nomen eine Klammer, die den gesamten Ausdruck umschließt. Im Lateinischen wird diese Klammer von Substantiv und Partizip gebildet:

die	mit Wein gefüllten	Gefäße
vāsa	vīnō	complēta

Solche Klammern sind im Lateinischen häufig. Sie können auch größeren Umfang annehmen; vor allem dann empfiehlt sich die Wiedergabe durch einen deutschen **Relativsatz**:

vāsa ā servīs vīnō complēta	Gefäße, die von den Sklaven mit Wein gefüllt worden sind

2 Wiedergabe des Zeitverhältnisses im Deutschen

Steht das übergeordnete Verb in der Vergangenheit, so muss im Deutschen bei der Auflösung des Participium coniunctum ein Vergangenheitstempus gewählt werden:

In tabernā vīdimus	In der Kneipe s a h e n wir
vāsa vīnō complēta.	Gefäße, die mit Wein gefüllt w a r e n.
Virī vīnum bibentēs laetī erant.	Die Männer, die Wein tranken, waren fröhlich.

▷ Das PPP kann vor allem bei einem lateinischen Präpositionalausdruck den Kern der Information tragen; es wird dann mit einem Substantiv übersetzt:

post Caesarem interfectum	nach der Ermordung Caesars
ab urbe conditā	seit der Gründung der Stadt
Sicilia āmissa Rōmam terruit.	Der Verlust Siziliens erschreckte Rom.

136 Das Participium coniunctum mit adverbialer Sinnrichtung

Dormientēs nihil vidēmus. — Während (wenn, weil) wir schlafen, sehen wir nichts.

Das Participium coniunctum ist zwar formal attributiv gebraucht; es hat aber **oft** eine adverbiale **Sinnrichtung**, die sich aus dem Zusammenhang des Satzes ergibt.
Das Participium coniunctum ist **satzwertig** und kann einen Adverbialsatz (↗ 168) vertreten.

Die Übersetzung als Attribut (z. B. mit einem Relativsatz) würde nur einen Teil der Aussage des lateinischen Satzes erfassen:

Convīva vīnum pōtāns ēbrius factus est. — Der Gast, der Wein trank, wurde betrunken.

Deshalb muss die adverbiale Sinnrichtung des Participium coniunctum bei der Übersetzung deutlich werden.

Je nach dem Zusammenhang können folgende adverbiale Sinnrichtungen vorliegen:

	Convīva vīnum pōtāns	ēbrius factus est.
temporal:	Als der Gast Wein trank,	wurde er betrunken.
kausal:	Weil der Gast Wein trank,	wurde er betrunken.
modal:	Indem (dadurch, dass) der Gast Wein trank,	wurde er betrunken.
kondizional:	Convīva aquam pōtāns	ēbrius nōn fit.
	Falls der Gast Wasser trinkt,	wird er nicht betrunken.
konzessiv:	Convīva vīnum pōtāns	ēbrius factus nōn est.
	Obwohl der Gast Wein trank,	wurde er nicht betrunken.

137 Ablativ mit Partizip (ablativus absolutus)

Pennīs solūtīs
Īcarus in mare praecipitāvit.
Nachdem die Federn losgelöst waren,
stürzte Ikarus ins Meer.

1 Wesen des Ablativus absolutus

Der Ablativus absolutus (abl. abs.) besteht aus einem Nomen im Ablativ mit Partizip.
Er lässt sich als Participium coniunctum im Ablativ (ablativus temporis ↗ 118) erklären.

Auch der Ablativus absolutus ist eine **satzwertige** Konstruktion. An seiner Stelle könnte mit gleicher Bedeutung auch ein adverbialer Gliedsatz stehen:

Vēre ineunte Cum vēr init,	avēs redeunt.	Bei Beginn des Frühlings Wenn der Frühling beginnt,	kommen die Vögel zurück.
Pennīs solūtīs Postquam pennae solūtae sunt,	Īcarus in mare praecipitāvit.	Nach Loslösung der Federn Nachdem die Federn losgelöst waren,	stürzte Ikarus ins Meer.

2 Adverbiale Sinnrichtungen beim Ablativus absolutus

Neben dem **temporalen** Verhältnis können (wie beim Participium coniunctum) weitere adverbiale Sinnrichtungen vorliegen; um welche es sich jeweils handelt, ergibt sich aus dem Zusammenhang des Satzes:

kausal:	Nūllō resistente Hannibal Rōmam profectus est.	Weil niemand Widerstand leistete, brach Hannibal nach Rom auf.
modal:	Hannibal Rōmam profectus est nūllō resistente.	Hannibal brach nach Rom auf, wobei niemand Widerstand leistete (ohne dass einer Widerstand leistete).
kondizional:	Nūllō resistente Rōma cito expugnābitur.	Wenn niemand Widerstand leistet, wird Rom rasch erobert werden.
konzessiv:	Nūllō resistente Hannibal Rōmam nōn cēpit.	Obwohl niemand Widerstand leistete, nahm Hannibal Rom nicht ein.

3 Übersetzungsmöglichkeiten

Für die Übersetzung des Ablativus absolutus ins Deutsche bietet sich die Wiedergabe mit Satzreihe (Beiordnung), Gliedsatz (Unterordnung) oder Präpositionalausdruck (Substantiv) an. Beispiel:

Trōiā captā mulierēs flēbant.

Der Ablativus absolutus Trōiā captā lässt sich temporal (vorzeitig), aber – bei diesem Beispiel – auch kausal auffassen. Die Übersicht zeigt die Möglichkeiten, dies zu übersetzen:

	Sinnrichtung →	nur temporal	auch kausal
B	Beiordnung (Satzreihe)	Troja war erobert; **darauf (da)** weinten die Frauen	Troja war erobert; **deshalb (daher)** weinten die Frauen
U	Unterordnung (Satzgefüge)	**Als** Troja erobert worden war, weinten die Frauen.	**Weil (da)** Troja erobert war, weinten die Frauen.
S	Substantiv mit Präposition	**Nach** der Eroberung Trojas weinten die Frauen.	**Wegen** der Eroberung Trojas weinten die Frauen.

138 Der Ablativus absolutus mit einem Nomen

Rōmulō rēge (Rōmulō rēgnante) Rōma crēvit.	Als Romulus König war, (unter der Regierung des Romulus) wuchs Rom.

Zu esse gibt es im Lateinischen kein Partizip Präsens. Gebräuchlich sind nur die Partizipien ab-sēns, -entis und prae-sēns, -entis; sie sind immer gleichzeitig:

patre absente	in Abwesenheit des Vaters
testibus praesentibus	in Gegenwart von Zeugen

Weil ein Partizip von esse fehlt, steht im abl. abs. oft nur ein Substantiv oder Adjektiv:

Cicerōne cōnsule	unter dem Konsulat Ciceros
mē auctōre	auf meine Veranlassung
patribus īgnārīs	ohne Wissen der Väter
dīs invītīs	gegen den Willen der Götter

Patrēs cōnscrīptī Hannibale vīvō numquam sē sine īnsidiīs futūrōs exīstimābant. (Nepos)	Die Senatoren glaubten, dass sie zu Lebzeiten Hannibals nie frei von Überfällen sein würden.
Nātūrā duce errārī nūllō pactō potest. (Cicero)	Unter Führung der Natur kann man auf keine Weise irren.

139 Übersicht: Übersetzung des Partizips

Sinnrichtung ↓	Beiordnung (Satzreihe mit Konjunktion)	Unterordnung (Gliedsatz mit Subjunktion)	Substantiv mit Präposition
temporal			
• gleichzeitig	und/dabei/da	als/während/solange	während/bei
• vorzeitig	danach/dann/darauf	nachdem/als	nach
kausal	deshalb/daher	weil/da	wegen, auf Grund
modal	dabei/und so	indem/wobei[1]	mit/unter
kondizional	in diesem Falle/dann	wenn/falls	im Falle von
konzessiv	trotzdem/dennoch	obwohl/obgleich	trotz
final	dazu	damit	zum Zwecke von

[1] Bei Verneinung ist auch die Wiedergabe mit „ohne ... zu" möglich (↗ 137.2): nūllō resistente „ohne dass einer Widerstand leistet(e)".

140 SUPIN

Veniō grātulātum.
Ich komme zum Gratulieren.
Hoc est facile intellēctū.
Das ist leicht zu verstehen.

1 Von manchen Verben wird ein Substantiv der u-Deklination gebildet, z. B.

intellegere	einsehen, verstehen	→	intellēctus, -ūs	Einsicht, Verstand
rīdēre	lachen	→	rīsus, -ūs	das Lachen, Gelächter

Bei einigen solcher Verbalsubstantive kommt nur der Akkusativ (der Richtung) auf **-um** und ein alter Dativ (des Zwecks) auf **-ū** vor; man nennt diese Formen Supin (↗ 45.5).

2 Das Supin wird in folgender Weise gebraucht:

- Supin auf **-um** bei Verben des Gehens und Schickens zur Angabe des Ziels:

salūtātum venīre/mittere	zur Begrüßung kommen/schicken
cubitum īre	schlafen gehen
Hostēs lēgātōs mīsērunt pācem petītum.	Die Feinde schickten Gesandte, um Frieden zu erbitten.

- Supin auf **-ū** nach Adjektiven (meist auf -ilis oder -bilis):

difficilis, -e factū	schwer zu machen
horribile dictū	entsetzlich zu sagen
Virtūs difficilis inventū est. (Seneca)	Tugend ist schwer zu finden.

Die Nominalformen des Verbs (Übersicht)

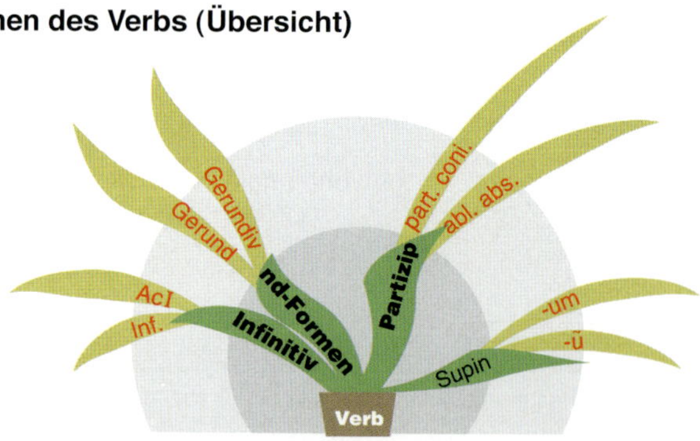

DER HAUPTSATZ (DER UNABHÄNGIGE SATZ)

141 Sprechabsicht und Zeitbezug

1 Sprechabsicht

Mit einem Satz kann der Sprecher
1. etwas **aussagen**,
2. etwas vom Gesprächspartner (Hörer) **begehren** oder
3. etwas vom Hörer **erfragen**.

Ein **Aussagesatz** gibt an, dass etwas

wirklich (**real**) so ist:	Rom liegt am Tiber.
möglicherweise (**potentiell**) so ist:	Gaius dürfte in Rom sein.
nicht wirklich so ist (**irreal**):	Ohne Krankheit käme ich.

Ein **Begehrsatz** fordert den Angesprochenen zu etwas auf:

Befehl:	Komm sofort nach Hause!
Verbot:	Geh nicht zu Titus!
Wunsch:	Dass du doch nach Hause kämest! Wärest du doch nicht gegangen!

Ein **Fragesatz** kann in drei verschiedenen Formen erscheinen:

Wortfrage (W-Frage):	Wo bist du?
Satzfrage (Antwort: ja/nein):	Kannst du heute kommen?
Doppelfrage (Oder-Frage):	Kommst du oder bleibst du daheim?

Um diese verschiedenen Intentionen der Sätze deutlich zu machen, verwendet das Lateinische verschiedene Modi[1] des Verbs (↗44.3).

2 Zeitbezug

1. Jede Handlung und jedes Ereignis vollzieht sich – vom Sprecher aus gesehen – auf einer Zeitstufe:

Vergangenheit/Präteritum	Gegenwart/Präsens	Zukunft/Futur
Herī ānulum vīdī. Gestern sah ich einen Ring.	Nunc eum cupiō. Jetzt möchte ich ihn.	Crās eum emam. Morgen werde ich ihn kaufen.

2. Im Bereich dieser Zeitstufen können Sätze zueinander *vorzeitig* (d.h. früher), *gleichzeitig* oder *nachzeitig* (d.h. später) sein, z.B.

Titus herī ānulum perdidit; eum Rōmae ēmerat.	Titus verlor gestern seinen Ring; den hatte er in Rom gekauft.	(vorzeitig)
Quīntus dē equō cecidit; id multī vīdērunt.	Quintus ist vom Pferd gefallen; das haben viele gesehen.	(gleichzeitig)
Adventum patris exspectō; crās veniet.	Ich warte auf Vaters Ankunft; morgen wird er kommen.	(nachzeitig)

[1] modus, -ī Art und Weise

Im Lateinischen werden diese Zeitverhältnisse von Sätzen genauer als im Deutschen beachtet und durch sechs verschiedene Tempora des Verbs wiedergegeben:

Präteritum	Plusquamperfekt	srīpseram	ich hatte geschrieben
	Perfekt	scrīpsī	ich habe geschrieben, schrieb
	Imperfekt	scrībēbam	ich schrieb
Gegenwart	Präsens	scrībō	ich schreibe
Futur	Futur I	scrībam	ich werde schreiben
	Futur II	scrīpserō	(ich werde geschrieben haben)

Tempora im Hauptsatz

142 Präsens

Fāma volat.	Ein Gerücht hat Flügel.

Das Präsens bezeichnet – wie im Deutschen:
1. Ereignisse und Sachverhalte der Gegenwart
2. allgemeingültige Aussagen und Feststellungen
3. bei lebhafter Schilderung: vergangene Ereignisse (sog. historisches Präsens/praesens historicum):

1. Hodiē sōl lūcet.	Heute scheint die Sonne.
2. Omnēs ūna manet nox. (Horaz)	Auf alle wartet ein und dieselbe Nacht.
3. Incubuēre[1] marī et volvunt ad lītora flūctūs. (Beschreibung eines Seesturms bei Vergil)	Sie (die Winde) stürzten sich aufs Meer und wälzen Fluten an die Küsten.

143 Imperfekt

Dīdō Aenēam Carthāgine retinēbat.	Dido versuchte, Aeneas in Karthago zurückzuhalten.

Das Imperfekt bezeichnet vergangene, aber nicht abgeschlossene
1. Vorgänge, die länger andauerten: **durativ**
2. Ereignisse, die sich wiederholten: **iterativ**
3. den Versuch einer Handlung (imperfectum de conatu[2]): **konativ**

1. Rōma diū sub rēgibus erat.	Rom war lange unter Königen.
2. Rōmae quotannīs bīnī cōnsulēs creābantur.	In Rom wurden alljährlich zwei Konsuln gewählt.
3. Plēbs patrēs lēniēbat.	Die Plebs versuchte, die Väter zu erweichen.

[1] incubuēre: Perfekt; vgl. incubuērunt [2] cōnātus, -ūs der Versuch

144 Perfekt

Vēnī, vīdī, vīcī. (Caesar)	Ich kam, sah und siegte.

Das Perfekt ist im Lateinischen vor allem das Tempus der Erzählung (↗194).
Es bezeichnet in der Vergangenheit

1. einmalige Ereignisse; dieses sog. narrative Perfekt wird im Deutschen mit Präteritum übersetzt. **narrativ**
2. abgeschlossene Handlungen, deren Wirkung für den Sprecher in die Gegenwart reicht; im Deutschen Perfekt: **perfektiv**
3. Erfahrungen aus der Vergangenheit; vor allem in Sentenzen; dieses sog. gnomische[1] Perfekt wird mit Präsens übersetzt: **gnomisch**

1. (Daedalus) pennās adspexit in undīs dēvōvitque suās artēs. (Ovid)	Daedalus erblickte die Federn in den Wellen und verwünschte seine Künste.
2. Cum Cicerōne lībera rēs pūblica Rōmāna interiit.	Mit Cicero ist die römische Republik untergegangen.
3. Bene vīxit, bene quī latuit. (Grundsatz des Philosophen Epikur)	Gut lebt, wer sich gut verborgen hält.

▷ In lebhafter Schilderung von dicht aufeinanderfolgenden Ereignissen der Vergangenheit findet sich auch der Infinitiv Präsens (sog. infinitivus narrativus oder historicus):

Māximā vī certātur. Intereā Catilīna in prīmā aciē versārī, labōrantibus succurrere, omnia prōvidēre, multum ipse pugnāre. (Sallust)	Mit größtem Einsatz wird gekämpft. Inzwischen hält sich Catilina an vorderster Front auf, kommt den Bedrängten zu Hilfe, überblickt alles und kämpft viel selbst.

145 Plusquamperfekt

Sīc Caesar iusserat.	So hatte es Caesar befohlen.

Das Plusquamperfekt bezeichnet die Vorzeitigkeit zu Ereignissen oder Sachverhalten, die selbst schon vergangen sind:

Mōverat plēbem ōrātiō cōnsulis.	Die Rede des Konsuls hatte die Plebs bewegt.

146 Futur I und II

Cēnābis bene apud mē.	Du wirst gut bei mir speisen.

1 Das **Futur I** bezeichnet

1. Handlungen oder Ereignisse, die in der Zukunft eintreten oder in die Zukunft reichen:

Cernēs urbem et prōmissa Lavīnī moenia. (Vergil: Prophezeiung Jupiters an Venus)	Du wirst eine Stadt sehen und die verheißenen Mauern Laviniums.

[1] griechisch gnṓmē die Meinung

2. als umschreibendes Futur (auf -**tūrus sum**) die Absicht:

Bellum scrīptūrus sum, quod populus Rōmānus cum Iugurthā gessit.
(Sallust)

Ich will (nun) über den Krieg schreiben, den das römische Volk mit Jugurtha geführt hat.

3. eine Willensäußerung (dt.: sollen, wollen):

Veniet ergō et nōs adiuvābit.
(Augustus über den Dichter Horaz)

Er soll also kommen und mir (uns) helfen.

▷ Das Futur wird im Deutschen manchmal mit Präsens übersetzt, wenn der Zukunftsbezug klar ist oder durch ein Adverb ausgedrückt ist:
Crās ad tē veniam. — Morgen komme ich zu dir.

2 Das **Futur II** kommt meist in untergeordneten Sätzen vor (↗ 159.2). Im Hauptsatz bezeichnet es ein künftiges Ereignis, das bestimmt eintreten wird.

Ego certē meum reī pūblicae officium praestiterō.
(ein Offizier Caesars)

Ich werde sicher meine Pflicht dem Staate gegenüber erfüllen.

Modi im Hauptsatz

Um die verschiedenen **Sprechabsichten** (Aussage, Begehren, Frage) zu unterscheiden und um den **Realitätsbezug** (Wirklichkeit, Möglichkeit oder Unmöglichkeit des Ausgesagten) anzugeben, verwendet das Lateinische drei Modi: **Indikativ**, **Konjunktiv** und **Imperativ**.

Die Modi im Hauptsatz[1] drücken Folgendes aus:

Modus	Sprechabsicht	Realitätsbezug
Indikativ	Aussage	Wirklichkeit
Konjunktiv	Aussage Begehren	Möglichkeit/Unmöglichkeit Wunsch (erfüllbar/unerfüllbar)
Imperativ	Befehl	Verwirklichung erstrebt

Die Verneinung bei Aussagesätzen ist **nōn**, bei Begehrsätzen und bei Befehlen **nē**.

[1] zu den Modi im Nebensatz ↗ 160

MODI IN AUSSAGESÄTZEN

147 Indikativ: Realis

Durch den Indikativ wird ein Ereignis oder ein Sachverhalt als wirklich dargestellt: Realis.

Rōma ad Tiberim sita est.	Rom liegt am Tiber.
Rōma caput imperiī Rōmānī erat.	Rom war die Hauptstadt des römischen Reiches.

Bei Ausdrücken des **Könnens**, **Sollens** und **Müssens** und bei der Beurteilung eines Sachverhalts betont das Deutsche oft, dass eine Handlung nicht oder noch nicht geschieht, und setzt den Konjunktiv; im Lateinischen wird dagegen die **Wirklichkeit** betont und daher der **Indikativ** (Realis) verwendet:

Multa narrāre possum, sed longum est.	Ich könnte viel erzählen, aber es wäre zu weitläufig.

Ein solcher Indikativ steht vor allem bei folgenden Verben und Wendungen:

facere possum	ich könnte (eigentlich) tun
facere potuī	ich hätte tun können
hoc facere dēbēs	das müsstest du tun
quis haec nescit?	wer wüsste das nicht?
oportet	es würde sich gehören, man müsste
oportēbat/oportuit	es hätte sich gehört
praestat	es wäre besser
meum (tuum) est (erat)	es wäre meine (deine) Aufgabe (gewesen)
aequum est	es wäre gerecht
necesse est	es wäre nötig
paenē/prope cecidī	beinahe wäre ich gefallen

Hoc numquam putāvī/putāveram.	Das hätte ich nie geglaubt.
Morī praestitit quam haec patī. (Cicero)	Es wäre besser gewesen zu sterben als dies (alles) zu erleiden.
Brūtum nōn minus amō quam tū, paenē dīxī quam tē. (Cicero an Atticus)	Den Brutus mag ich nicht weniger als du, fast hätte ich gesagt: als dich.

Hoc fierī nōn dēbuit.
Das hätte nicht geschehen dürfen.

148 Konjunktiv: Potentialis

dīcat/dīxerit aliquis	es könnte/mag wohl jemand sagen

Der Konjunktiv Präsens oder Perfekt im Aussagesatz schwächt (vor allem bei Verben des Sagens und Beurteilens) die Gültigkeit einer Aussage ab und stellt sie als möglich (potential) hin.

Konjunktiv Präsens und Perfekt haben hier die g l e i c h e Bedeutung. Dieser Potentialis lässt sich mit „könnte/dürfte" oder mit den Adverbien „wohl/vielleicht" wiedergeben:

crēdās/putēs	man könnte glauben/man meint vielleicht
crēdiderim	ich könnte/möchte glauben

Quis prōditōrem dīligat?	Wer könnte wohl einen Verräter schätzen?
Rīserit aliquis fortasse hoc praeceptum. (Cicero)	Vielleicht lacht jemand über diese Vorschrift.

▷ In einigen Wendungen kennt das Lateinische einen Potentialis der **Vergangenheit**; er wird durch den Konjunktiv Imperfekt bezeichnet:

vidērēs, cernerēs	man hätte sehen können
crēderēs, putārēs	man hätte glauben können
Nēmō tālia crēderet.	Niemand hätte so etwas glauben mögen.
Cōnfectō proeliō tum vērō cernerēs, quanta audācia fuisset in exercitū.	Nach Beendigung des Kampfes, da hätte man wirklich sehen können, welch große Kühnheit im Heer geherrscht hat.

149 Konjunktiv: Irrealis

Sī tacuissēs, philosophus mānsissēs.	Wenn du geschwiegen hättest, wärest du ein Philosoph geblieben.

Der Sachverhalt wird als n i c h t wirklich (irreal) hingestellt. Hier bezeichnet

der **Konjunktiv Imperfekt** den Irrealis der **Gegenwart**,
der **Konjunktiv Plusquamperfekt** den Irrealis der **Vergangenheit**:

venīrem	ich käme (z. B. wenn ich gesund wäre)
vēnissem	ich wäre gekommen (z. B. wenn ich gekonnt hätte)

Sine amīcīs vīta trīstis esset.	Ohne Freunde wäre das Leben traurig.
O vītae philosophia dux! Quid vīta hominum sine tē esse potuisset? (Cicero)	O Philosophie, Führerin im Leben! Was (wie wenig nur) hätte das Leben der Menschen ohne dich sein können?

MODI IN BEGEHRSÄTZEN

150 Imperativ I und II

Festīnā lentē!	Eile mit Weile!

1 Mit dem **Imperativ I** wird dem Angesprochenen ein **Befehl** gegeben:

Heus, manē! Audī!	Hallo, warte! Höre!
Hoc ante omnia fac: Disce gaudēre! (Seneca)	Das tu vor allem: Lerne dich zu freuen!

▷ Durch die Imperative **nōlī** bzw. **nōlīte** (↗66) wird ein **Verbot** ausgesprochen:

Nōlī mē tangere!	Rühr mich nicht an!
Nōlī turbāre circulōs meōs! (Archimedes)	Bring meine Kreise nicht durcheinander!

Die Imperative **age!** und **fac!** lassen sich durch **Befehlspartikeln** wiedergeben:

Age, eāmus!	Los, wollen wir gehen! Auf, gehen wir!
Fac (ut) veniās!	Mach, dass du kommst! Komm doch!

2 Imperativ II

Der Imperativ II auf -**tō** (-**tōte**, -**ntō**) richtet sich an die 2. oder 3. Person und fordert dazu auf, etwas in der Zukunft oder auf Dauer zu befolgen; übersetzt wird er mit Imperativ oder „sollen“:

Crās petitō mercēdem; nunc abī!	Morgen fordere Lohn; jetzt geh weg!
Virginēs Vestālēs custōdiuntō ignem!	Die vestalischen Jungfrauen sollen das Feuer bewachen!

151 Prohibitiv

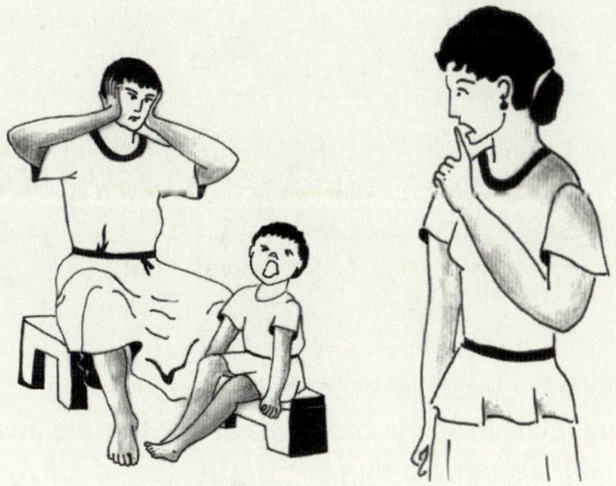

Nē clamāveris!
Schrei nicht!

Der Konjunktiv Perfekt der 2. Person mit **nē** drückt ein **Verbot** aus:

Nē quid dīxeris!	Sag nichts!
Nē forās ieris nēve (neque) portam aperueris!	Geh nicht nach draußen und mach das Tor nicht auf!

152 Hortativ und Jussiv

1 Hortativ[1]

Eāmus domum!	Lasst uns heimgehen! Gehen wir doch heim!

Personen, zu denen der Sprecher gehört, werden zu einer gemeinsamen Handlung aufgefordert: Konjunktiv Präsens der 1. Person Plural.

Amēmus patriam, pāreāmus senātuī, cōnsulāmus bonīs, posteritātis glōriae serviāmus! (Cicero)	Lieben wir doch unser Vaterland, gehorchen wir dem Senat, sorgen wir für die Gutgesinnten, dienen wir dem Ruhm bei der Nachwelt!

2 Jussiv[2]

Audiātur et altera pars! (Rechtsgrundsatz)	Auch die andere Partei soll angehört werden!

Der Konjunktiv Präsens der 3. Person drückt einen Befehl an einen oder mehrere Abwesende aus:

Vīlicus disciplīnā bonā ūtātur, aliēnō manum abstineat! (Cato)	Der Verwalter soll gute Disziplin walten lassen, er soll seine Hand von fremdem Gut fernhalten!
Nē tē paeniteat dūrōs subīsse labōrēs!	Es soll dich nicht reuen, harte Mühen auf dich genommen zu haben!

153 Optativ

1 Erfüllbare Wünsche

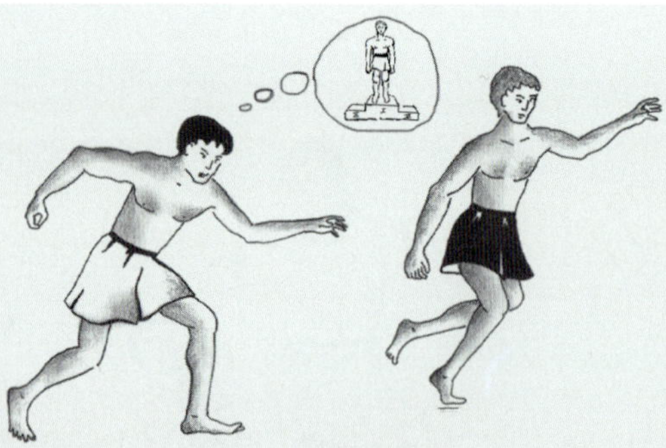

Utinam vincam!
Hoffentlich gewinne ich!

Erfüllbar gedachte Wünsche der Gegenwart bzw. der Vergangenheit werden durch den Konjunktiv Präsens bzw. Konjunktiv Perfekt ausgedrückt.
Häufig werden sie durch **utinam** 'dass doch, hoffentlich' und **velim** 'ich möchte' verstärkt:

Velim Rōmae maneās!	Ich möchte, dass du in Rom bleibst.
Sīs fēlīx et sint candida fāta tua! (Tibull)	Möchtest du glücklich sein, und möge dein Geschick strahlend sein!

---

[1] hortārī ermuntern, antreiben [2] iubēre befehlen

Optativ liegt auch vor in den Beteuerungsformeln der 1. Person:

Pereām!	Ich will tot sein/tot umfallen!
Ita vīvam!	So wahr ich lebe!

2 Unerfüllbare Wünsche

Vellem, adesse posset amīcus!	Ich wollte, unser Freund könnte da sein!

Unerfüllbare Wünsche drückt der Konjunktiv Imperfekt für die Gegenwart bzw. der Konjunktiv Plusquamperfekt für die Vergangenheit aus:

Illud utinam nē scrīberem!	Wenn ich das doch nicht schreiben müsste!
Vellem tē numquam vīdissem!	Ich wollte, ich hätte dich nie gesehen!

3 Konzessiv[1]

Sit sānē ita.	Mag es ruhig so sein.

Aus dem Optativ hat sich der Konzessiv entwickelt: Etwas wird nicht eigentlich gewünscht, sondern nur eingeräumt. Modus ist der Konjunktiv Präsens bzw. der Konjunktiv Perfekt. Häufig steht **sānē** 'ruhig, meinetwegen'.

Omnia possideat Mīnōs,	Mag Minos auch alles besitzen,
nōn possidet āera Mīnōs. (Dädalus bei Ovid)	den Luftraum besitzt Minos nicht!
Nē sit sānē summum malum dolor,	Mag der Schmerz ruhig nicht das
malum certē est. (Cicero)	größte Übel sein, ein Übel ist er sicher.

MODI IN FRAGESÄTZEN

154 Direkte Fragen

Quid est? Venīsne?	Was ist? Kommst du?

Man unterscheidet Wortfragen, Satzfragen und Doppelfragen.
Modus kann der Indikativ oder der Konjunktiv des Potentialis (↗ 148) sein.

1. Bei **Wortfragen** (sog. W-Fragen) wird nach einem einzelnen Wortinhalt gefragt.
2. In **Satzfragen** geht es darum, ob die Behauptung, die in der Frage enthalten ist, zutrifft; als Antwort ist daher „ja" oder „nein" möglich.
   Eingeleitet werden sie mit einer Fragepartikel (**-ne, nōnne, num**).
3. **Doppelfragen** sind Alternativfragen; sie werden eingeleitet mit **utrum – an** bzw. **-ne – an** 'oder'.

[1] concēdere zugestehen, einräumen

1. **Wortfragen:**

Quandō et unde vēnistī?	Wann und woher bist du gekommen?
Quīn haec prius dīxistī?	Warum hast du das nicht früher gesagt?
Quis legat ista?	Wer mag (wohl) dieses Zeug lesen?

2. **Satzfragen:**

Vīs**ne** centum assēs?	Willst du 100 Asse?
Nōnne mīlle prōmīsistī?	Hast du nicht 1000 versprochen?
Num īnsānus sum?	Bin ich (etwa) verrückt?

Fragepartikel	Wiedergabe:	Erwartete Antwort:
-ne	(unübersetzt)	ja/nein[1]
nōnne	nicht?	ja
num	etwa?	nein

3. **Doppelfragen:**

Utrum dēfenditis **an** impugnātis plēbem?	Verteidigt oder bekämpft ihr das Volk?
Respondēs**ne** **an** nōn?	Antwortest du oder nicht?

▷ Oft steht nur der zweite Teil der Alternative, sodass die Frage mit **an** beginnt und barsch wirkt:
An cēnsēs? — Meinst du etwa?

4. Manche Fragen erwarten keine Antwort; man nennt sie **rhetorische** Fragen. Eigentlich sind sie Aussagen:
Quid aliud est amīcitia nisi omnium rērum cōnsēnsus? (Cicero) — Was ist Freundschaft anderes als Übereinstimmung in allen Dingen?

155 Deliberativ[2]

Quid nunc agam? Quō eam?
Was soll ich jetzt tun?
Wohin soll ich gehen?

Quō mē vertam?
Wohin soll ich mich wenden?

Der Konjunktiv im direkten Fragesatz drückt eine Überlegung des Sprechers aus. Es stehen: der Konjunktiv Präsens für die Gegenwart,
der Konjunktiv Imperfekt für die Vergangenheit:

Quid ego nunc faciam?	Was soll ich jetzt tun?
Quid tum agerem, iudicēs?	Was hätte ich damals tun sollen, Richter?
Manērem an fugerem? (Cicero)	Hätte ich bleiben oder davonlaufen sollen?

[1] **ja**: ita est, etiam, sīc, certē; **nein**: minimē [2] dēlīberāre abwägen, überlegen

156 Übersicht: die Modi im Hauptsatz

Funktion	Modus	Beispiele	
Realis	Indikativ	Multa narrāre possum. Paene cecidī.	Ich könnte viel erzählen. Beinahe wäre ich gefallen.
Potentialis der Gegenwart der Vergangenheit	 Konj. Präs. Konj. Impf.	 dīcat/dīxerit aliquis crēderēs, putārēs	 es könnte/mag wohl jemand sagen man hätte glauben können
Irrealis der Gegenwart der Vergangenheit	 Konj. Impf. Konj. Plqpf.	 Sine amīcīs vīta trīstis esset. Sī tacuissēs, philosophus mānsissēs.	 Ohne Freunde wäre das Leben traurig. Wenn du geschwiegen hättest, wärest du ein Philosoph geblieben.
Befehl	Imperativ Nōlī(te)	Venī! Nōlī mē tangere!	Komm! Rühr mich nicht an!
Prohibitiv	Konj. Perf.	Nē clāmāveris!	Schrei nicht!
Hortativ	Konj. Präs.	Eāmus domum!	Lasst uns heimgehen!
Jussiv	Konj. Präs.	Audiātur et altera pars!	Auch die andere Partei soll/möge angehört werden!
Optativ erfüllbare Wünsche unerfüllbare Wünsche	 Konj. Präs./ Konj. Perf. Konj. Impf./ Konj. Plqpf.	 Utinam vincam! Vellem, adesse posset amīcus!	 Hoffentlich gewinne ich! Ich wollte, unser Freund könnte da sein!
Konzessiv	Konj. Präs./ Konj. Perf.	Sit sānē ita.	Mag es ruhig so sein.
Direkte Frage	Ind. (Konj.)	Quid est? Vīsne centum assēs? Respondēsne an nōn?	Was ist? Willst du 100 Asse? Antwortest du oder nicht?
Deliberativ der Gegenwart der Vergangenheit	 Konj. Präs. Konj. Impf.	 Quid nunc agam? Quid tum agerem?	 Was soll ich jetzt tun? Was hätte ich damals tun sollen?

DER ABHÄNGIGE SATZ

157 Satzverbindungen

1 Sätze können miteinander auf verschiedene Weise verbunden sein:

1. als **Satzreihe** mit einer **Konjunktion** (Parataxe[1]):
Hauptsätze werden hier durch eine beiordnende Konjunktion (↗77.1) miteinander verknüpft, bleiben aber voneinander unabhängig:

Titus schläft,	**und**	Gaia arbeitet.
Satz I	Konjunktion	Satz II

2. als **Satzgefüge** mit einer **Subjunktion** (Hypotaxe[1]):
Hier fügt eine Subjunktion oder ein Pronomen (ein Relativ- oder Fragepronomen) einen Satz in den anderen. Der eingefügte Satz verliert dabei seine Selbstständigkeit; er wird untergeordnet und zum **Nebensatz**. Das ganze Gebilde stellt ein **Satzgefüge** dar:

Titus schläft,	**während**	Gaia arbeitet.
Hauptsatz	Subjunktion	Nebensatz (Gliedsatz)

Nebensätze können Subjekt, Objekt, Adverbiale und Attribut[2] sein oder vertreten. Wenn ein Nebensatz ein Satzglied (Subjekt, Objekt oder Adverbiale) vertritt, nennt man ihn meist **Gliedsatz**.

2 Beispiele für Satzgefüge

Subjektsatz *Dass du kommst,* *freut mich.*

Dass du kommst —— *freut* *mich.*	Subjekt —— Prädikat (Gliedsatz als Subjekt) Objekt

Objektsatz *Ich möchte,* *dass du mich anhörst.*

Ich —— *möchte* *dass du mich anhörst.*	Subjekt —— Prädikat Objekt (Gliedsatz als Objekt)

Adverbialsatz *Ich schweige,* *damit du reden kannst.*

Ich —— *schweige* *damit du reden kannst.*	Subjekt —— Prädikat Adverbiale (Gliedsatz als Adverbiale)

[1] griech. parátaxis Beiordnung, hypótaxis Unterordnung [2] Ein Attribut ist kein Satzglied, sondern nur die Erweiterung eines Satzgliedes; daher werden Attributsätze n i c h t als Gliedsätze bezeichnet.

Attributsatz *Du erzählst Geschichten, die ich schon kenne.*

Du ——— *erzählst*	Subjekt ——— Prädikat
Geschichten	Objekt
die ich schon kenne.	Attribut (Nebensatz als Attribut)

3 Je nach der Bedeutung, die das Prädikat des Hauptsatzes hat, gliedern sich die Subjekt- und Objektsätze in abhängige Aussage-, Begehr- oder Fragesätze:

Aussage:	Ich weiß,	d a s s du gerne gekommen bist.
Begehren:	Ich wünsche,	d a s s du länger bleibst.
Frage:	Ich frage,	o b du lange bleiben kannst.

Die Adverbialsätze werden danach eingeteilt, welche Angaben sie zum Geschehen des Hauptsatzes machen, z. B. ob sie Zeit, Zweck, Grund oder Bedingung angeben:

Zeit:	Ich komme,	s o b a l d ich mit der Arbeit fertig bin.
Zweck:	Ich komme,	d a m i t du mein neues Kleid siehst.
Grund:	Ich komme,	w e i l ich dich lange nicht gesehen habe.
Bedingung:	Ich komme,	w e n n ich das Schiff noch erreiche.

Die Attributsätze sind meist Relativsätze, die mit einem Relativpronomen eingeleitet werden. Auch Subjunktionen können einen Attributsatz einleiten:

Relativsatz:	Ich besuche den Freund, d e r krank ist.
Subjunktion:	Du hast den Fehler, d a s s du schlampig bist.

▷ Relativsätze können auch Subjekt, Objekt oder Adverbiale sein, wenn das Bezugswort im Hauptsatz fehlt (↗ 182–184).

TEMPORA UND MODI IM ABHÄNGIGEN SATZ

Die Nebensätze stehen mit den Hauptsätzen in einem engen inhaltlichen Zusammenhang. Diese Verbindung berücksichtigt das Lateinische in den Tempora und Modi des Nebensatzes; man spricht von einer **Consecutio temporum** (Zeitenfolge).

- Tempus und Modus des Nebensatzes werden hierbei durch den Hauptsatz und durch das Zeitverhältnis zwischen Haupt- und Nebensatz bestimmt; sie sind gewissermaßen „ferngesteuert“.
- Nur manchmal trägt der Modus des Nebensatzes eine eigene, selbstständige Bedeutung, die sich nicht aus dem Hauptsatz oder aus der Unterordnung ergibt (↗ 161.2; 184 f.).

158 Zeitenfolge im abhängigen Satz

Folgende Elemente entscheiden über Tempus und Modus des Nebensatzes:
1. die Zeitstufe des übergeordneten Hauptsatzes: Gegenwart, Vergangenheit oder Zukunft;
2. das Zeitverhältnis, das zwischen der Handlung des Nebensatzes und der des Hauptsatzes besteht: Gleichzeitigkeit, Vorzeitigkeit oder Nachzeitigkeit.

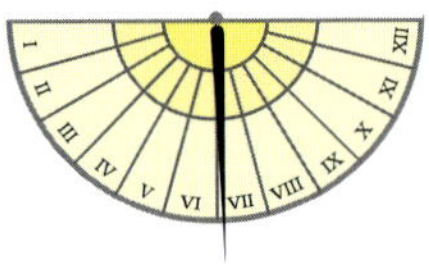

	Hauptsatz	**Nebensatz**	
gleichzeitig:	Ich ging aus,	während es Mittag war.	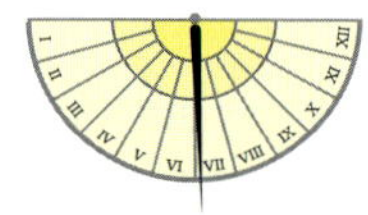
vorzeitig:	Ich ging aus,	als es Mittag geworden war.	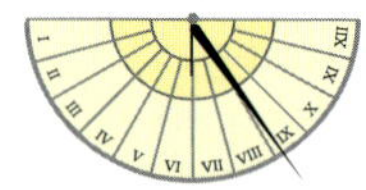
nachzeitig:	Ich ging aus,	ehe es Mittag wurde.	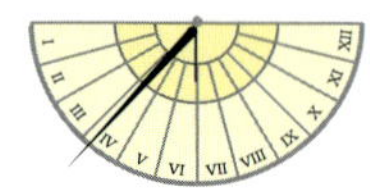

159 Zeitenfolge bei indikativischen Nebensätzen

1 **Gleichzeitigkeit** des indikativischen Nebensatzes

Dum spīrō, spērō.	Solange ich atme, hoffe ich.

Bei **Gleichzeitigkeit** sind die Tempora im Haupt- und Nebensatz gleich:

Sī vōs valētis, nōs valēmus. (Cicero)	Wenn es euch gut geht, geht es uns gut.
Quī Rōmam vīdit, omnia vīdit.	Wer Rom gesehen hat, hat alles gesehen.

▷ Imperative oder Ausdrücke des Müssens und Könnens sind in die Zukunft gerichtet und wirken wie ein Prädikat im Futur; im lateinischen Nebensatz steht daher Futur. Ins Deutsche werden Haupt- und Nebensatz indes mit Präsens übersetzt:

Nōbis imperātō, ut tibi libēbit!	Befiehl uns, wie es dir beliebt!

2 **Vorzeitigkeit** des indikativischen Nebensatzes

Senex nōn iam volō, quod puer voluī. (Seneca)	Als Greis will ich nicht mehr, was ich als Kind gewollt habe.

Die **Vorzeitigkeit** des lateinischen Nebensatzes wird folgendermaßen gekennzeichnet:

Zeitstufe des Hauptsatzes		*Tempus des Nebensatzes*
Präsens	→	Perfekt
Präteritum (Impf., Perf., Plqpf.)	→	Plusquamperfekt
Futur (oder Imperativ)	→	Futur II

Im Deutschen wird die Vorzeitigkeit nur wiedergegeben, wenn der Sprecher sie hervorheben möchte:

Servus fēcit, ut dominus iusserat. — Der Sklave tat, wie sein Herr befohlen hatte (befahl).

Das Futur II des Nebensatzes kann mit Präsens oder Perfekt übersetzt werden:

Ut sēmentem fēceris, ita metēs. (Cicero) — Wie du säst (gesät hast), so wirst du ernten.

3 **Nachzeitigkeit** eines indikativischen Nebensatzes findet sich nur selten (↗ 169.3).

160 Consecutio temporum bei konjunktivischen Nebensätzen

Im Konjunktiv stehen Nebensätze,

- wenn sie von einer Subjunktion eingeleitet werden, die den Konjunktiv nach sich hat (z. B. ut, nē),
- wenn es sich um abhängige (indirekte) Fragen handelt,
- wenn es die Sinnrichtung des Nebensatzes verlangt:
  bei Potentialis, Irrealis oder Deliberativ (↗ 148, 149 u. 155),
  bei innerer Abhängigkeit (↗ 161.2 u. 186.2) und
  bei adverbialer Sinnrichtung von Relativsätzen (↗ 184 u. 185).

Im deutschen Gliedsatz wird der lateinische Konjunktiv meist n i c h t nachgebildet.

Nōn vīvimus, ut edāmus, sed edimus, ut vīvāmus. — Wir leben nicht, um zu essen, sondern wir essen, um zu leben.

Quāre id faciam, fortasse requīris. — Warum ich das tue, fragst du vielleicht.

Sī id crēdās, errās. — Falls du dies glauben solltest, irrst du.

Lēgātī missī sunt, quī auxilium peterent. — Gesandte wurden geschickt, die um Hilfe bitten sollten.

Für die Consecutio temporum im konjunktivischen Nebensatz gilt:

Übergeordneter Satz	Nebensatz im Konjunktiv	
Zeitstufe	Gleichzeitigkeit	Vorzeitigkeit
Präsens oder Futur	Konj. Präsens	Konj. Perfekt
Präteritum	Konj. Imperfekt	Konj. Plusquamperfekt

Cupiō scīre, ubi sīs quidque ēgeris. — Ich möchte wissen, wo du bist und was du getan hast.

Nesciēbam, quid agerēs. — Ich wusste nicht, was du tatest.

Ante senectūtem cūrāvī, ut bene vīverem, in senectūte cūrō, ut bene moriar. (Seneca) — Vor dem Alter habe ich mich darum gekümmert, gut zu leben, im Alter kümmere ich mich darum, gut zu sterben.

Solō interrogātus est, cūr nūllum supplicium cōnstituisset in parricīdās. (Cicero) — Solon wurde gefragt, warum er (in seinen Gesetzen) keine Todesstrafe für Verwandtenmörder festgesetzt habe.

▷ 1 Die Consecutio temporum gilt dann nicht, wenn sich der Sachverhalt des konjunktivischen Nebensatzes in die Gegenwart des Sprechers erstreckt oder zeitlose Gültigkeit hat (absolutes Tempus):

Verrēs Siciliam ita vastāvit, ut ea restituī nūllō modō **possit.**	Verres hat Sizilien so verwüstet, dass es auf keine Weise wiederhergestellt werden **kann**.

2 Bei Abhängigkeit von einem Infinitiv gilt für die Consecutio temporum das Tempus des Hauptsatzes:

Plīnius **solēbat** dīcere nullum librum esse tam malum, ut nōn aliquā parte **prodesset.**	Plinius sagte gerne, kein Buch sei so schlecht, dass es nicht (wenigstens) teilweise nützt.

3 Nachzeitigkeit wird fast nur in abhängigen Fragesätzen beachtet (↗165).

161 Besonderheiten der Modi in abhängigen Sätzen

1 Modusangleichung

Quis eum dīligat, quem omnēs metuant?	Wer könnte den schätzen, den alle fürchten?

Der Modus des Nebensatzes kann an den Konjunktiv des vorangehenden oder übergeordneten Satzes angeglichen sein (↗186.1). Der angeglichene Konjunktiv des lateinischen Nebensatzes wird im Deutschen nicht nachgebildet:

Virtūs facit, ut eōs dīligāmus, in quibus ipsa inesse videātur. (Cicero)	Die Tugend bewirkt, dass wir die schätzen, in denen sie selbst auch zu wohnen scheint.

2 Innere Abhängigkeit (obliquer Konjunktiv)

Pater fīlium vituperāvit, quod sērō redīsset.	Der Vater tadelte seinen Sohn, weil er zu spät zurückgekommen sei.

Im Konjunktiv stehen auch Nebensätze, die Meinungen oder Worte des übergeordneten Subjekts beinhalten (Konjunktiv der subjektiven Meinung):

Alexandrum fīlium Philippus accūsat, quod benevolentiam Macedonum dōnīs petat.	Philipp beschuldigt seinen Sohn Alexander, weil er – seiner Ansicht nach – das Wohlwollen der Makedonen durch Geschenke erreichen wolle.

Die vier Nebensatzarten

Nach der Funktion, welche die Nebensätze im Satz haben, unterscheidet man:

- Gliedsätze, welche die Stelle des Subjekts füllen (Subjektsätze),
- Gliedsätze, welche die Stelle eines Objekts füllen (Objektsätze),
- Gliedsätze, welche die Stelle eines Adverbiales füllen (Adverbialsätze), und
- Nebensätze, die sich als Attribut auf ein Nomen des übergeordneten Satzes beziehen (Attributsätze bzw. Relativsätze).

SUBJEKT- UND OBJEKTSÄTZE

Die Subjekt- und Objektsätze nehmen die Stelle des Subjekts bzw. Objekts ein. Sie können sein:
Aussagesätze, Begehrsätze, Fragesätze und Relativsätze (↗ 157.2).

162 Abhängige Aussagesätze (Explikativsätze[1])

1 quod-Sätze

Mit quod eingeleitete Aussagesätze stellen etwas als eine Tatsache hin und bringen dazu Erklärungen; man nennt dieses quod **faktisch** oder **explikativ**.

Vitium est, quod mentīris.	Ein Fehler ist, dass du lügst.

1. Die quod-Sätze füllen die Stelle von Subjekt oder Objekt:

Quid prōdest, quod venīs?	Was nützt es, dass du kommst? (Subjekt)
Mittō, quod perīcula subieris. (Cicero)	Ich lasse unerwähnt, dass du Gefahren auf dich genommen hast. (Objekt)

2. Der quod-Satz nach einem vorausgehenden Hinweis erläutert das Bezugswort und ist daher ein **Explikativsatz**:

id, quod	dies (die Tatsache), dass	inde, quod	daraus, dass
in eō, quod	darin (in der Tatsache), dass	nisi, quod	außer dass
ex eō, quod	daraus, dass	praeterquam, quod	abgesehen davon, dass

Magnum hoc egō dūcō, quod placuī tibi. (Horaz an Mäcenas)	Das halte ich für bedeutsam, dass ich dir gefallen habe.
Līber sum, nisi quod custōdem habeō. (Plautus)	Ich bin ein freier Mann, außer dass ich einen Wächter habe.
Inde (ex eō) māximē cognōscimus animam dīvīnam esse, quod deōs esse crēdit. (Cicero)	Daraus erkennen wir am besten die göttliche Natur der Seele, dass sie an die Existenz von Göttern glaubt.

3. quod steht nach Verben des Handelns oder Geschehens mit einem wertenden Adverb wie bene, male, prūdenter:

bene facere, quod	gut daran tun, dass
male ēvenit/accidit, quod	es trifft sich schlecht, dass

Bene facis, quod mē adiuvās.	Du tust gut daran, dass du mir hilfst.
Fēcistī mihi pergrātum, quod librum ad mē mīsistī. (Cicero)	Einen sehr großen Gefallen hast du mir dadurch getan, dass du mir das Buch geschickt hast.
Bene mihi ēvenit, quod mittor ad mortem. (Sokrates vor seinem Tod)	Es trifft sich gut für mich, dass ich in den Tod geschickt werde.

[1] explicāre 'erläutern'

▷ quod-Sätze können auch nach Verben des Lobens, Dankens und der Gefühlsäußerung stehen:

Doleō , quod abīs.	Ich bedauere, dass du weggehst. Es tut mir leid, dass du weggehst.

▷ Ein Gliedsatz mit explikativem quod kann am Satzanfang stehen und sich auf den ganzen folgenden Hauptsatz beziehen; quod wird dann mit „wenn" übersetzt:

Quod scrībis tē mox ventūrum esse: tē statim venīre volō .	Wenn du schreibst, dass du bald kommst: Ich möchte, dass du sofort kommst.

2 **ut**-Sätze

Accidit, ut lūna plēna esset.	Es ereignete sich, dass Vollmond war.

1. **ut**-Sätze stehen als Subjekte zu unpersönlichen Prädikaten wie:

fit, ut	es geschieht, dass	contingit, ut	es gelingt, dass
fierī potest, ut	es ist möglich, dass	reliquum est, ut	es bleibt (noch), dass
ēvenit, ut	es kommt vor, dass	multum abest, ut	es fehlt viel, dass
accidit, ut	es ereignet sich, dass	est, ut	es ist der Fall, dass

Persaepe ēvenit, ut ūtilitās cum honestāte certet.	Es kommt sehr oft vor, dass die Nützlichkeit mit der Moral im Streit liegt.
Mihi non contigit, ut tēcum essem.	Es gelang mir nicht, bei dir zu sein.

2. Ein ut-Satz kann auch ein Substantiv erläutern. Man bezeichnet dieses ut als **explikatives ut**; es wird mit „dass, nämlich dass" übersetzt:

Lēx erat apud maiōrēs sēvērissima, ut patrī fīlium occīdere licēret.	Bei den Vorfahren gab es ein äußerst strenges Gesetz, (nämlich) dass der Vater seinen Sohn töten durfte.
Apud Epicūrum duo bona sunt, ut corpus dolōre, animus perturbātiōne careat. (Cicero)	Bei Epikur gibt es zwei Güter, nämlich dass der Leib von Schmerz, die Seele von Beunruhigung frei ist.

▷ Die Infinitive des Futurs **fore** oder **futūrum esse** mit ut-Satz ersetzen im AcI die fehlenden Formen des Futurs:

Spērō fore, ut id nōbis contingat.	Ich hoffe, dass uns das gelingt.

163 Abhängige Begehrsätze

Rogō tē, ut redeās.	Ich bitte dich zurückzukommen.

1 Abhängige Begehrsätze sind aus einer Satzreihe mit einem selbstständigen Begehrsatz im Konjunktiv (als Modus des Wunsches) entstanden:

Satzreihe:	Optō: Maneās!	Nē abeās!
Satzgefüge:	Optō, ut maneās.	Optō, nē abeās.

Sie geben als **Objektsätze** den Inhalt eines Wunsches, Begehrens oder Befehls an.

Subjunktion: **ut** dass **nē** dass nicht (mit Konjunktiv)

2 Verben des Begehrens, Aufforderns, Bittens, Wünschens und Strebens sind z. B.

ōrāre/rogāre	bitten	optāre	wünschen
postulāre	fordern, verlangen	imperāre	befehlen, gebieten
suādēre	raten, zureden	persuādēre	überreden
monēre	mahnen	petere	erbitten, erstreben
permittere	erlauben	concēdere	zugestehen, erlauben
vidēre	zusehen	efficere	bewirken
operam dare	sich bemühen	id agere	darauf ausgehen, hinarbeiten

Ōrandum est, ut sit mēns sāna in corpore sānō. (Juvenal) — Man muss darum beten, dass ein gesunder Geist in einem gesunden Körper sei.

Videant cōnsulēs, nē quid dētrīmentī capiat rēs pūblica! — Die Konsuln sollen zusehen, dass der Staat keinen Schaden nimmt!

Der abhängige Begehrsatz lässt sich oft mit einer Infinitivkonstruktion wiedergeben:

Rogō vōs, ut quam prīmum scrībātis. — Ich bitte euch, möglichst bald zu schreiben.

Omne animal id agit, ut sē cōnservet. (Cicero) — Jedes Lebewesen geht darauf aus, sich selbst zu erhalten.

3 Vidē, nē quid āmittās. — Sieh zu, dass du nichts verlierst!

Nach **nē** erscheinen indefinite Pronomina und Adverbien in folgenden Formen:

nē quis	dass niemand	nē quid / nē quicquam	dass nichts
nē quandō / nē umquam	dass nie	nē usquam	dass nirgends

Da operam, nē quid umquam invītus faciās! (Seneca) — Bemühe dich, nie etwas wider deinen Willen zu tun!

Caesar sociīs imperāvit, nē Helvētiōs frūmentō nēve aliā rē iuvārent. — Caesar befahl seinen Verbündeten, den Helvetiern nicht mit Getreide und nicht mit anderem zu helfen.

▷ Die Subjunktion **ut** kann auch fehlen (↗153):

Velim, mihi crēdās. — Ich wollte, du glaubtest mir.

Vidē, mox adsīs! — Sieh zu, dass du bald da bist!

▷ Einige Verben können als Objekt einen AcI (Aussage) oder einen Begehrsatz haben. Je nach ihrer Konstruktion ergeben sich folgende Übersetzungen:

concēdere	ut:	erlauben	AcI:	einräumen
contendere	ut:	sich anstrengen	AcI:	behaupten
persuādēre	ut:	überreden	AcI:	überzeugen
monēre	ut:	ermahnen; **nē:** warnen	AcI:	erinnern
vidēre	ut:	zusehen, dafür sorgen	AcI:	sehen, einsehen

164 Gliedsätze nach Verben des Fürchtens und Hinderns

Timeō, nē errēs.	Ich fürchte, dass du irrst.

1 Den Verben des Begehrens stehen die Verben des Fürchtens und Hinderns nahe. Ihnen liegt der Wunsch zugrunde, dass etwas n i c h t geschehen solle:

Satzreihe:	Id metuō:	Dies fürchte ich:
	Nē sērō veniās!	Dass du ja nicht zu spät kommst!
Satzgefüge:	Metuō, nē sērō veniās.	Ich fürchte, dass du zu spät kommst.

2 In Gliedsätzen nach Ausdrücken des **Fürchtens** bedeutet **nē 'dass'**, entsprechend **nē nōn** oder **ut 'dass nicht'**. Häufige Ausdrücke sind:

timēre/metuere/verērī } nē	fürchten } dass
perīculum est } nē	es besteht Gefahr } dass

Perīculum erat, nē omnia amitterēmus.	Es bestand die Gefahr, dass wir alles verlieren.
Timeō, ut labōrēs sustineās.	Ich fürchte, du hältst die Mühen n i c h t aus.

3 Gliedsätze nach Verben des Hinderns

Custōdes nōs impediunt, nē intrēmus.
Wächter hindern uns (daran), einzutreten.

Begehrsätze stehen auch nach Verben des **Hinderns**.

Subjunktionen:	**nē** oder quōminus	dass
	quīn (nach verneinten Ausdrücken)	dass

Verben des Hinderns sind z. B.

impedīre	hindern	cavēre	sich hüten, achtgeben
prohibēre	abhalten, (ver)hindern	recūsāre	sich weigern

Cavēbis, nē mē attingās!	Du wirst dich hüten, mich anzurühren!
Dī nōn prohibēbunt, quīn sīc faciam. (Plautus)	Die Götter werden (mich) nicht davon abhalten, so zu handeln.
Aetās nōn impedit, quōminus studia teneāmus usque ad ultimum tempus senectūtis. (Cicero)	Alter hindert (uns) nicht daran, dass wir an den Studien bis zum letzten Zeitpunkt des Greisenalters festhalten.

165 Abhängige Fragesätze (indirekte Fragen)

Abhängige Fragesätze können nach Verben des Fragens, Sagens, Zweifelns und Nicht-Wissens stehen. Das Prädikat abhängiger Fragen steht im **Konjunktiv**[1].
Die abhängigen Fragesätze sind meist Objektsätze. Sie lassen sich unterteilen in

• Wortfragen:	Quaerō, ubi herī fueris.	Ich frage, w o du gestern warst.
• Satzfragen:	Dīc, num in urbe fueris.	Sag, o b du in der Stadt warst.
• Doppelfragen:	Dīc, utrum in urbe an domī fueris.	Sag, o b du in der Stadt o d e r zu Hause warst.

1 Abhängige Wortfragen (↗ 154.1)

Dīc, quid cottidiē agās.	Sag, was du täglich tust.

Abhängige Wortfragen werden durch ein Fragewort eingeleitet:

Nōn scrībam ad tē, quid factūrus sim, sed quid fēcerim. (Cicero an Atticus)	Ich will dir nicht schreiben, was ich tun werde, sondern was ich getan habe.
Nescīvī, quid Rōmae agerētur quandōque advēnissēs. (Cicero)	Ich wusste nicht, was in Rom vor sich ging und wann du angekommen bist.

2 Abhängige Satzfragen (↗ 154.2)

Ad tē scrībam, num quid ēgerim.	Ich werde dir schreiben, ob ich etwas bewirkt habe.

Abhängige Satzfragen werden eingeleitet mit:

-ne
num } ob

Rogāvī, pervēnissentne Agrigentum. (Cicero)	Ich habe gefragt, ob sie nach Agrigent gelangt sind.
Dīc mihi, num quid peius possit accidere.	Sag mir, ob etwas Schlimmeres geschehen kann.

3 Abhängige Doppelfragen (↗ 154.3)

Quaeritur, dī utrum sint necne.	Die Frage ist, ob es Götter gibt oder nicht.

Abhängige Doppelfragen werden meist durch Paare von Fragepartikeln gekennzeichnet:

utrum – an **(-ne) – an**	} ob – oder	utrum – necne -ne – necne	} ob – oder nicht

[1] In der Umgangsprache (vor allem in der Komödie) steht auch der Indikativ.

Interest, utrum perturbātiōne aliquā animī an cōnsultō fiat iniūria. (Cicero)	Es ist wichtig, ob Unrecht aus einer seelischen Verwirrung oder aus Vorsatz geschieht.
Exīstimāte, facta an verba plūris sint! (Marius)	Bedenkt, ob Taten oder Worte mehr wert sind!

▷ Im abhängigen Fragesatz m u s s auch die Nachzeitigkeit ausgedrückt werden. Da es aber zum Futur keinen Konjunktiv gibt, wird er umschrieben. Dies geschieht im Aktiv durch das Partizip Futur mit Formen von esse; statt des fehlenden Konjunktivs des Futurs II steht meist der Konjunktiv Plusquamperfekt:

Dīc mihi, quō crās itūrus sīs!	Sag mir, wohin du morgen gehen wirst (gehst)!
Herī nōn dīxistī, quō itūrus essēs, ubi domum vēnissēs.	Du hast gestern nicht gesagt, wohin du gehen wirst, sobald du nach Hause kommst (gekommen bist).

(unabhängiger Fragesatz:
Quo ībis, ubi domum vēneris?)

166 Abhängige Fragesätze nach Ausdrücken des Zweifelns und Nicht-Wissens

Haud sciō an errēs.	Ich weiß nicht, ob du n i c h t irrst. Vielleicht irrst du.

1 Nach Ausdrücken des Zweifelns und Nicht-Wissens bedeutet **an** '**ob nicht**':

dubitō, an	ich zweifle, ob n i c h t / vielleicht
incertum est, an	es ist unsicher, ob n i c h t / vermutlich

Dubitō, an Caesar nimis potēns fuerit.	Ich zweifle, ob Caesar nicht zu mächtig war; vielleicht war Caesar zu mächtig.

▷ Folgende Wendungen werden meist wie Adverbien in den H a u p t s a t z eingestellt:

nesciō quis	irgendwer	nesciō quō modō	irgendwie
haud sciō an	vielleicht	nesciō quō pactō	irgendwie

Id faciendum est haud sciō an nēminī potius quam tibi.	Dies muss vielleicht keiner eher tun als du.

2 Nach v e r n e i n t e n Ausdrücken des Zweifelns werden abhängige Fragesätze durch **quīn** '**dass**' eingeleitet:

Nēmō dubitat, quīn in virtūte dīvitiae sint.	Niemand bezweifelt, dass in der Tugend Reichtum liegt.

Dubium nōn est, quīn fuerint ante Homērum poētae.	Es besteht kein Zweifel, dass es vor Homer Dichter gab.

▷ Ähnlich steht **quīn** auch nach anderen verneinten Ausdrücken wie:

nōn multum abest, quīn	es fehlt nicht viel (daran), dass
paulum āfuit, quīn	es fehlte wenig (daran), dass
Nihil abest, quīn sim miserrimus. (Cicero)	Nichts fehlt, dass ich todunglücklich bin.

▷ 1 **quīn** bedeutet 'dass nicht' in den Wendungen:

facere nōn possum, quīn fierī nōn potest, quīn	ich bringe es nicht fertig, nicht zu es kann nicht geschehen, dass nicht ...
Facere nōn possum, quīn cottidiē ad tē mittam litterās. (Cicero an Atticus)	Ich bringe es nicht fertig, dir nicht täglich einen Brief zu schreiben.

2 **sī** bedeutet 'ob' nach Verben des Versuchens und Erwartens:

Mīlitēs cōnābantur, sī flūmen trānsīre possent.	Die Soldaten versuchten, ob sie den Fluss durchqueren könnten.

167 Übersicht: Subjekt- und Objektsätze

1 Abhängige Aussagesätze

quod-Sätze mit Indikativ	'dass; die Tatsache, dass' nach hinweisenden Ausdrücken	Vitium est, quod mentīris. Magnum hoc ego dūcō, quod placuī tibi.
	nach Verben mit wertendem Adverb	Bene facis, quod mē adiuvās.
	nach Verben der Gefühlsäußerung	Doleō, quod abīs.
ut-Sätze mit Konjunktiv	nach unpersönlichen Ausdrücken als Explikativsatz	Accidit, ut lūna plēna esset. Lēx est, ut fūr pūniātur.

2 Abhängige Begehrsätze

Begehren	ut nē	dass dass nicht	Rogō tē, ut redeās. Vidē, nē quid āmittās!
Fürchten	nē nē nōn/ut	dass dass nicht	Timeō, nē errēs. Timeō, ut labōrēs sustineās.
Hindern	nē quōminus	} dass	Custōdēs nōs impediunt, nē (quōminus) intrēmus.

3 Abhängige Fragesätze

Wortfragen	Dīc, quid cottidiē agās.	Sag, **was** du täglich tust.
Satzfragen	Ad tē scrībam, num quid ēgerim.	Ich werde dir schreiben, **ob** ich etwas bewirkt habe.
Doppelfragen	Exīstimāte, facta an verba plūris sint!	Bedenkt, **ob** Taten **oder** Worte mehr wert sind!
Verneintes Zweifeln	haud sciō an nōn dubitō quīn	vielleicht ich zweifle nicht (daran), dass

ADVERBIALSÄTZE

168 Wesen und Arten der Adverbialsätze

Die Adverbialsätze sind Adverbialien (↗ 83) in der Form eines Gliedsatzes. Sie liefern nähere Angaben über den Sachverhalt, der durch Prädikat, Subjekt und Objekt(e) des Hauptsatzes bezeichnet ist:

Der Kutscher —	*schwingt*		Subjekt —	Prädikat
die Peitsche,	*bevor* / *damit* / *sodass* / *obwohl* / *während*	*die Pferde traben.*	Objekt	Adverbiale (Gliedsatz) Adverbialsatz

Je nach der Angabe, die der Adverbialsatz über einen Sachverhalt des Hauptsatzes vermittelt, unterscheidet man Adverbialsätze

- der Zeit (Temporalsätze)
- der Absicht (Finalsätze)
- der Folge (Konsekutivsätze)
- des Grundes (Kausalsätze)
- der Einräumung (Konzessivsätze)
- des Gegensatzes (Adversativsätze)
- der Bedingung (Kondizionalsätze)
- der Art und Weise (Modalsätze) und
- des Vergleichs (Komparativsätze).

Temporalsätze

Die temporalen Adverbialsätze bieten eine zweifache Information:

1. Sie geben das Zeitverhältnis zwischen der Handlung von Haupt- und Gliedsatz an und sagen damit, ob die Handlung des Gliedsatzes **vorzeitig, gleichzeitig** oder **nachzeitig** zur Handlung des Hauptsatzes stattfindet.

2. Sie können durch die Wahl der Subjunktion weiterhin angeben:

- den Zeitpunkt (Frage: wann?),
- die Abfolge zweier Ereignisse (Frage: ab wann?),
- Beginn, Dauer oder Ende (Fragen: seit wann? wie lange? bis wann?) und
- die Häufigkeit einer Handlung oder eines Ereignisses (Frage: wie oft?).

In den Temporalsatz kann sich noch eine weitere Sinnrichtung (final oder potential) mischen; sie wird durch den Konjunktiv gekennzeichnet (↗ 169.3 u.170.6).

169 Temporalsätze zur Angabe eines Zeitverhältnisses

1 Vorzeitigkeit: nachdem, als

Postquam cēnāvī, amīcus mē convēnit.	Nachdem ich gespeist hatte, besuchte mich mein Freund.

postquam, posteāquam post ..., quam (Ind. Perf.)	nachdem	cum (Konj. Plqpf.) (cum historicum)	nachdem, als

Caesar quīnque annīs post, quam Rubicōnem trānsgressus est, interfectus est.	Caesar wurde fünf Jahre, nachdem er den Rubico überschritten hatte, ermordet.
Cum ad oppidum Caesar accessisset, puerī mulierēsque pācem petīvērunt.	Als Caesar an die Stadt herangerückt war, baten die Kinder und Frauen um Frieden.

2 Gleichzeitigkeit: während; als

Dum ego in Siciliā sum, nūlla statua dēiecta est. (Cicero)	Während ich in Sizilien war, wurde keine Statue umgestürzt.

dum (stets Ind. Präsens)	während, als	**cum** (Konj. Impf.)	als

Dum loquimur, fūgerit invida aetās: Carpe diem! (Horaz)	Während wir sprechen, ist wohl die missgünstige Zeit schon davon: Nütze den Tag!
Cum tē exspectārem, hōrae longae vidēbantur.	Als ich auf dich wartete, schienen (mir) die Stunden lang.

3 Nachzeitigkeit: ehe, bevor

Fulmen cernimus, antequam tonitrum audīmus.	Wir sehen den Blitz, bevor wir den Donner hören.

Gliedsätze mit antequam (anteāquam) oder priusquam (auch: ante ...,quam) besagen, dass das Ereignis des Gliedsatzes später als jenes des Hauptsatzes eintritt. Der Modus ist meist der Indikativ:

antequam (anteāquam)	ehe, bevor	priusquam	ehe, bevor
ante ... quam	früher als, ehe, bevor	prius ... quam	früher als, ehe, bevor

Prius respondēs, quam rogō.	Du antwortest, ehe ich (dich darum) bitte.
Nūntius paulō ante vēnit, quam sōl occidit.	Der Bote kam, kurz bevor die Sonne unterging.

▷ Der **Konjunktiv** nach antequam und priusquam zeigt, dass eine Absicht oder Möglichkeit ausgedrückt wird (finale oder potentiale Sinnrichtung):

Priusquam incipiās, cōnsultō opus est. (final)	Ehe du beginnen kannst, ist Überlegung nötig.
Tempestās mīnātur, antequam surgat. (potential)	Ein Unwetter droht, ehe es (vielleicht) losbricht.

170 Temporalsätze zur Angabe zeitlicher Abfolgen

1 Zeitpunkt: damals, als; dann, wenn

Cum Caesar in Galliam vēnit, ibi duae factiōnēs erant.	Als Caesar nach Gallien kam, gab es dort zwei Parteien.

Temporale Adverbialsätze mit cum und Indikativ geben den Zeitpunkt eines Ereignisses oder Sachverhalts an. Oft wird der Zeitpunkt durch nähere Zeitangaben im Hauptsatz wie tum 'da, damals' oder eō diē 'an diesem Tag' näher bestimmt:

cum (sog. cum relativum) mit Ind.	(damals,) als

Fuit quoddam tempus, cum in agrīs hominēs bēstiārum mōre vagābantur.	Es gab eine Zeit, als die Menschen auf den Feldern wie Tiere umherschweiften.
Fortūna vitrea est: tum, cum splendet, frangitur. (Publilius Syrus)	Das Glück ist aus Glas: Dann, wenn es glänzt, zerbricht es.

2 Beginn: seitdem, seit

Vīcēsimus annus est, cum omnēs scelerātī mē ūnum petunt. (Cicero)	Es ist das 20. Jahr, seit alle Verbrecher mich allein angreifen.

Den Beginn eines schon länger andauernden Zustandes gibt an:

cum (mit Ind.)	seitdem

Centum annī sunt, cum illa lēx lāta est.	Es sind 100 Jahre, seit jenes Gesetz eingebracht worden ist.

3 Rasche Aufeinanderfolge: sobald, sowie

Ubi Rōmam vēnerō, tē conveniam.	Sobald ich nach Rom komme, werde ich dich besuchen.

Die rasche Aufeinanderfolge von zwei Ereignissen kennzeichnen Subjunktionen mit der Bedeutung 'sobald, sowie'; sie stehen in der Regel mit Indikativ:

ubi, ubi prīmum ut, ut prīmum cum prīmum	sobald, sowie	simul simulac (simulatque)	sobald, sowie

Ut centuriō cecidit, cōnfestim inclīnāta est Rōmāna aciēs. (Livius)	Sowie der Zenturio gefallen war, kam die römische Kampflinie unverzüglich ins Wanken.
Tū velim, cum prīmum poteris, ad mē scrībās.	Ich möchte, dass du mir schreibst, sobald du kannst.
Simulac fortūna dīlāpsa est, dēvolant omnēs amīcī.	Sobald das Glück entschwunden ist, laufen alle Freunde davon.

4 Unterbrechung: als (plötzlich)

Modo cēnābam, cum accēpī litterās tuās.	Ich war gerade beim Essen, als ich deinen Brief erhielt.

cum mit Indikativ kann einen Temporalsatz einleiten, der eine Handlung des Hauptsatzes unterbricht. Die wichtige Mitteilung enthält hier der Gliedsatz (sog. cum inversivum). Häufig stehen zusätzliche Adverbien wie **iam** 'schon', **modo** 'eben', **vix** 'kaum', **subitō** oder **repente** 'plötzlich':

Hannibal iam subībat mūrōs, cum repente in eum ērumpunt Rōmānī. (Livius)	Hannibal wollte schon an die Mauern heranrücken, als plötzlich die Römer (aus dem Tor) gegen ihn ausbrachen.

5 Gleiche Dauer: solange

Dum spīrō, spērō.	Solange ich atme, hoffe ich.

Die gleiche Dauer von Ereignissen oder Zuständen kennzeichnen folgende Subjunktionen:

dum, dōnec, quoad, quamdiū (m. Ind.)	solange

Dōnec eris fēlīx, multōs numerābis amīcōs.	Solange du glücklich bist, wirst du viele Freunde zählen.
Discēs, quamdiū volēs. (Cicero)	Du wirst lernen, solange du willst.

6 Endpunkt: bis

Manē, dum ego redeō!	Warte, bis ich zurückkomme!

Den Endpunkt einer Handlung geben an:

dum, dōnec, quoad (mit Indikativ)	bis

Mīlō in senātū fuit, quoad senātus est dīmissus.	Milo war im Senat, bis der Senat entlassen wurde.

▷ Der Konjunktiv nach dum kann eine finale Sinnrichtung ausdrücken:
Rūsticus exspectat, dum dēfluat amnis. — Der Bauer wartet, dass der Fluss (endlich) abfließe.

7 Häufigkeit: sooft; jedes Mal, wenn; immer, wenn

Quotiēns forās īre volō, mē retinēs.	Sooft ich nach draußen gehen will, hältst du mich zurück.

Die häufige Wiederholung eines Vorganges markieren die Subjunktionen

cum (cum iterativum) sooft; immer, wenn	quotiēns sooft; jedes Mal, wenn

Amīcum cum vidēs, oblīvīscere miseriae!	Wenn (sooft) du deinen Freund siehst, vergiss das Unglück!

171 Übersicht: die temporalen Subjunktionen

Vorzeitigkeit	postquam (Ind. Perf.)	cum (Konj. Plqpf.)	nachdem, als
Gleichzeitigkeit	dum (Ind. Präs.)	cum (Konj. Impf.)	während, als
Nachzeitigkeit	antequam, anteāquam, priusquam (Ind.)		ehe, bevor
Zeitpunkt	cum (Ind.)		damals, als; dann, wenn
Beginn	cum (Ind.)		seit, seitdem
Rasche Abfolge	ut (prīmum), ubi (prīmum), cum prīmum, simul(-ac/atque) (Ind.)		sobald, sowie
Unterbrechung	cum (Ind.)		als (plötzlich)
Dauer	dum, dōnec, quoad, quamdiū (Ind.)		solange
Endpunkt	dum, dōnec, quoad (Ind., auch Konj.)		bis
Häufigkeit	cum (Ind.), quotiēns (Ind.)		sooft; jedes Mal, wenn, immer, wenn

172 Finalsätze[1]

Dō, ut dēs. — Ich gebe, damit du gibst.

1 Finalsätze geben die **Absicht** an, die das ausführende Subjekt mit der Handlung verfolgt. Modus ist stets der Konjunktiv. Subjunktionen sind:

ut	damit, dass	nē	damit nicht, dass nicht
quō (ut eō)	damit umso / damit desto (vor Komparativen)		

Portae clausae sunt, nē quis irrumpere posset.	Die Tore wurden geschlossen, damit niemand eindringen konnte.
Lēgem brevem esse oportet, quō facilius etiam ab imperītīs teneātur. (Seneca)	Ein Gesetz muss kurz sein, damit es umso leichter auch von Laien behalten wird.

▷ Bei gleichem Subjekt im Haupt- und Gliedsatz kann der Finalsatz im Deutschen mit einer Infinitivkonstruktion („um – zu") wiedergegeben werden:

Edere oportet, ut vīvās, nōn vīvere, ut edās. — Man muss essen, um zu leben, nicht leben, um zu essen.

[1] fīnis, is m. Ziel; Zweck

Idcircō lēgum servī sumus, ut līberī esse possīmus. (Cicero)	Deshalb sind wir Diener der Gesetze, um frei sein zu können.

2 Oft weisen Demonstrativa im Hauptsatz noch besonders auf eine Absicht hin:

eō/ideō/ idcircō/ob eam causam	deshalb, darum
eō cōnsiliō/eā mente	in der Absicht
eā condiciōne/eā lēge	unter der Bedingung; dazu

Nōn hāc lēge nōs patria genuit, ut nostrīs tantum commodīs serviāmus. (Cicero)	Das Vaterland hat uns nicht dazu geboren, dass wir nur unseren eigenen Interessen dienen.

▷ Zur F o r m e l geworden ist der Finalsatz in Wendungen wie

ut ita dīcam	sozusagen	nē dīcam	um nicht zu sagen
ut alia ōmittam	um anderes auszulassen	nē multa (loquar)	um es kurz zu sagen; kurz

Eine Absicht können auch ausdrücken: Gerund und Gerundiv (↗128–130), Supin (↗140) und konjunktivische Relativsätze (↗184.1).

173 Konsekutivsätze

Teneō fūrem, ut negāre nōn possit. (Cicero über Verres)	Ich habe den Dieb (überführt), sodass er nicht leugnen kann.

Konsekutivsätze[1] geben die **Folge** an, die sich aus dem Vorgang des Hauptsatzes ergibt; sie stehen im Konjunktiv. Subjunktionen sind:

ut	(so)dass	ut nōn	(so)dass nicht

Hominēs dissimilēs sunt, ut aliōs alia dēlectent.	Die Menschen sind verschieden, sodass jeden etwas anderes freut.

Meist geben Demonstrativa im Hauptsatz den Grad einer Eigenschaft oder eines Verhaltens an, aus dem sich die Folge ergibt:

sīc, ita, adeō, tantopere	so (sehr)	is, tālis	derartig, solch
tam (beim Adjektiv)	so (sehr)	eiusmodī	derartig, solch
ita nōn, adeō nōn	so wenig	tantus	so groß

Atticus sīc Graecē loquēbātur, ut Athēnīs nātus vidērētur.	Atticus sprach so gut griechisch, dass er gebürtiger Athener zu sein schien.
Nūllus est liber tam malus, ut nōn aliquā parte prōsit. (Plinius)	Kein Buch ist so schlecht, dass es nicht wenigstens teilweise nützt.

[1] cōnsequī 'folgen'

174 Kausalsätze

Kausalsätze geben den **Grund** für das Ereignis oder den Sachverhalt des Hauptsatzes an. Die häufigsten Subjunktionen sind:

quod quia quoniam	mit Ind.	weil weil ja, da ja	cum (cum causale) quippe cum praesertim cum	mit Konj.	da da ja besonders da

1 Kausalsätze im Indikativ

Rāra fidēs ideō est, quod multī multa loquuntur.	Glaubwürdigkeit ist deshalb selten, weil viele (so) vieles reden.

Im Hauptsatz stehen oft Demonstrativa wie

eō, ideō propterēā idcircō	deshalb, daher, deswegen	eō ipsō ob hanc causam ob hanc rem	gerade deshalb aus diesem Grunde, deshalb

Dīligī iūcundum est propterēā, quia vītam tūtiōrem efficit.	Geschätzt zu werden ist deshalb angenehm, weil es das Leben sicherer macht.
Eō sapiēns tranquillē vīvit, quod mortem nōn timet.	Deswegen lebt der Weise ruhig, weil er den Tod nicht fürchtet.

▷ 1 Nach eō/hōc mit einem Komparativ übersetzt man **quod** mit „als“:

eō/hōc magis – quod	umso mehr – als
Laeliam eō libentius audīvī, quod L. Crassī erat fīlia. (Cicero)	Laelia habe ich umso lieber angehört, als sie Tochter des L. Crassus war.

2 Kausalsätze mit **quod, quia** und **quoniam** stehen im Konjunktiv,

a) wenn sie innerlich abhängig sind (↗ 161.2):

Noctū ambulābat Themistoclēs, quod somnum capere nōn posset.	Themistokles ging nachts spazieren, weil er angeblich nicht einschlafen konnte.

b) wenn eine Begründung durch eine Negation verworfen wird:

nōn quod (nōn quō)	nicht etwa weil
nōn quod nōn (nōn quīn)	nicht etwa weil nicht
Abeō, nōn quō īre velim, sed quia domum vocātus sum.	Ich gehe fort, nicht etwa weil ich gehen möchte, sondern weil ich nach Hause gerufen bin.

2 Kausalsätze im Konjunktiv

Hannibal dolō pugnāvit, cum pār nōn esset armīs.	Hannibal kämpfte mit List, da er in der Rüstung nicht gleich (stark) war.

Die Subjunktion **cum** kann durch Partikeln wie quippe oder praesertim verstärkt sein:

Bibulus scrībēbat accūrātē, praesertim cum nōn esset ōrātor.	Bibulus schrieb (seine Reden) genau auf, besonders da er kein (guter) Redner war.

175 Konzessivsätze[1]

Konzessivsätze **räumen** einen Sachverhalt **ein**, der im Gegensatz zur Aussage des Hauptsatzes steht, z. B.
„Obwohl die Perser in der Überzahl waren, siegten sie nicht."
Nach der Aussage des Konzessivsatzes ('Die Perser waren in der Überzahl') wäre der Sieg der Perser zu erwarten gewesen; das Gegenteil aber trat ein: Sie verloren.

Konzessive Subjunktionen sind:

mit Indikativ		mit Konjunktiv	
quamquam	obwohl, obgleich	cum	obwohl, obgleich
etsī	auch wenn, selbst wenn	quamvīs[2]	obgleich, wie sehr auch
etiamsī	auch wenn, selbst wenn	licet/sānē	angenommen, mag auch
tametsī	auch wenn, selbst wenn	ut	zugegeben, dass; wenn auch

Im Hauptsatz weist oft ein Adverb auf den Gegensatz hin:

tamen	dennoch	vērum, vērō	aber, doch
at, attamen	doch, jedoch, aber doch	nihilō minus	trotzdem, nichtsdestoweniger

1 Konzessivsätze im Indikativ

Quamquam domum īre cupiō, hīc manēbō.	Obwohl ich nach Hause gehen möchte, werde ich hier warten.

Manē, etsī īre vīs!	Bleibe, auch wenn du gehen willst!
Nostrī tametsī ā fortūnā dēserēbantur, tamen omnem spem in virtūte pōnēbant. (Caesar)	Obwohl unsere Leute vom Glück verlassen wurden, setzten sie doch alle Hoffnung auf ihre Tapferkeit.

▷ Quamquam ('doch, indes') kann auch vor einem Hauptsatz stehen:
Quid tū ais? – Quamquam, quid quaerō? Was sagst du? Doch – was frage ich?

2 Konzessivsätze im Konjunktiv

Atticus honōrēs nōn petīvit, cum eī patērent.	Atticus erstrebte keine Ehrenämter, obwohl sie ihm offenstanden.

Nerō Octāviam coniugem dīmittere parābat, quamvīs modestē ageret.	Nero beabsichtigte, seine Gattin Octavia zu verstoßen, obgleich sie sittsam lebte.
Mulier, quae bona fuit, licet centum annōs vīxerit, flēbitur.	Eine Frau, die rechtschaffen war, wird beweint werden, mag sie auch 100 Jahre gelebt haben.
Ut dēsint vīrēs, tamen est laudanda voluntās.	Wenn auch die Kräfte fehlen, so ist doch der Wille zu loben.

▷ **quamvīs** ('beliebig, noch so sehr, äußerst') kann auch ein Adjektiv oder Adverb verstärken:
iter quamvīs arduum — ein äußerst steiler Weg

[1] concēdere zugeben, einräumen [2] quamvīs bedeutet 'wie (sehr) du willst'

176 Adversativsätze

Vōs bibitis, cum ego hīc sim siccus.
Ihr trinkt, während ich hier trocken bin.

Adversativsätze stellen einen Sachverhalt in **Gegensatz** zu einem anderen.
Die Subjunktion ist

cum (cum adversativum) (mit Konjunktiv)	während[1] (dagegen)
Homō sōlus est particeps ratiōnis, cum cētera animālia omnia sint expertia. (Cicero)	Der Mensch allein hat Teil an der Vernunft, während alle übrigen Lebewesen vernunftlos sind.

177 Kondizionalsätze

Sī valēs, bene est. (Briefformel)	Wenn du gesund bist, ist es gut.

1 Wesen und Arten

Kondizionalsätze geben die **Bedingung** an, unter der das Geschehen des Hauptsatzes tatsächlich oder möglicherweise oder nicht eintritt; der Hauptsatz enthält die Folgerung, die sich aus der Bedingung ergibt:

Ich komme,	wenn die Sonne scheint.	→	reale Bedingung
Ich komme,	wenn die Sonne scheinen sollte.	→	potentiale Bedingung
Ich käme,	wenn die Sonne schiene.	→	irreale Bedingung

Die **Art der Bedingung** drücken im Lateinischen die verschiedenen **Modi** aus:

1. **real**:	wirklich, tatsächlich	Indikativ
2. **potential**:	möglich, unsicher	Konj. Präsens oder Perfekt
3. **irreal**:	in der Gegenwart nicht verwirklicht	Konj. Imperfekt
	in der Vergangenheit nicht verwirklicht	Konj. Plusquamperfekt

[1] Die deutsche Subjunktion „während“ ist zweideutig. Sie gibt auch das temporale **dum** mit Präsens wieder (↗ 169.2).

Kondizionale Subjunktionen sind:

sī	wenn, falls	nisi (nī)	wenn nicht
quod sī	wenn aber; wenn nun	quod nisi	wenn aber nicht
sīn/sīn autem	wenn aber, falls aber	nisi forte }	wenn nicht gerade;
siquidem	wenn wirklich	nisi vērō }	es sei denn, dass
sīve – sīve	sei es dass – oder dass	sī minus/sī nōn	wenn nicht, andernfalls
dum, dummodo modo (mit Konj.)	wenn nur	dummodo nē (mit Konj.)	wenn nur nicht

1. **reale** Bedingungen (Indikativ):

Sī vīs amārī, amā! (Seneca)	Wenn du geliebt werden willst, dann liebe!
Etiam nunc regredī possumus; quod sī ponticulum trānsierimus, omnia armīs agenda erunt. (Caesar am Rubico)	Auch jetzt können wir noch zurück; wenn wir aber die kleine Brücke überschreiten, wird alles mit den Waffen abzumachen sein.
Sī occāsiō erit, tē conveniam, sī minus, scrībam.	Wenn es eine Gelegenheit gibt, werde ich dich besuchen, andernfalls schreiben.

2. **potentiale** Bedingungen (Konjunktiv Präsens oder Perfekt):

Sī veniās, gaudēbō.	Falls du kommen solltest, freue ich mich.
Sī vīllam tuam nōndum vendideris, bene fēcistī.	Falls du dein Landgut noch nicht verkauft haben solltest, hast du gut daran getan.
Ōderint, dum metuant. (Kaiser Caligula)	Mögen sie (ruhig) hassen, wenn sie nur fürchten.

3. **irreale** Bedingungen (Konjunktiv Imperfekt oder Plusquamperfekt):

Ego nisi peperissem, Rōma nōn oppugnārētur; nisi fīlium habērem, lībera in līberā patriā mortua essem. (Coriolans Mutter zu ihrem Sohn, der seine Vaterstadt Rom angreift; vgl. ↗ 195)	Wenn ich nicht geboren hätte, würde Rom nicht belagert werden; wenn ich keinen Sohn hätte, dann wäre ich als Freie in einer freien Heimat gestorben.

2 Irrealis in der Abhängigkeit

Wenn ein Irrealis in einen AcI oder einen abhängigen Fragesatz eingebaut ist, wird er im Lateinischen durch Partizip Futur mit Infinitiv bzw. Konjunktiv Perfekt ausgedrückt. Gegenwart oder Vergangenheit des Irrealis ergeben sich aus dem finiten Verb des Gliedsatzes, der sī-Satz bleibt unverändert:

Putō tē ventūrum fuisse, sī possēs.	Ich glaube, du kämest, wenn du könntest.
Putō tē ventūrum fuisse, sī potuissēs.	Ich glaube, du wärest gekommen, wenn du gekonnt hättest.
Nōn dubitō, quīn ventūrus fueris, sī potuissēs.	Ich zweifle nicht, dass du gekommen wärest, wenn du gekonnt hättest.

3 Dē mortuīs nīl nisi bene!	Über Verstorbene nur Gutes (sagen)!

Nisi wird in Verbindung mit nōn, nēmō und nihil mit „nur“ bzw. „außer“ wiedergegeben. Die Negation des Satzes (meist eines Hauptsatzes) wird dadurch eingeschränkt:

nōn – nisi	außer, nur	nihil – nisi	nichts außer, nur
nēmō – nisi	niemand außer, nur	nihil aliud – nisi	nichts anderes als

Nisi in bonīs amīcitia esse nōn potest.	Freundschaft kann es nur unter guten Menschen geben.
Hortēnsiō nēmō pār erat ēloquentiā nisi Cicerō.	Dem Hortensius kam niemand außer (nur) Cicero an Beredsamkeit gleich.

178 Modalsätze

Amīcē facis, cum mē laudās.	Du handelst freundschaftlich, indem (dadurch, dass) du mich lobst.

Modalsätze geben die **Art und Weise** an, in der die Handlung des Hauptsatzes abläuft; sie stehen im Indikativ. Die Subjunktion ist:

cum (mit Indikativ)	indem; wenn; dadurch, dass

Dē tē, Catilīna, cum quiēscunt, probant, cum patiuntur, dēcernunt, cum tacent, clāmant. (Cicero gegen Catilina, den er im Senat heftig angreift)	Indem sie (die Senatoren) bei dir, Catilina, ruhig sind, billigen sie (meine Kritik), indem sie (diese) zulassen, beschließen sie, indem sie schweigen, rufen sie laut.

179 Komparativsätze

1 Wesen der Komparativsätze

Komparativsätze **vergleichen** Grad oder Art und Weise von Handlungen oder Sachverhalten, z. B.

Du bist so weit gesprungen, <—> wie noch keiner gesprungen ist.

Im Lateinischen werden Vergleiche ausgedrückt durch:

- korrelative Adjektive, Pronomina, Adverbien oder
- **atque** (ac), wenn die Vergleichsgrößen **ähnlich** sind;
- Komparativ und **quam**, wenn die Vergleichsgrößen **verschieden** sind;
- Verbindungen mit sī, wenn der Vergleich irreal ist.

2 Komparativsätze mit Korrelativa:

Rēs sīc sē habet, ut ego dīxī.	Die Sache verhält sich so, wie ich sagte.

Die häufigsten Korrelativa sind:

Pronomina/Pronominaladjektive		Adverbien	
īdem – quī	derselbe – wie der nämliche – wie	tam – quam (bei Adj.)	so – wie
		ita/sīc – ut (bei Verben)	so – wie
tālis – quālis	ein solcher – wie; so (beschaffen) – wie	tot – quot	so viele – wie
		totiēns – quotiēns	so oft – wie
tantus – quantus	so groß – wie	tantopere – quantopere	so sehr – wie

Tālis es, quālis pater tuus fuit. — Du bist so, wie dein Vater war.
Quot capita, tot sententiae. — Wie viel Köpfe, so viele Meinungen (gibt es).

Im Komparativsatz fehlt oft das Prädikat, wenn es sich sinngemäß aus dem Hauptsatz ergänzen lässt:

Idem sentiō quod tū. — Ich fühle dasselbe wie du (was du fühlst).
Servī mōribus īsdem sunt quibus dominus. (Cicero) — Die Sklaven haben die gleichen Sitten wie ihr Herr.

3 Komparativsätze mit atque (ac)

Hodiē aliud dīcis ac herī dīxistī.	Heute sagst du etwas anderes als gestern.

Atque/ac im Vergleichssatz bedeutet 'wie, als':

bei Adjektiven		bei Verben	
īdem – atque	derselbe – wie	proinde – atque	ebenso – wie
aequus/pār – atque	gleich – wie	contrā – atque	anders – als
similis – atque	ähnlich – wie	secus – atque	anders – als
alius – atque	ein anderer – als	aliter – atque	anders – als

Hoc ego nōn dīxī secus ac sentiēbam. — Das habe ich nicht anders gesagt, als ich meinte.

Nōn aequam partem Verrēs sibi sūmpsit atque populō Rōmānō mīsit. — Verres nahm sich nicht den gleichen Anteil (an Kunstschätzen), wie er dem römischen Volk übersandt hat (sondern mehr).

Miltiadēs totidem nāvibus atque erat profectus Athēnās rediit. — Miltiades kam mit ebenso vielen Schiffen, wie er aufgebrochen war, nach Athen zurück.

▷ Verbindungen wie īdem - atque können auch im Hauptsatz stehen:
Virtūs eadem in homine ac deō est. — Die Tugend ist im Menschen die gleiche wie in Gott.

4 Komparativsätze nach einem Adjektiv im Komparativ

Hominēs quō plūra habent, eō ampliōra cupiunt.	Je mehr die Menschen haben, desto mehr wollen sie.

Subjunktionen oder Korrelativa bei solchen Vergleichssätzen sind:

quam	als	quō – eō	je – desto (umso)
nōn minus – quam	nicht weniger – als; ebenso (sehr) – wie	quantō – tantō	je – desto (umso)

Caesar mātūrius, quam cōnsuēverat, ad exercitum proficīscitur.	Caesar bricht frühzeitiger, als er es gewohnt war, zum Heer auf.
Māior rēs est, quam ut neglegī possit.	Die Angelegenheit ist zu bedeutend, als dass man sie vernachlässigen könnte.
Quantō quis altius ēlātus est, eō foedius saepe corruit.	Je höher einer emporgehoben wurde, desto schlimmer stürzt er oft.

▷ **Quam** beim Superlativ bedeutet 'möglichst' (↗ 28.3):

Quam vērissimē poterō, dīcam.	Ich will es möglichst wahrheitsgetreu sagen.
Quam prīmum tē conveniam.	So früh wie möglich werde ich dich besuchen.

5 Komparativsätze mit sī und Konjunktiv

Sīc loqueris, quasi omnia iam sciās.	Du sprichst so, als ob du schon alles wüsstest.

quasi (aus quam sī) tamquam (sī), ut sī	wie wenn, als ob	perinde (proinde) ac sī velut sī, ac sī	wie wenn, gerade als ob

Boiī dēfēcērunt, perinde ac sī Hannibal Alpēs iam trānsīsset.	Die Boier fielen ab, gerade als ob Hannibal die Alpen schon überschritten hätte.
Tēcum agō nōn secus, ac sī meus essēs frāter. (Cicero)	Ich verfahre mit dir nicht anders, als wenn du mein Bruder wärest.

▷1 Vergleiche mit **ut** können dann, wenn das Vergleichswort (z. B. sīc) fehlt, etwas begründen oder einschränken:

Diogenēs līberius, ut erat Cynicus, Alexandrō respondit.	Diogenes antwortete, da er Kyniker war, dem Alexander recht freimütig.

2 Besonderheiten beim Vergleich mit **ut – sīc**:
In einem Vergleich kann auch ein Gegensatz eingeräumt sein; Übersetzung: „zwar – aber"

Homō ut est dominus mundī, sīc māiōrī dominō subiectus est.	Der Mensch ist zwar Herr über die Welt, aber einem größeren Herrn unterworfen.

ut – sīc/ita beim Superlativ wird mit „je – desto" und Komparativ übersetzt:

Ut quisque est sapientissimus, ita modestissimus esse solet.	Je weiser einer ist, desto bescheidener ist er gewöhnlich.

3 Verkürzte Vergleichssätze liegen vor in Wendungen mit **quam prō** 'unverhältnismäßig':

Cohortēs pulverem māiōrem quam prō numerō excitābant.	Die Kohorten wirbelten im Verhältnis zu ihrer Zahl zu viel Staub auf.

180 Übersicht: mehrdeutige Subjunktionen

cum (Ind.)	damals, **als**	Cum Caesar in Galliam vēnit, ibi duae factiōnēs erant.
	als (plötzlich)	Modo cēnābam, cum accēpī litterās tuās.
	immer **wenn**	Amīcum cum vidēs, oblīvīscere miseriae!
	indem	Amīcē facis, cum mē laudās.
cum (Konj.)	**als**, nachdem	Cum Caesar accessisset, mulierēs pācem petīvērunt.
	weil	Hannibal dolō pugnāvit, cum pār nōn esset armīs.
	obwohl	Atticus honōrēs nōn petīvit, cum eī patērent.
	während (Gegens.)	Vōs bibitis, cum ego hīc sim siccus.
dum (Ind.)	**während** (zeitl.)	Dum ego in Siciliā sum, nūlla statua dēiecta est.
	solange	Dum spīrō, spērō.
(auch Konj.)	**bis**	Manē, dum ego redeō!
(Konj.)	wenn nur	Ōderint, dum metuant!
quod	**dass**	Bene facis, quod mē adiuvās.
	weil	Rāra fidēs ideō est, quod multī multa loquuntur.
(Relativpron.)	(das,) was	Quod scrīpsī, scrīpsī.
ut (Ind.)	**wie**	Rēs sīc sē habet, ut ego dīxī.
	sobald, sowie	Ut centuriō cecidit, inclīnāta est Rōmāna aciēs.
ut (Konj.)	**dass**	Rogō tē, ut redeās.
	(sodass)	Teneō fūrem, ut negāre nōn possit.
	damit	Dō, ut dēs.
(fürchten)	dass nicht	Timeō, ut labōrēs sustineās.
nē (Konj.)	dass nicht	Petō, nē quicquam taceās.
	damit nicht	Portae clausae sunt, nē quis irrumpere posset.
(fürchten)	dass	Timeō, nē errēs.
(hindern)		Custōdēs nōs impediunt, nē intrēmus.
quīn (Konj.)	dass	Nēmō dubitat, quīn in virtūte dīvitiae sint.
	dass nicht	Facere nōn possum, quīn cottīdiē ad tē mittam litterās.

Attributsätze (Relativsätze)

RELATIVSÄTZE IM INDIKATIV

181 Relativsätze als Attributsätze

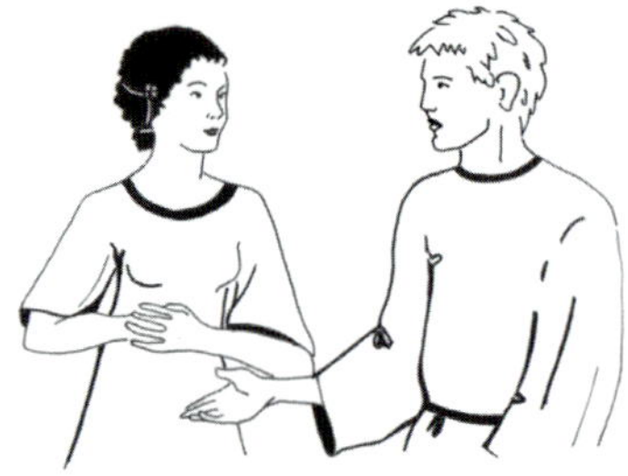

1 Attribut zu einem Nomen kann auch ein Satz sein (Attributsatz):

1. Satz: Ich kenne deinen Freund.
2. Satz: Er hat blonde Haare.

Satzgefüge mit Attributsatz: *Ich kenne deinen Freund, der blonde Haare hat.*

Ich ——— *kenne* / *deinen Freund,* / *der blonde Haare hat.*	Subjekt ——— Prädikat / Objekt / Attribut (Attributsatz)

2 Attributsätze[1] werden gewöhnlich durch ein Relativpronomen (oder ein relatives Pronominaladverb) eingeleitet, das sich im **Genus** und **Numerus** auf ein Nomen des Hauptsatzes bezieht; sie heißen daher auch Relativsätze.

Der **Kasus** des Relativpronomens richtet sich nach der Funktion, die es im Relativsatz hat:

Amīcum tuum,	Deinen Freund,	
quī capillīs flāvīs est,	der blonde Haare hat,	(Subjekt)
cuius fidēs magna est,	dessen Ehrlichkeit groß ist,	(Genitivattribut)
cui imprīmīs cōnfīdis,	dem du besonders vertraust,	(Dativobjekt)
quem valdē dīligis,	den du sehr schätzt und	(Akkusativobjekt)
quōcum saepe lūdis,	mit dem du oft spielst,	(Adverbiale)
ego quoque nōvī.	kenne ich auch.	

▷ Ein mit **quod** „was" eingeleiteter Relativsatz kann auch Attribut zu einem ganzen Hauptsatz sein:

Amīcus tuus tē nōn adiūvit,	Dein Freund hat dir nicht geholfen,
(id) quod fierī nōn dēbuit.	was nicht hätte geschehen dürfen.

182 Relativsätze als Subjekt oder Objekt

Relativsätze können nicht nur die Funktion eines Attributs, sondern auch die eines Subjekts oder Objekts erfüllen, wenn im übergeordneten Satz das Demonstrativpronomen **is, ea, id** fehlt. Das Relativpronomen wird dann meist mit „wer/was" wiedergegeben; ein fehlendes Demonstrativum kann im Deutschen ergänzt werden:

[1] zu Attributsätzen mit explikativem ut ↗162.2

1 Relativsätze als Subjekt

Bis dat, quī cito dat.	Zweimal gibt, wer schnell gibt.

Nusquam est, quī ubīque est. (Seneca)	Nirgends ist, wer überall ist.
Quem dī dīligunt, (is) adulēscēns moritur. (Plautus)	Wen die Götter lieben, (der) stirbt jung.

2 Relativsätze als Objekt

Quod scrīpsī, scrīpsī. (Pilatus)	Was ich geschrieben habe, habe ich geschrieben.

Wenn ein Relativsatz die Funktion des Objekts übernimmt, wird bei der Übersetzung meist ein Demonstrativum wie „den, die, dem" usw. ergänzt:

Quis oboediet, cuius verba contemnit?	Wer wird d e m gehorchen, dessen Worte er verachtet?

3 Verallgemeinernde Relativsätze

Quisquis amat, valeat! (aus Pompeji)	Jeder, der liebt, lebe hoch!

Relativsätze können Subjekt oder Objekt sein, wenn sie mit einem verallgemeinernden substantivischen Relativpronomen (↗35) eingeleitet werden (Modus: Indikativ):

Quidquid id est, timeō Danaōs et dōna ferentēs. (Laokoon vor dem hölzernen Pferd der Griechen)	Was auch immer das ist, ich fürchte die Danaer, auch wenn sie Geschenke bringen.

183 Wortstellung in Relativsätzen

1 Das Bezugswort steht im Relativsatz

Quam quisque nōrit[1] artem, in hāc sē exerceat!	Die Fertigkeit, die einer beherrscht, in der soll er sich betätigen!

Gewöhnlich steht das Substantiv, auf das sich ein Relativpronomen bezieht, im Hauptsatz. Es kann aber auch in den Relativsatz gestellt sein:

Quām quisque nōrit artem, in hāc sē exerceat!
(In eā arte, quam quisque nōrit)

Bezugswort im Hauptsatz: arte — Bezugswort im Relativsatz: artem

Bei der Übersetzung muss das Bezugswort in den deutschen Hauptsatz gezogen werden:

Mitte mihi, quem habēs servum fīdēlissimum!	Schicke mir den Sklaven, den du als zuverlässigsten hast! Schicke mir den zuverlässigsten Sklaven, den du hast!

[1] nōrit = nōverit

Das Substantiv, das einen Eigennamen erläutert, ist meist in den Relativsatz gezogen:

Cūmae, quam urbem Graecī tum tenēbant, capiuntur.	Cumae, eine Stadt, die damals die Griechen besaßen, wird eingenommen.

Das Substantiv kann auch dann im Relativsatz stehen, wenn es eine Eigenschaft (Qualität) bezeichnet:

Quā est hūmānitāte Caesar, omnia ab eō impetrābis. (Cicero)	Liebenswürdig, wie Caesar ist, wirst du alles bei ihm erreichen.

2 Der Relativsatz enthält einen Vergleich

Omnēs amant lībertātem, quā nihil est dulcius.	Alle lieben die Freiheit, das Süßeste, was es gibt.

Manchmal enthält der Relativsatz einen Ablativ des Vergleichs (↗ 109) mit einem Adjektiv im Komparativ; das Deutsche gebraucht dafür eine Wendung im Superlativ:

Sequāmur Polybium, quō nēmō fuit dīligentior! (Cicero)	Folgen wir dem Polybius, dem gewissenhaftesten Autor, den es gab (im Vergleich zu dem es keinen gewissenhafteren gab)!

RELATIVSÄTZE IM KONJUNKTIV

Relativsätze stehen häufig im Konjunktiv. Die Gründe können sein:

1. adverbiale Sinnrichtung (z. B. final oder kausal),
2. explikative Sinnrichtung,
3. Angleichung an einen Konjunktiv des übergeordneten Satzes (Modusangleichung),
4. innere Abhängigkeit.

184 Adverbiale Sinnrichtung im konjunktivischen Relativsatz

Im Lateinischen kann der Konjunktiv einem Relativsatz (je nach dem Zusammenhang) verschiedene adverbiale Sinnrichtungen aufprägen:

1 finaler Sinn (meist bei Verben des Schickens, Gebens und Wählens):

Caesar explōrātōrēs praemittit, quī (ut iī) locum idōneum castrīs dēligant.	Caesar schickt Kundschafter voraus, d a m i t diese einen für das Lager geeigneten Platz auswählen (sollten).

Dedī iuvenī fīliam meam, quācum (ut cum eā) aetātem exigat. (Plautus)	Ich habe dem jungen Mann meine Tochter gegeben, mit der er sein Leben verbringen soll.

2 kausaler Sinn (oft verdeutlicht durch quippe, utpote oder praesertim)

Tē omnēs amant mulierēs, quī sīs tam pulcher. (Plautus)	Dich lieben alle Frauen, w e i l du (ja) so schön bist.
Sōlis candor illūstrior est quam ūllīus ignis, quippe quī in immēnsō mundō tam longē lūceat. (Cicero)	Der Sonne Glanz ist heller als der irgendeines (anderen) Feuers, da sie ja in der unermesslich großen Welt so weithin leuchtet.

3 konzessiver oder adversativer Sinn (manchmal verdeutlicht durch tamen):

Tūne tē excūsās, quī tantum facinus fēceris? (Plautus)	Du entschuldigst dich, o b w o h l du ein so großes Verbrechen begangen hast?
Nerō fuit valētūdine prosperā; nam quī luxuriae immoderātissimae esset, ter omnīnō per XIV annōs aegrōtus fuit.	Nero hatte eine glückliche Gesundheit; denn obwohl er in maßlosester Ausschweifung lebte, war er überhaupt nur dreimal in 14 Jahren krank.

185 Explikative Sinnrichtung eines Relativsatzes

Sunt, quī canēs timeant.
Es gibt Leute, die Hunde fürchten.

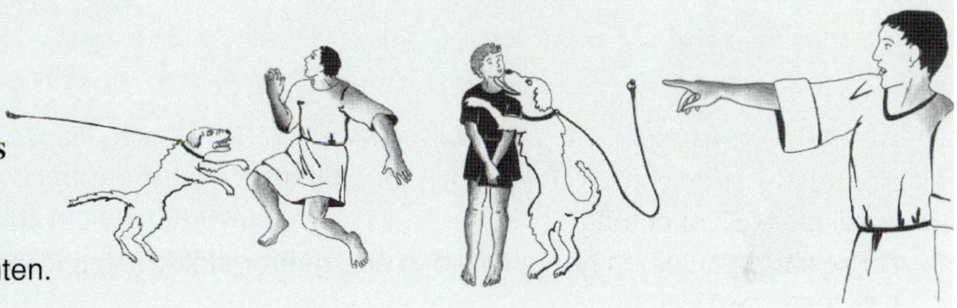

1 In manchen Wendungen besagt der Relativsatz, auf wen eine Beschreibung zutrifft. Er hat dann eine **explikative**, manchmal auch eine **definierende** Funktion.
Solche Relativsätze mit Konjunktiv finden sich in Wendungen wie:

sunt, quī putent ...	es gibt Leute, die glauben ...
reperiuntur, quī ...	es finden sich Leute, die ...
quis est, quī ...?	wen gibt es, der ...?
quotus quisque est, quī ...?	wie w e n i g e gibt es, die ...?
Paucī sunt, quī deōs esse negent.	Es gibt nur wenige Leute, die bestreiten, dass es Götter gibt.
Nūlla est celeritās, quae possit cum animī celeritāte contendere. (Cicero)	Es gibt keine Geschwindigkeit, die es mit der Geschwindigkeit des Geistes aufnehmen kann.

▷ Gelegentlich passt die Übersetzung mit „können":
Nōn is sum, quem dēcipiās. — Ich bin nicht der Mann, den du täuschen kannst (könntest).

▷ Bei der Verneinung solcher Ausdrücke bedeutet **quīn** 'dass nicht' oder 'der, die, das nicht':

nēmō est, quīn ...	es gibt keinen, der nicht ...
Nēmō est tam fortis, quīn (= quī nōn) reī novitāte perturbētur.	Niemand ist so stark, dass er nicht durch die Neuartigkeit einer Lage verwirrt wird (würde).
Nihil tam difficile est, quīn (= quod nōn) quaerendō investīgārī possit. (Terenz)	Nichts ist so schwierig, dass es nicht/das nicht durch Forschung erkundet werden könnte.

2 Nīl habeō, quod metuam. — Ich habe nichts, was ich fürchten müsste. Ich habe nichts zu fürchten.

Das Relativpronomen **quod** steht in folgenden Wendungen mit Konjunktiv:

est, quod	es gibt etwas, das; es gibt einen Grund, dass
habeō, quod	ich habe Grund dazu, dass
quid est, quod (cūr)?	was ist der Grund dafür, dass?

Est, quod gaudeās.	Du hast Grund, dich zu freuen.
Nihil est, quod mihi īrātus sīs.	Es gibt keinen Grund, dass du mir zürnst.

3

Dignus es, quī laudēris.
Du bist würdig, gelobt zu werden.
Du bist es wert, gelobt zu werden.

Der Konjunktiv steht in Relativsätzen nach den Adjektiven dignus und idōneus (aptus):

dignus, quī	würdig, zu; wert, zu
idōneus (aptus), quī	geeignet, zu

Non vidēris dignus, quī līber sīs. (Terenz)	Du scheinst es nicht zu verdienen, frei zu sein (dass du frei bist).
Caesar Rūfum idōneum iūdicāverat, quem cum mandātīs ad Pompēium mitteret.	Caesar hatte Rufus für geeignet gehalten, ihn mit Aufträgen zu Pompeius zu schicken.

▷1 Der Konjunktiv steht auch in einschränkenden Formeln:

quod sciam	soviel ich (jedenfalls) weiß
quod meminerim	soweit ich mich erinnere
Vocātus es ad cēnam?	Bist du (irgendwo) zum Essen eingeladen?
Nusquam, quod sciam.	Nirgends, soviel ich weiß.

2 In Verbindung mit quam findet sich auch komparativer Sinn:

Māior sum, quam cui (quam ut mihi) possit Fortūna nocēre. (Niobe bei Ovid)	Ich bin zu groß, als dass mir das Schicksal schaden könnte.

186 Modusangleichung und obliquer Konjunktiv im Relativsatz

1 Modusangleichung

Quis eum dīligat, quem omnēs metuant?	Wer könnte den schätzen, den alle fürchten?

Häufig ist der Konjunktiv des Relativsatzes an den Konjunktiv des übergeordneten (meist vorangehenden) Satzes (z. B. an einen Optativ oder Potentialis) lediglich **angeglichen**; er wird daher im Deutschen n i c h t nachgebildet (↗161.1).

2 Innere Abhängigkeit (obliquer Konjunktiv)

Verrēs nōminābat servum, quī magister pecoris esset.	Verres nannte den einen Sklaven, der (nach seiner Ansicht) nur Aufseher über Vieh sei.

Der Konjunktiv im Relativsatz kann auch die Meinung des Sprechers aus dem übergeordneten Satz enthalten (↗161.2). Die Abhängigkeit m u s s im Deutschen ebenfalls durch einen obliquen Konjunktiv oder durch einen Präpositionalausdruck (z. B. „seiner Meinung nach") – deutlich gemacht werden:

Arbitror tē herī omnia dīxisse, quae ad rem pertinērent.	Ich glaube, du hast gestern alles gesagt, was (meiner Meinung nach) zum Thema gehörte.

187 Verschränkte Relativsätze

Catō, **quem sevērum fuisse** cōnstat,	Cato, der bekanntlich streng war,
Catō, **quī quālis fuerit**, scīmus,	Cato, von dem wir wissen, wie er war,
Cēnsōrius appellātus est.	wurde „Censorius" genannt.

Manchmal ist der Relativsatz mit einer Konstruktion verschränkt, die vom Prädikat des Relativsatzes abhängt – entweder mit einem AcI oder einem abhängigen Fragesatz:

Das ist ein Gast, den niemand hat kommen sehen.	(AcI im Relativsatz)
Das ist ein Gast, von dem niemand weiß, woher er kommt.	(Relativsatz mit Fragesatz)

Konstruktionen dieser Art sind im Lateinischen recht häufig.
Gelegentlich bereitet ihre Übersetzung Probleme, z. B. in Sätzen wie:

Cicerō multās ōrātiōnēs cōnscrīpsit, quem praeclārum ōrātōrem fuisse scīmus.

Man kann hier als Erstes den **Relativsatz abtrennen** – z. B. durch einen Strichpunkt – und das Relativpronomen wie beim relativen Satzanschluss (↗34.2) als ein Demonstrativpronomen auffassen:

Cicerō multās ōrātiōnēs cōnscrīpsit**;** **quem** (= **eum**) praeclārum ōrātōrem fuisse scīmus.	Cicero hat viele Reden verfasst; dass er ein vorzüglicher Redner war, wissen wir.

Insgesamt bieten sich für die Übersetzung folgende Möglichkeiten an:

1. Auflösung in zwei Sätze (Relativpronomen wird als relativer Satzanschluss behandelt)	Cicerō interfectus est, quī nisi Antōniō tam diū obstitisset, prōscrīptus nōn esset.	Cicero wurde ermordet; wenn **er** sich Antonius nicht so lange widersetzt hätte, wäre er nicht geächtet worden.
2. „von dem, der, denen"	Cicerō, quī quam praeclārus ōrātor fuerit, scīmus, interfectus est.	Cicero, **von dem** wir wissen, ein wie vorzüglicher Redner er war, wurde ermordet.
3. Parenthese (Einschub) (nur beim AcI möglich)	Cicerō, quem praeclārum ōrātōrem fuisse scīmus, interfectus est.	Cicero, der – **wie wir wissen** – ein vorzüglicher Redner war, wurde ermordet.
4. Adverb (nur beim AcI möglich)	Cicerō, quem praeclārum ōrātōrem fuisse scīmus, interfectus est.	Cicero, der **bekanntlich** ein vorzüglicher Redner war, wurde ermordet.
5. Präpositionalausdruck (beim Abl. abs.)	Cicerō, quō interfectō ēloquentia interiit, multās ōrātiōnēs cōnscrīpsit.	Cicero, **nach dessen Ermordung** die Redekunst unterging, hat viele Reden verfasst.

Magna vīs est cōnscientiae, quam quī neglegent, sē ipsī indicābunt. (Cicero)	Groß ist die Kraft des Gewissens; wer sie nicht beachtet, wird sich selbst verraten.
Omnēs exspectābant lēgātōs, quī quid ēgissent, nihildum nūntiābātur.	Alle warteten auf die Gesandten, von denen noch nicht gemeldet wurde, was sie ausgerichtet hatten.
Evocā dominum tuum, quem domī esse putō!	Ruf deinen Herrn heraus, der – wie ich meine – zu Hause ist!
Nocte vēnit nūntius cum epistulā tuā, quā lēctā valdē doluī.	Nachts kam ein Bote mit deinem Brief, nach dessen Lektüre ich sehr gelitten habe.
Nōn sunt ea bona dīcenda, quibus abundantem licet esse miserrimum. (Cicero)	Man soll jene Dinge nicht als gut bezeichnen, bei deren Überfluss man (doch) todunglücklich sein kann.

188 Die abhängige Rede (Oratio obliqua)

Äußerungen eines Sprechers werden entweder in wörtlicher (direkter) Rede zitiert oder in der sog. indirekten Rede angeführt (oratio obliqua)[1].
Das Verbum dicendi, von dem die indirekte Rede „abhängig" ist, erscheint meist nur am Anfang, z. B. „Der Bote meldete, ..."

[1] oblīquus 'schief, abfallend, abhängig'

Charakteristisch für die indirekte Rede im **Deutschen** ist der **Konjunktiv**.
In den Konjunktiv werden dabei nicht nur alle finiten Verben von Haupt- und Nebensätzen gesetzt, sondern auch Imperative und Fragen.
Pronomina der 1. und 2. Person werden in die 3. Person verwandelt, Pronomina der 3. Person, die sich auf den Sprecher beziehen, werden rückbezüglich (reflexiv):

Oratio recta	Oratio obliqua
Der Bote meldete dem Herrn:	Der Bote meldete dem Herrn,
„**Dein** Wagenlenker **hat** gesiegt,	**sein** Wagenlenker **habe** gesiegt,
weil er klüger **ist**.	weil er klüger **sei**.
Obwohl die anderen Pferde schneller **sind**,	Obwohl die anderen Pferde schneller **seien**,
wurden sie schlechter gelenkt als die **unseren**.	**seien** sie schlechter gelenkt worden als die **ihren**.
Warum **haben** die anderen sich vorher so gerühmt?	Warum **hätten** die anderen sich vorher so gerühmt?
Gibt es denn einen Grund für diesen Stolz?	**Gebe** es denn einen Grund für diesen Stolz?
Komm und sieh selbst!“	**Er solle kommen** und selbst sehen.

Hauptmerkmale der indirekten Rede im Deutschen:
Konjunktiv des Verbs und Pronomina in der 3. Person

Für die Oratio obliqua des **Lateinischen** gilt darüber hinaus:

- **Aussagen** des Hauptsatzes und rhetorische Fragen(↗ 154.3) stehen im **AcI**.
- **Nebensätze, Aufforderungen** (Befehle, Verbote) und **Fragen** stehen im **Konjunktiv**.
- Für die im Konjunktiv stehenden Nebensätze, Aufforderungen und Fragen gilt die **Consecutio temporum**:

Nūntius dominō nūntiāvit:	Nūntius dominō nūntiāvit	
„Aurīga tuus vīcit,	aurīgam eius **vīcisse**,	(Aussage: AcI)
quod prūdentior est.	quod prūdentior **esset**.	(Gliedsatz: Konj.)
Cēterī equī	Cēterōs equōs	
quamquam celeriōrēs sunt,	quamquam celeriōrēs **essent**,	
pēius ductī sunt quam nostrī.	pēius ductōs **esse** quam suōs (ipsōs).	
Cur alterī anteā ita glōriātī sunt?	Cur alterī anteā ita glōriātī **essent**?	(echte Frage)
Num causa huius superbiae est?	Num causam huius superbiae **esse**?	(rhetorische Frage)
Venī et vidē ipse!“	**Venīret** et **vidēret** ipse!	(Befehl: Konj.)

Hauptmerkmale der Oratio obliqua im Lateinischen:		
AcI steht: • in Aussagen des Hauptsatzes • in rhetorischen Fragen	Konjunktiv steht: • in allen Nebensätzen • in Befehlen und Fragen	Pronomina stehen: in der 3. Person

DER TEXT

Sprachliche Äußerungen begegnen uns gewöhnlich nicht in Form einzelner Wörter oder einzelner Sätze, sondern als eine Abfolge vieler Haupt- und Nebensätze: als **Text**[1].

Die Sätze eines Texts sind jedoch gewöhnlich nicht nur additiv aneinandergereiht, sondern wie die Fäden eines Gewebes miteinander verbunden. Diesen Zusammenhang der Sätze in einem Text nennt man **Kohärenz**[2].

189 Kohärenz eines Texts

Satzübergreifende Zusammenhänge können durch beziehungsschaffende Wörter und durch sinngleiche oder sinnverwandte Wörter und Inhalte entstehen; solche sind:

- **Konjunktionen** } Konnektoren
- **Subjunktionen** }
- **Pronominalformen**
- **Verweise**
- **Personenangaben**
- **Zeitstufen und Tempora**
- **Wortfelder und Isotopien**
- **Ellipsen**
- **Thema-Rhema-Reihen**

Diese kohärenzschaffenden Mittel finden sich freilich nicht in jedem Text; die einzelnen Textsorten – z. B. Erzählungen, Fabeln, Reden, Dialoge, Briefe, Erörterungen – enthalten sie in unterschiedlicher Dichte. Für die Übersetzung und Interpretation von Texten ist ihre Kenntnis hilfreich.

190 Konjunktionen und Subjunktionen als Konnektoren

1 Konjunktionen

Die Konjunktionen (↗ 77.1) verbinden Sätze und Satzglieder. Wenn sie Sätze miteinander verbinden, entstehen Satzreihen (↗ 157.1).

Die meisten Konjunktionen (außer et, atque und -que) verknüpfen die Sätze aber nicht nur äußerlich, sondern geben auch noch – wie Adverbialien – Informationen über den logischen oder zeitlichen Zusammenhang der Satzinhalte.

2 Subjunktionen

Subjunktionen leiten Gliedsätze ein und gliedern das Satzgefüge (↗ 157.1). Sie lassen dabei auch dessen Sinnstruktur erkennen, da sie den Gliedsätzen eine adverbielle Sinnrichtung geben. Wenn sie am Beginn eines Satzgefüges stehen, verknüpfen sie dieses oft auch mit dem vorhergehenden Satz.

---

[1] textus, ūs das Gewebe, Geflecht [2] co-haerēre zusammenhängen

BEISPIEL: CAESAR, DE BELLO GALLICO 4,11,4–4,12,1

Im Jahre 55 v. Chr. beginnt Caesars Konflikt mit den Germanen; als diese Caesar vorrücken sehen, versuchen sie ihn durch Verhandlungen hinzuhalten. Doch Caesar schöpft Verdacht:

Haec omnia Caesar eodem illo pertinere arbitrabatur, **ut** tridui mora interposita equites eorum, qui abessent, reverterentur. **Tamen** sese non longius milibus passuum quattuor aquationis causa processurum eo die dixit ...

Caesar glaubte, dies alles verfolge nur denselben Zweck, **nämlich dass** nach einer Pause von drei Tagen ihre abwesenden Reiter zurückkehren konnten. **Dennoch**, sagte er, werde er an diesem Tage nicht weiter als vier Meilen vorrücken, um an (Trink-)Wasser zu kommen.

Interim ad praefectos, qui cum omni equitatu antecesserant, mittit, qui nuntiarent: ne hostes proelio lacesserent et, **si** ipsi lacesserentur, sustinerent, **quoad** ipse cum exercitu propius accessisset.

Inzwischen schickt er (Caesar) zu den Präfekten, die mit der ganzen Reiterei vorangerückt waren, <Leute>, die <Folgendes> melden sollten: Sie sollten die Feinde nicht zum Kampf reizen und, **wenn** sie selbst gereizt würden, sollten sie aushalten, **bis** er selbst mit dem Heer näher herangerückt sei.

At hostes, **ubi primum** nostros equites conspexerunt, ... impetu facto celeriter nostros perturbaverunt.

Aber die Feinde machten, **sowie** sie unsere Reiter erblickt hatten, ... einen Überfall und brachten die Unseren rasch durcheinander.

In diesem Text verknüpfen die **Konjunktionen** tamen, interim, et und at Hauptsätze miteinander; zusätzliche adverbiale Angaben liefern tamen (konzessiv), interim (temporal) und at (adversativ).

Die **Subjunktion** ut leitet einen explikativen Gliedsatz (↗ 162.2) ein und erläutert das vorhergehende eodem illo (den Zweck der Bitte, die die Germanen vorgebracht hatten). Der si-Satz enthält die Bedingung, unter welchen Umständen Caesars Kavallerie kämpfen sollte.

Der mit quoad eingeleitete Adverbialsatz bestimmt den Zeitpunkt, bis zu welchem die römischen Reiter aushalten sollten.

Im folgenden Abschnitt gibt der mit ubi primum eingeleitete Temporalsatz den genauen Zeitpunkt an, zu dem die Germanen mit ihrem Überfall auf die Römer begannen.

Das dichte Geflecht, das die Konnektoren in diesem Textausschnitt schaffen, spiegelt seinerseits die logischen und zeitlichen Zusammenhänge wider, in die der Überfall der Germanen eingebunden war.

191 Pronominalformen (Proformen)

Besonders wichtig für die Satzverknüpfung sind Pronomina und Pronominaladverbien: Die **Demonstrativpronomina** (↗ 32) dienen sehr häufig dazu, auf schon genannte Personen, Sachen oder Sachverhalte zu verweisen; dadurch schaffen sie Kohärenz.

Relativpronomina (↗ 34) binden oft einen **Haupt**satz sehr eng an den vorausgehenden an (sog. relativer Satzanschluss: ↗ 34.2). **Pronominaladverbien** (↗ 71) können lokale, temporale, kausale oder modale Beziehungen zwischen den einzelnen Sätzen herstellen.

Da diese sog. **Proformen** in unterschiedlicher Weise auf Nahe- oder Fernliegendes verweisen, können sie auch den Vorder- und Hintergrund eines Geschehens wie auf einer Bühne oder in einem Bild deutlich machen.

BEISPIEL: CICERO, PRO T. ANNIO MILONE 29

In einem Strafprozess des Jahres 52 v. Chr. verteidigt Cicero seinen Freund Milo, dessen Sklaven den Überfall des Bandenführers Clodius abgewehrt und dabei den Attentäter in Notwehr getötet hatten. Cicero schildert den Hergang des Überfalls auf Milo:

Fit obviam Clodio ante fundum **eius** hora fere undecima aut non multo secus. Statim complures cum telis in **hunc** faciunt de loco superiore impetum adversi: raedarium occidunt. Cum autem **hic** de raeda reiecta paenula desiluisset seque acri animo defenderet, **illi, qui** erant cum Clodio, gladiis eductis, partim recurrere ad raedam, ut a tergo Milonem adorirentur, partim, quod **hunc** iam interfectum putarent, caedere incipiunt **eius** servos, **qui** post erant: ex **quibus, qui** animo fideli in dominum et praesenti fuerunt, partim occisi sunt, partim fecerunt **id** servi Milonis, **quod** suos quisque servos in tali re facere voluisset.

Er begegnet dem Clodius vor dessen Grundstück gegen die elfte Stunde oder nicht viel später. Sofort greifen ihn mehrere mit Wurfspießen von einer höhergelegenen Stelle frontal an: Sie töten den Kutscher. Als aber dieser (Milo) den Mantel abwarf, vom Wagen herabsprang und sich verbissen verteidigte, da zogen jene, die bei Clodius waren, das Schwert; ein Teil lief zum Wagen zurück, um von hinten Milo anzugreifen, ein Teil begann, weil sie diesen schon für tot hielten, dessen Sklaven niederzuhauen, die hinten waren: Von diesen wurden die, die ihrem Herrn treu ergeben und beherzt waren, teils niedergemacht, teils taten die Sklaven Milos das, was ein jeder sich von seinen Sklaven in einer derartigen Lage gewünscht hätte.

Cicero verweist auf Milo stets mit **hic**; der von Cicero Verteidigte, der sich während der Verteidigungsrede also in unmittelbarer Nähe des Redners befand, steht im Vordergrund. Auf die Leute des Clodius verweist Cicero hingegen mit **illi** (qui); sie werden als Täter dargestellt, die aus dem Hinterhalt und im Hintergrund agierten.

Weitere Pronomina (vor allem die Relativpronomina) stellen die Querverbindungen innerhalb des Texts her und machen das grausige Geschehen deutlich, das Cicero von der Rednerbühne aus den Zuhörern lebendig vor Augen stellen will.

192 Verweise

Verweise stellen einen Bezug her zu einem schon erwähnten oder erst später angegebenen Sachverhalt. Manchmal können sie ausdrücklich zurückverweisen, z.B. durch ut supra dixi 'wie ich (schon) oben gesagt habe; wie oben erwähnt'. Eine häufige Form des Verweisens sind satzübergreifende Kongruenzen (↗84.1), z.B.

Litteras tuas heri accepi. Quia long**iores** sunt, nunc tandem respondi.

Deinen Brief habe ich gestern erhalten. Weil er ziemlich lang ist, antworte ich erst jetzt.

193 Personenangaben

Aufschlüsse über Aufbau und Absicht eines Texts geben die Personalendungen (Personenkennzeichen) und die Personalpronomina: In der 1. Person spricht man selbst, in der 2. Person mit einem Gesprächspartner (oft spricht auch der Autor mit dem Leser), in der 3. Person weist man auf einen Dritten oder auf einen Sachverhalt hin.

Wenn die in einem Satz bezeichnete Person in einem folgenden Satz wiederkehrt, ist damit auch eine Verbindung der Sätze mitgegeben; bei Dialogen besteht die Kohärenz darüber hinaus im Hin und Her des Sprechens.

BEISPIEL: CICERO, TUSCULANAE DISPUTATIONES 5, 2–5

Im Rahmen seiner „Gespräche in Tusculum" formuliert Cicero einen gebetsartigen Hymnus auf die Philosophie:

O vitae philosophia dux, o virtutis indagatrix expultrixque vitiorum!

O Philosophie, du Lenkerin des Lebens, du Entdeckerin der Tugend und Vertreiberin der Laster!

Quid non modo nos, sed omnino vita hominum sine te esse potuisset?

Wie wenig hätten nicht nur wir, sondern überhaupt das menschliche Leben ohne dich sein können?

Tu urbes peperisti, tu dissipatos homines in societatem vitae convocasti, tu eos inter se primo domiciliis, deinde coniugiis, tum litterarum et vocum communione iunxisti, tu inventrix legum, tu magistra morum et disciplinae fuisti.

Du hast die Städte hervorgebracht, du hast die versprengten Menschen zum Leben in der Gemeinschaft zusammengerufen, du hast sie miteinander zunächst durch Wohnstätten, hierauf durch Ehen, dann durch gemeinsame Schrift und Sprache verbunden, du warst die Schöpferin der Gesetze und die Lehrerin von Sitte und Bildung.

Ad te confugimus, a te opem petimus, tibi nos, ut antea magna ex parte, sic nunc penitus totosque tradimus.

Zu dir fliehen wir, von dir erbitten wir Beistand, dir geben wir uns, wie früher schon zum großen Teile, so jetzt ganz und gar hin.

Dieser Text ist syntaktisch durch die Häufung kurzer Hauptsätze geprägt. Seine Kohärenz schaffen – neben den Personalpronomina – die Personenkennzeichen; diese gliedern auch den Text. Als Gesprächspartner wird hier von Cicero die Philosophie – wie eine Gottheit – unmittelbar angesprochen, während er von sich und den (anderen) Menschen in der 1. Person spricht; in der 3. Person verweist Cicero auf das Leben der Menschen allgemein.

194 Tempus

Durch die vom Sprecher/Autor gewählten **Tempora** werden die einzelnen Sätze auf bestimmte Zeitstufen festgelegt. Diese wiederum stehen in Beziehung zu den Zeitstufen der anderen Sätze des Textes. Dadurch können die einzelnen Ereignisse zeitlich aufgereiht und oft auch als Haupthandlung und Nebenhandlung voneinander abgehoben werden.

BEISPIEL: BRIEF DES SERVIUS AN CICERO (AD FAM. 4, 5, 4)

Ein Freund versucht, Cicero nach dem Tod seiner Tochter Tullia mit einem Brief zu trösten.

Quae res mihi non mediocrem consolationem **attulit, volo** tibi commemorare, si forte eadem res tibi dolorem minuere possit.

Ex Asia rediens cum ab Aegina Megaram versus **navigarem, coepi** regiones circumcirca prospicere: post me **erat** Aegina, ante me Megara, dextra Piraeus, sinistra Corinthus, quae oppida quodam tempore florentissima **fuerunt**, nunc prostrata et diruta ante oculos **iacent**.

Coepi egomet mecum sic cogitare: „Hem! Nos homunculi **indignamur**, si quis nostrum **interiit** aut **occisus est**, quorum vita brevior esse **debet**, cum uno loco tot oppidorum cadavera proiecta **iacent**?"

Was mich nicht unerheblich getröstet hat, will ich dir darlegen, wenn dir vielleicht eben dies deinen Schmerz mindern kann.

Als ich auf der Rückreise aus Asien von Ägina in Richtung Megara fuhr, begann ich, auf die Landschaft ringsumher Ausschau zu halten: Hinter mir lag Ägina, vor mir Megara, rechts Piräus, links Korinth, lauter Städte, die zu bestimmter Zeit in höchster Blüte gestanden haben, jetzt aber vor unseren Augen niedergeworfen und zerstört am Boden liegen.

Ich begann bei mir folgendermaßen zu überlegen: „Hm! Wir kleinen Menschen sind entrüstet, wenn einer von uns untergegangen oder getötet ist, wir, deren Leben ziemlich kurz sein muss, wo an einem einzigen Platz die Leichen so vieler Städte hingestreckt liegen?"

In diesem Brief sind die Zeitstufen der Vergangenheit und der Gegenwart einander gegenübergestellt. Mit den Formen des Perfekts bezieht sich Servius auf die punktuelle Erkenntnis, die ihm bei der Betrachtung der griechischen Ruinen kam; im Präsens schildert er etwas Gegenwärtiges: den Zeitpunkt der Briefabfassung (volo) und eine allgemeine Erfahrung (quorum vita brevior esse debet).

In diesen zeitlichen Rahmen der äußeren und inneren Haupthandlung ist die Beschreibung der Fahrt selbst als Nebenhandlung eingelegt, auf die Servius mit Formen des Imperfekts (navigarem, erat) verweist.

Folgende **Handlungsebenen** lassen sich in diesem Text erkennen:

- Die **Haupthandlung** steht im **Perfekt** und im **Präsens**,
- die **Nebenhandlung** ist durch Formen des **Imperfekts** markiert.

▷ Auch das Plusquamperfekt kann eine (vorzeitige) Nebenhandlung kennzeichnen, vgl. die Temporalsätze mit Konjunktiv Plusquamperfekt ↗ 169.1.

195 Wortfeld

Konnektoren, Pronominalformen, Verweise, Personenangaben und Tempora zeichnen – wie bei einem Bild – den Rahmen und Grundplan des Texts; sie schaffen seine **syntaktische** Kohärenz. Den Inhalt der Bilder selbst bestimmt die Bedeutung der Wörter und Wortgruppen.

Diese **semantische** Kohärenz zeigt sich besonders in der Verwendung von bedeutungsgleichen oder bedeutungsähnlichen Wörtern, die zu einem sog. **Wortfeld** gehören.

BEISPIEL: LIVIUS, AB URBE CONDITA 2, 40, 1–12 :

In den Jahren 489 und 488 v. Chr. kämpft der aus Rom verbannte C. Marcius Coriolanus an der Spitze der Volsker gegen seine Heimatstadt. Vergeblich versuchen die Römer, mit einer Gesandtschaft Coriolan vom Angriff auf Rom abzuhalten. Erst das Auftreten der römischen Matronen, unter ihnen Coriolans Mutter Veturia und seine Gattin Volumnia, bringt die Wende.

Ubi ad castra ventum est nuntiatumque Coriolano est adesse ingens **mulierum** agmen, ...multo obstinatior adversus **lacrimas muliebres** erat; dein familiarium quidam, qui insignem maestitia inter ceteras cognoverat Veturiam, inter **nurum** nepotesque stantem, „Nisi me frustrantur“, inquit, „oculi, **mater** tibi **coniunx**que et liberi adsunt.“

Sobald man zum Lager gekommen war und Coriolan gemeldet worden war, es sei eine gewaltige Schar von Frauen da, war Coriolan noch viel unnachgiebiger gegenüber Weibertränen; hierauf sagte einer der Vertrauten, der Veturia, die aus den Übrigen durch ihre Trauer herausragte und zwischen der Schwiegertochter und den Enkeln stand, erkannt hatte: „Wenn mich meine Augen nicht täuschen, dann sind für dich deine Mutter und deine Kinder da.“

Coriolanus prope ut amens consternatus ab sede sua cum ferret **matri** obviae complexum, **mulier** in iram ex precibus versa „Sine, priusquam complexum accipio, sciam“, inquit, „ad hostem an ad filium venerim, **captiva materne** in castris **tuis** sim!“

Als Coriolan, beinahe wie von Sinnen, erschüttert von seinem Sitz aus seiner Mutter die Umarmung entgegenbrachte, wandte sich die Frau von den Bitten in Zorn: „Lass mich, bevor ich die Umarmung annehme, wissen, ob ich zu einem Feind oder Sohn gekommen bin, ob ich als Gefangene oder Mutter in deinem Lager bin!“

In diesem Text werden Veturia bzw. Volumnia anstelle ihrer Eigennamen durch verschiedene Ausdrücke aus dem Wortfeld ‘Frau’ bezeichnet: Volumnia mit nurus ‘Schwiegertochter’ und coniunx ‘Gattin’, Veturia mit mater ‘Mutter’, mulier ‘Weib, Frau’ und captiva ‘Gefangene’.

Die Verwendung von bedeutungsgleichen und -ähnlichen Wörtern, die dem gleichen Wortfeld ‘Frau’ entstammen, macht den Text farbig; sie beleuchten das Bezeichnete aus verschiedenen Richtungen; im eben besprochenen Liviustext wird Veturia ja zuerst als Mutter Coriolans gezeigt, dann als Frau, und stellt sich schließlich selbst als Gefangene hin.

Darüber hinaus schaffen die Wörter aus dem Wortfeld ‘Frau’ auch die innere Kohärenz des Texts: Ihre Dichte lässt erkennen, dass es in der Auseinandersetzung der Römer mit Coriolan die Frauen waren, die eine Entscheidung herbeigeführt haben.

196 Isotopie

In philosophischen Texten und in Fachtexten beziehen sich viele Ausdrücke auf ein gleiches Thema: Sie liegen auf der gleichen Sinnebene. Man nennt dies **Isotopie**, die betroffenen Ausdrücke bezeichnet man als **isotop**[1]. Auch die Isotopie von Ausdrücken trägt wesentlich zu seiner semantischen Kohärenz bei.

BEISPIEL: SENECA, 1. BRIEF AN LUCILIUS

Der Philosoph Seneca (†65 n.Chr.) rät Lucilius, mit der Zeit richtig umzugehen:

Ita fac, mi Lucili: vindica te tibi et **tempus**, quod adhuc aut **auferebatur** aut **subripiebatur** aut **excidebat, collige** et **serva.** Persuade tibi hoc sic esse, ut scribo: quaedam **tempora eripiuntur** nobis, quaedam **subducuntur**, quaedam **effluunt.**

Turpissima tamen est iactura, quae per neglegentiam fit. Et si volueris adtendere, magna **pars vitae elabitur** male agentibus, maxima nihil agentibus, tota **vita** aliud agentibus.

Mach es so, lieber Lucilius: Mach dich für dich frei, und die Zeit, die dir bislang entzogen oder genommen wurde oder dir entfiel, sammle und bewahre. Überzeuge dich davon, dass sich dies so verhält, wie ich schreibe: Manche Zeitabschnitte werden uns entrissen, manche werden uns entzogen, manche entgleiten uns.

Der schändlichste Verlust ist jedoch der, der aus Nachlässigkeit geschieht. Und wenn du darauf achten willst: Ein großer Teil des Lebens entgleitet denen, die etwas schlecht tun, der größte denen, die nichts tun, das ganze Leben denen, die etwas Wesensfremdes tun.

Diesen philosophischen Text prägen die Substantive aus dem Wortfeld 'Zeit' (tempus, tempora, vita); eng damit verbunden sind die Verben, die das Vergehen der Zeit bezeichnen, z.B. auferri, subripi, excidere, effluere, elabi.

Die genannten Substantive und Verben liegen auf der gleichen Bedeutungsebene, sie sind **isotop**. Die Isotopien ergeben als Kern den Inhalt: 'Unausgefüllte Zeit läuft uns davon'.

Durch die Abwandlung der Ausdrücke nähert sich Seneca jeweils auf andere Weise dem gleichen Gegenstand; ihre enge Verbindung macht den Text dicht und sein philosophisches Anliegen sehr eindringlich.

197 Wortauslassungen (Ellipsen)

Wortauslassungen (Ellipsen) verlangen die ganze Aufmerksamkeit des Lesers oder Hörers, weil er den fehlenden Ausdruck zu ergänzen sucht. Dadurch kann manchmal das Nicht-Gesagte und Unausgesprochene als wichtig erscheinen und die Ellipse ihre satzverbindende Kraft zeigen.

[1] von griech. ísos 'gleich' und tópos 'Ort, Platz'

BEISPIEL: SENECA, 47. BRIEF AN LUCILIUS

Der Textausschnitt steht unmittelbar am Anfang des Briefes:

Libenter ex iis, qui a te veniunt, cognovi familiariter te cum servis tuis vivere: hoc prudentiam tuam, hoc eruditionem decet. „Servi sunt." Immo homines. „Servi sunt." Immo contubernales. „Servi sunt." Immo humiles amici.	Gerne erfahre ich von denen, die von dir kommen, dass du freundschaftlich mit deinen Sklaven lebst: Das ziemt sich für deine Klugheit und deine Bildung. „Sklaven sind sie." Nein, Menschen. „Sklaven sind sie." Nein, Hausgenossen. „Sklaven sind sie." Nein, Freunde niederen Standes."
„Servi sunt." Immo conservi, si cogitaveris tantundem in utrosque licere fortunae.	„Sklaven sind sie." Nein, Mit-Sklaven, wenn du bedenkst, dass ebenso viel gegen beide das Schicksal tun darf.

Der Autor tritt in diesem Brief in einen Dialog mit dem Empfänger. Eine wichtige Rolle spielen hierbei die Ellipsen. Es sind nämlich ausgelassen:

- die Verben, die den Dialog markieren (z.B. <Fortasse dicis:> „Servi sunt.")
- das Subjekt im Satz „<Illi> Servi sunt."
- Subjekt und Prädikat in den Antwortsätzen, z.B. „Immo <illi> homines <sunt>."

Durch die Auslassungen wird der Text sehr dicht. Der Leser muss von einem Satz zum anderen das Nichtgesagte ergänzen und jeden Satz mit dem vorhergehenden verknüpfen. Aus der so geschaffenen semantischen Kohärenz ergibt sich als Aussage des Texts: 'Deine Sklaven sind nicht im Gegensatz zu dir Sklaven, sondern Menschen wie du, ja eigentlich sind sie deine Mit-Sklaven.'

198 Thema – Rhema – Reihen

Ein einfacher Satz enthält gewöhnlich (wenigstens) zwei Glieder: Satzgegenstand und Satzaussage. Dafür sind die griechischen Bezeichnungen **Thema** ('Festlegung, Setzung') und **Rhema** ('Aussage') üblich geworden. Diese Zweiheit lässt sich auch auf die Abfolge von Sätzen übertragen und als Gliederungsprinzip von Texten erkennen:

- Auf ein Thema folgt ein Rhema,
- dieses Rhema bildet zugleich wieder das Thema für ein nächstes Rhema usw.

Die Analyse solcher Thema-Rhema-Reihen hilft oft bei der Deutung der gedanklichen Zusammenhänge eines Texts. Dies zeigt sich besonders anhand des schon (↗ 197) angeführten Ausschnitts aus dem **47. Brief Senecas**:

1 Libenter ex iis, qui a te veniunt, cognovi familiariter te cum servis tui vivere:
2 hoc prudentiam tuam, hoc eruditionem decet.
3 „Servi sunt."
4 Immo homines.
5 „Servi sunt."
6 Immo contubernales.
7 „Servi sunt."
8 Immo humiles amici.

Der erste Satz (Z. 1) gibt das Thema vor: den freundschaftlichen Umgang mit den Sklaven. Darauf baut als Rhema (2) die Bewertung auf: 'Das passt für deine Klugheit und Bildung.' Diese Bewertung bietet wiederum den Ansatz (das Thema) für das (dem Lucilius in den Mund gelegte) Zitat (3): „Servi sunt." (Rhema). Schon wird dies zum Thema für die Gegen-Aussage (4): 'Sie sind aber eigentlich keine Sklaven, sondern Menschen.' Im weiteren Verlauf des Textabschnitts setzt sich dieses dialogische Wechselspiel fort, das in der abschließenden Aussage gipfelt: 'Auch du bist wie deine Sklaven Knecht des Schicksals.'

		Thema 3 ⟶ usw.
		↑
	Thema 1+2 ⟶	**Rhema 2**
	↑	
Thema 1 ⟶	**Rhema 1**	

So bildet die stete Folge von Thema und Rhema den Kern des Texts und verleiht ihm große innere Kohärenz und jene argumentative Dichte, die gerade diesen berühmten Brief Senecas auszeichnet.

Zu einer Interpretation von Texten müssten noch weitere Beobachtungen herangezogen werden, z. B. über Erlebnisse und Erfahrungen des Autors, geschichtliche Zusammenhänge, sachliche Gegebenheiten, literarische Voraussetzungen, philosophische Hintergründe und die stilistische Gestaltung (↗ 199).
Dies alles würde über die Textgrammatik hinausreichen.

BESONDERE GESTALTUNGSMITTEL

199 Stilmittel

Die sprachliche Kunst äußert sich bei vielen römischen Autoren im Gebrauch stilistischer Mittel. Diese zeigen sich im Bereich des Klanges, der Wortstellung und der Bedeutungen. Die häufigsten stilistischen Mittel sind folgende[1]:

1 Klang

Alliteration (Stabreim; mehrere Wörter mit gleichem Anlaut):
contentīque cibīs nūllō cōgente creātīs — 'zufrieden mit Speisen, die ohne Zwang erzeugt waren'

Homoioteleuton (gleiche Endsilben in aufeinanderfolgenden Wörtern):
dēliciae (Nom. Pl.) meae puellae (Gen. Sg.) — '(Spatz, du) Liebling meines Mädchens' (Catull)

Polýptoton (Wiederholung eines Wortes in verschiedenen Kasus):
nocēns ferrum ferrōque nocentius aurum — 'das schädliche Eisen und das Gold, schädlicher noch als Eisen'

Lautsymbolik/Lautmalerei (bevorzugte Verwendung bestimmter Laute oder Lautgruppen)
flāvaque dē viridī stillābant īlice mella. — 'und goldener Honig tropfte von der grünen Eiche herab'
(Nachahmung des weich tropfenden Honigs durch den Laut l)

[1] Die Beispiele stammen, wo nicht anders vermerkt, aus Ovids Darstellung der vier Weltalter (Met. I 89–150).

2 Wortstellung und Wortverbindung

Anápher (Wiederaufnahme eines Wortes an hervorgehobener Stelle):
Nōndum caesa ... pīnus dēscenderat undās, nōndum praecipitēs cingēbant oppida fossae. — 'Noch war keine Fichte... gefällt in die Wellen hinabgestiegen, noch umgaben keine abschüssigen Gräben die Stadt.'

Parallelismus (parallele Stellung einander entsprechender Wortpaare; Schema a-b-a-b):
vindice nūllō, sponte suā — 'ohne Richter, aus eigenem Antrieb'

Chiasmus (Gegensatz zum Parallelismus; gekreuzte Wortstellung; Schema a-b-b-a):
verba minantia ... supplex turba — 'drohende Worte ... der schutzflehende Haufen'

Hypérbaton (Trennung von eng zusammengehörenden Wörtern):
mollia sēcurae peragēbant **ōtia** gentēs. — 'sanfte Muße verlebten sorglos die Völker'

Asýndeton (Verknüpfung von Wörten bzw. Wortgruppen ohne Konjunktion):
vindice nūllō, sponte suā, sine lēge — 'ohne Richter, aus eigenem Antrieb, ohne Gesetz'

Polysyndeton (Verknüpfung durch mehrere Konjunktionen):
Poena metus**que** aberant **nec** verba minantia ... legēbantur **nec** supplex turba timēbat ...
'Strafe und Furcht waren fern, und nicht wurden ... drohende Worte gelesen, noch fürchtete der schutzflehende Haufen ...'

Trikolon (drei aneinandergefügte, gleiche Satzteile/Kola):
arduus, obscūrus, cālīgine dēnsus opācā
'Steil und finster und dicht von schattigem Dunkel' (war Orpheus' Weg aus der Unterwelt)

3 Bedeutung

Antithese (Gegenüberstellung zweier begrifflicher Gegensätze):
suīs ... montibus in liquidās ... undās — 'von ihren Bergen in feuchte Wellen (gestiegen)'

Hendiadyoín (zwei Wörter bilden einen gemeinsamen Begriff):
fraudēsque dolīque — 'betrügerische Tücke; Lug und Trug'

Metápher (Übertragung eines Wortes auf einen neuen Sinnbereich: verkürzter Vergleich):
nōndum cingēbant oppida fossae — 'noch nicht umgaben (wörtl. „umgürteten") Gräben die Städte'

Metonymie (Verwendung eines Wortes in der Bedeutung eines anderen):
iūdicis ōra 'die Münder des Richters', gemeint sind: die Worte des Richters

Personifikation (Gleichsetzung eines Gegenstandes mit einer Person):
nōndum caesa suīs ... montibus in liquidās pīnus dēscenderat undas
(Die Fichten werden mit Menschen gleichgesetzt, vgl. 199.2 zur Anapher.)

Figura etymologica (Substantiv und Verbum vom gleichen Wortstamm):
bāsia bāsiāre (Catull) 'Küsse geben' (wörtlich: „Küsse küssen")

Klimax (Folge von Wörtern mit steigernder Bedeutung):
fraudēsque dolīque/īnsidiaeque et vīs et amor scelerātus habendī
'Lug und Trug, Arglist, Gewalt und verfluchte Gewinnsucht'.

Litótes (doppelte Verneinung; Verstärkung der Aussage):
Nōn ignāra malī, miserīs succurrere discō. (Die Königin Dido bei Vergil)
'Weil mir Leid nicht unbekannt ist, lerne ich, Unglücklichen zu helfen.'

Apóstrophe: „Wegwendung" des Autors vom Hörer/Leser zu den handelnden Personen:
Prīmī ... vōcis fēcistis iter. — 'Zuerst habt ihr eurer Stimme einen Weg gebahnt.'
(Der Dichter Ovid redet Pyramus und Thisbe an.)

200 Versgestaltung

1 In der antiken lateinischen Dichtung ist – anders als im Deutschen – nicht die Betonung der Wörter maßgebend, sondern die **Sprechdauer** der Silbe, ihre „Quantität“.

- Eine Silbe ist lang, wenn

a) ihr Vokal lang ist („Naturlänge“ der Silbe), z. B. sī, sīc, oder wenn
b) auf den Vokal zwei oder mehr Konsonanten folgen („Positionslänge“): sint.

- Die einzelnen Wörter jedes Verses bilden ein durchgehendes „lautliches Band“, d. h.: Auch der Anlaut des folgenden Wortes ist für die Quantität der Endsilbe des vorhergehenden Wortes maßgebend.

In nova fert animus mūtātās dīcere fōrmās (erg. corpora) (Ovid)
lies: Innovafertanimusmūtātāsdīcerefōrmās

- Wenn an der Fuge zwischen zwei Wörtern zwei Vokale oder am/em/im/um und ein Vokal aufeinandertreffen, so werden die beiden Silben „verschliffen“; ein folgendes est wird aber an das vorhergehende Wort „angelehnt“:

prīmāque ab orīgine mundī	lies:	prīmāquaborīginemundī
peregrīnum ut vīseret orbem	lies:	peregrīnutvīseretorbem,
aurea prīma sata est aetās	aber lies:	aureaprīmasatāstaetās

▷ Zusätzliche Regeln:
1 Anlautendes h bleibt als Konsonant unberücksichtigt; qu gilt als einfacher Konsonant, x als zwei.
2 Die Verbindung von Muta cum liquida (vor allem die mit r-: tr, gr, cr, pr) wird metrisch meist als e i n Konsonant gerechnet: peregrīnum (◡ ◡ – ◡)

2 Wichtige Versmaße

Der **Hexameter** besteht aus sechs sog. Versfüßen: dem **Daktylus** – ◡◡
und/oder dem **Spondēus**. – –

1	2	3	4	5	6	
Thāida	tam tenu	em potu	istī,	Flacce, vi	dēre?	(Martial)
– ◡ ◡	– ◡ ◡	– ◡ ◡	– –	– ◡ ◡	– ◡	

Der letzte Versfuß des Hexameters ist immer nur zweisilbig; die letzte Silbe kann hier lang oder kurz sein (sog. sýllaba anceps).

Im **Pentameter** ist stets nach der Länge des 3. Versfußes ein Wortende; diese **Zäsur** (Einschnitt) fällt oft auch mit einem syntaktischen Einschnitt zusammen:

Tū, puto,	quod nōn	est,	[Zäsur]	Flacce, vi	dēre pot	ēs.
– ◡ ◡	– –	–		– ◡ ◡	– ◡ ◡	–

Das sog. **elegische Dístichon** setzt sich aus Hexameter und Pentameter zusammen:

Hexameter: Thāida tam tenuem potuistī, Flacce, vidēre?
Pentameter: Tū, puto, quod nōn est, Flacce, vidēre potēs.

Der **jambische Trimeter** ist vor allem das Versmaß der Sprechverse der römischen Komödie und des Spottverses. Er besteht in seiner Grundform aus 6 **Jamben** (◡ –):

Quis hoc	potest	vidē	re, quis	potest	patī?	(Catull)
◡ –	◡ –	◡ –	◡ –	◡ –	◡ –	

1 Zeitrechnung

1 Jahr und Kalender

Das Jahr wurde datiert in Bezug auf das Datum der sagenhaften Stadtgründung Roms, ab urbe conditā (753 v. Chr., abgekürzt a. u. c.), in der Republik meist nach den Namen der jeweiligen Konsuln. Das Jahr 63 v. Chr. konnte man demnach so angeben: annus ab urbe conditā DCXXXXI (das 691. Jahr seit der Stadtgründung) bzw. M. Tulliō C. Antōniō cōnsulibus (im Konsulat von Marcus Tullius Cicero und Gaius Antonius).

Grundlage des Kalenders war ursprünglich das Mondjahr; der erste Monat war dabei der Mārtius (März), der September der siebte. Erst Mitte des 2. Jh.s v. Chr. wurde der 1. Januar zum Jahresanfang. Der Monat Quīntīlis (5. Monat) wurde nach dem Tod von C. Iulius Caesar (44 v. Chr.) als mēnsis Iūlius bezeichnet; zu Ehren des Augustus wurde der Sextīlis (der 6. Monat) in mēnsis Augustus umbenannt.

Innerhalb des Monats unterschied man die Kalendae (Monatserster = Neumond), die Īdūs (Vollmond: der 13. Tag des Monats; im März, Mai, Juli und Oktober aber der 15.) sowie die Nōnae (der 9. Tag vor den Iden: das erste Mondviertel).

Die Monatstage wurden jeweils in Beziehung auf die folgenden Kalenden, Nonen bzw. Iden datiert; dabei rechnete man das Grenzdatum mit ein. So hieß z. B. „am 25. Dezember“: diē octāvō ante Kalendās Iānuāriās; daraus wurde mit Voranstellung der Präposition: ante diem octāvum Kalendās Iānuāriās (am achten Tag vor den Januarkalenden), geschrieben a. d. VIII Kal. Ian. Die Tage des März wurden demnach so bezeichnet:

1.	Kalendis Martiis	12.	a.d. IV. Id. Mar.
2.	a.d. VI. Nonas Martias	13.	a.d. III. Id. Mar.
3.	a.d. V. Non. Mar.	14.	pridie Idus Martias
4.	a.d. IV. Non. Mar.	15.	Idibus Martiis
5.	a.d. III. Non. Mar.	16.	a.d. XVII. Kal. Apriles
6.	pridie Non. Mar.	17.	a.d. XVI. Kal. Apr.
7.	Nonis Martiis	18.	a.d. XV. Kal. Apr.
8.	a.d. VIII. Id. Martias	19.	a.d. XIV. Kal. Apr.
9.	a.d. VII. Id. Mar.	20.	a.d. XIII. Kal. Apr.
10.	a.d. VI. Id. Mar.	...	
11.	a.d. V. Id. Mar.	30.	a.d. III. Kal. Apr.
		31.	pridie Kal. Apr.

2 Wochentage

Die siebentägige Woche kam erst gegen Ende der Republik auf. Die Wochentage wurden nach den sieben Planeten benannt, vgl. den Steckkalender S. 212: diēs Sāturnī Saturntag, diēs Sōlis Sonntag, diēs Lūnae Montag, diēs Mārtis Marstag, diēs Mercuriī Merkurtag, diēs Iovis Jupitertag, diēs Veneris Venustag.

3 Tageszeit

Der Tag wurde von Sonnenaufgang bis -untergang in zwölf Tagesstunden (hōrae) eingeteilt; die Nacht in vier Nachtwachen (vigiliae) zu je drei Stunden. Je nach Jahreszeit waren also die Stunden und Nachtwachen länger oder kürzer.

2 Maße, Gewichte, Geld

- Wichtige **Maße**

pēs	Fuß: ca. 30 cm
passus	Doppelschritt: ca. 1,5 m
mīlle passuum	Meile: ca. 1,5 km
iūgerum	1 Morgen (etwas weniger als das heutige Tagwerk): ca. 0,25 ha.
modius	1 Scheffel: ca. 9 l

- **Gewichte**

lībra	1 röm. Pfund: ca. 1/3 kg
ūncia	1 Unze: 1/12 röm. Pfund

- **Geld**

  Für die Zeit Caesars galten folgende Münzwerte:
  Der as (Gen. assis) war die Grundgröße des Münzwesens;
  der sēstertius betrug 2 1/2 As; er wurde auch einfach nummus genannt.
  Der dēnārius galt 10 As = 4 Sesterze.
  Der aureus (Golddenar) war 100 Sesterze = 250 As wert.

▷ Der **Geldwert** eines As kann nur grob angegeben werden: Der Tageslohn für einen ungelernten Arbeiter bewegte sich von 2 1/2 bis 10 As, der Eintritt in ein Bad kostete z. Zt. Caesars 1/4 As.

Römischer Steckkalender mit den sieben Planeten und den Tierkreiszeichen

3 **Übersicht:** die römische Literatur

historischer Rahmen		Autor	Hauptwerke
Ständekampf	451/50		Zwölftafelgesetz
1. Punischer Krieg	264-241	Livius Andronicus	(Odyssee-Übersetzung)
2. Punischer Krieg	218-201	Plautus († um 184)	21 Komödien
		Ennius 239–169 Cato Censorius 234–149	Annalen (in Hexametern) De agri cultura; (Reden)
Eindringen griechischer Kultur	Mitte 2. Jh.	Terenz 185–159	6 Komödien
Verschwörung des Catilina	63 v.	Cicero 106–43 (Konsul 63)	Reden, rhetorische und philosophische Schriften, Briefe
Kreis der „Neoteriker" (neuere Dichter)	Mitte 1. Jh.	Catull (ca. 84–54)	Spott- und Liebes-gedichte
		Lucrez †55	De rerum natura
Eroberung Galliens Bürgerkrieg zwischen Caesar und Pompeius	58–51 49–46	Caesar 100–44	De bello Gallico
Bürgerkrieg zwischen Octavian und Antonius	43–31	Sallust 86–35	Coniuratio Catilinae Bellum Iugurthinum
Pax Augusta	31 v.–14 n. Chr.	Vergil 70–19 v. Horaz 65–8 v. Tibull 54–19 v. } Properz 50–15 v. Ovid 43 v.–18 n.	Georgica, Aeneis Oden und Satiren Elegien Elegien, Metamorphosen
		Livius 59 v.–17 n.	Ab urbe condita
Nero	54–68	Seneca 4 v.–65 n. Petron †66 Phaedrus (1. Jh.)	Epistulae morales Satyricon (Roman) Versfabeln
Domitian	81–96	Martial 40–104	Epigramme
Traian	98–117	Plinius 62–113 Tacitus (55–ca.117)	Epistulae Annales, Historiae
Hadrian	117–138	Iuvenal †140	Satiren
Konstantin	306–337	Lactantius (geb. ca. 250)	Institutiones divinae
Teilung des Reiches	395	Augustinus 354–430	De civitate Dei
Theoderich	493–526	Boethius 480–524	Consolatio philosophiae
Justinian (Ostrom)	527–565	Juristen des Kaisers	Corpus iuris civilis

VERZEICHNIS DER BEHANDELTEN LATEINISCHEN WÖRTER

Das Verzeichnis umfasst (mit Angabe der Abschnitte, nicht der Seiten) nur Wörter, zu denen in der Grammatik Näheres gesagt ist.
Nicht aufgenommen sind Wörter, die nur als Beispiele der Wort- und Formenbildung sowie der Syntax verwendet oder in tabellarischen Übersichten (z. B. der Zahlen, Adverbien, Subjunktionen) erfasst sind.

D

E

F

G

H

I

L

M

N

O

P

Q

R

S

T

U

V

VERZEICHNIS DER GRAMMATISCHEN BEGRIFFE

Die Ziffern geben die Kapitel bzw. Absätze an, z. B. 3.1 = Kap. 3, Absatz 1; vor 99 = Abschnitt vor Kap. 99. Der Pfeil ▷ nach einer Ziffer verweist auf den Anhang zu einem Kapitel.

A

B

O

P

Q

R

S

VERZEICHNIS DER ABKÜRZUNGEN

abl. abs.	ablativus absolutus
Abl.	Ablativ
AcI	Akkusativ mit Infinitiv
AcP	Akkusativ mit Partizip
Adj.	Adjektiv
Adv.	Adverb
Akk.	Akkusativ
Akt.	Aktiv
Dat.	Dativ
Dekl.	Deklination
eigtl.	eigentlich
f.	Femininum
Fem.	Femininum
Fut.	Futur
Gen.	Genitiv
Imp.	Imperativ
Impf.	Imperfekt
Ind.	Indikativ
Inf.	Infinitiv
Konj.	Konjunktiv
lat.	lateinisch
m.	Maskulinum
Mask.	Maskulinum
n.	Neutrum
N. Sg.	Nominativ Singular
N. Pl.	Nominativ Plural
NcI	Nominativ mit Infinitiv
Neutr.	Neutrum
Nom.	Nominativ
Part.	Partizip
Pass.	Passiv
Perf.	Perfekt
Pl.	Plural
Plqpf.	Plusquamperfekt
PPP	Partizip Perfekt Passiv
Präs.	Präsens
Sg.	Singular
Subst.	Substantiv
Vok.	Vokativ

SUBSTANTIVE

	Singular	Plural
Nom.	domin-a	domin-ae
Gen.	domin-ae	domin-ārum
Dat.	domin-ae	domin-īs
Akk.	domin-am	domin-ās
Abl.	domin-ā	domin-īs

	Singular	Plural
Nom.	domin-us	domin-ī
Gen.	domin-ī	domin-ōrum
Dat.	domin-ō	domin-īs
Akk.	domin-um	domin-ōs
Vok.	domin-e	domin-ī
Abl.	domin-ō	domin-īs

	Singular	Plural
Nom.	templ-um	templ-a
Gen.	templ-ī	templ-ōrum
Dat.	templ-ō	templ-īs
Akk.	templ-um	templ-a
Abl.	templ-ō	templ-īs

	Singular	Plural
Nom.	pass-us	pass-ūs
Gen.	pass-ūs	pass-uum
Dat.	pass-uī	pass-ibus
Akk.	pass-um	pass-ūs
Abl.	pass-ū	pass-ibus

	Singular	Plural
Nom.	rēs	rēs
Gen.	reī	rērum
Dat.	reī	rēbus
Akk.	rem	rēs
Abl.	rē	rēbus

	Singular	Plural
Nom.	senātor	senātōr-ēs
Gen.	senātōr-is	senātōr-um
Dat.	senātōr-ī	senātōr-ibus
Akk.	senātōr-em	senātōr-ēs
Abl.	senātōr-e	senātōr-ibus

	Singular	Plural
Nom.	corpus	corpor-a
Gen.	corpor-is	corpor-um
Dat.	corpor-ī	corpor-ibus
Akk.	corpus	corpor-a
Abl.	corpor-e	corpor-ibus

ADJEKTIVE

Singular m	f	n	Plural m	f	n
long-us	long-a	long-um	long-ī	long-ae	long-a
long-ī	long-ae	long-ī	long-ōrum	long-ārum	long-ōrum
long-ō	long-ae	long-ō	long-īs	long-īs	long-īs
long-um	long-am	long-um	long-ōs	long-ās	long-a
long-e	long-a	–	long-ī	long-ae	–
long-ō	long-ā	long-ō	long-īs	long-īs	long-īs

Singular m	f	n	Plural m	f	n
ācer	ācr-is	ācr-e	ācr-ēs	ācr-ēs	ācr-ia
	ācr-is			ācr-ium	
	ācr-ī			ācr-ibus	
ācr-em	ācr-em	ācr-e	ācr-ēs	ācr-ēs	ācr-ia
	ācr-ī			ācr-ibus	

Singular m	f	n	Plural m	f	n
trīst-is		trīst-e	trīst-ēs		trīst-ia
	trīst-is			trīst-ium	
	trīst-ī			trīst-ibus	
trīst-em		trīst-e	trīst-ēs		trīst-ia
	trīst-ī			trīst-ibus	

Singular m	f	n	Plural m	f	n
fēlīx		fēlīx	fēlīc-ēs		fēlīc-ia
	fēlīc-is			fēlīc-ium	
	fēlīc-ī			fēlīc-ibus	
fēlīc-em		fēlīx	fēlīc-ēs		fēlīc-ia
	fēlīc-ī			fēlīc-ibus	

Komparativ

Singular m	f	n	Plural m	f	n
long-ior	long-ior	long-ius	long-iōr-ēs	long-iōr-ēs	long-iōr-a
	long-iōr-is			long-iōr-um	
	long-iōr-ī			long-iōr-ibus	
long-iōr-em	long-iōr-em	long-ius	long-iōr-ēs	long-iōr-ēs	long-iōr-a
	long-iōr-e			long-iōr-ibus	

PRONOMINA

Singular m	f	n	Plural m	f	n
is	ea	id	eī/iī	eae	ea
	eius		eōrum	eārum	eōrum
	eī			eīs/iīs	
eum	eam	id	eōs	eās	ea
eō	ea	eō		eīs/iīs	

Singular m	f	n	Plural m	f	n
quī	quae	quod	quī	quae	quae
	cuius		quōrum	quārum	quōrum
	cui			quibus	
quem	quam	quod	quōs	quās	quae
quō	quā	quō		quibus	